Kontaktadresse nach EU-Produktsicherheitsverordnung:
produktsicherheit@fischerverlage.de

»Als Schulsekretärin stehst du an vorderster Front. Punkt 1 meiner To-dos: namentlich bekannte Idioten abwehren. Ein Segen ist die breite Theke, die mich vor Hinz, Kunz, Mandy, Dirk-Keanu und ihren Eltern schützt. Man kann über alles mit mir reden, aber wer über meine Theke klettert, fliegt von der Schule - ohne Nachtisch.«

Handys konfiszieren, Platzwunden flicken, Schulschwänzer stellen, Läuse bekämpfen und Vertretungslehrer aus dem Bett klingeln - zwischen Schulhof und Lehrerzimmer ist Frau Steinbeck pausenlos im Einsatz.

Désirée Steinbeck gibt es wirklich! Sie lebt in den Geschichten vieler fabelhafter Schulsekretärinnen von der Nordsee bis ins Allgäu. Gesammelt, vereinheitlicht und aufgeschrieben hat sie Maryanto Fischer, 34, Redakteur und Blogger aus Hamburg. Maryanto hat seit 2001 für verschiedene Tageszeitungen, Publikumszeitschriften, Stadt- und Online-Magazine geschrieben und in Hanau eine Kulturzeitschrift geleitet. Nach dem Publizistik-Studium in Mainz und dem Volontariat beim Hanauer Anzeiger zog er nach Hamburg, um beim Heinrich-Bauer-Verlag die Zeitschrift MEINS für Frauen 50+ mit zu entwickeln. Es folgte ein Ausflug in die Werbung mit dem Schwerpunkt digitale Markenkommunikation bei der Agentur pilot. Aktuell ist er als Redaktionsleiter von TV Movie Online wieder im Verlagswesen tätig. Privat schreibt er auf seinem Personality-Blog www.bradsticks.com erfolgreich über Beziehungs- und Lifestyle-Themen sowie das Leben an der Waterkant.

FRAU STEINBECK

KANN ICH PFLASTER FÜR MEIN HANDY, FRAU STEINBECK

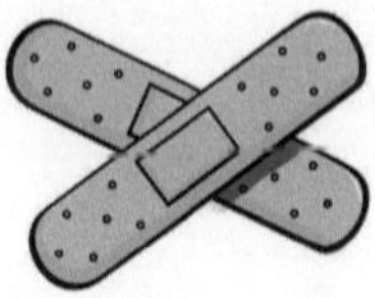

ALS SCHULSEKRETÄRIN PAUSENLOS IM EINSATZ

FISCHER Taschenbuch

Für Max und Fanny aus Hamburg

2. Auflage

Printed in Germany
ISBN 978-3-596-03265-5

PROLOG

Ich bin angekotzt worden! Ich bin tatsächlich angekotzt worden. Das ist mir seit der eigenen Schulzeit nicht mehr passiert. Tatsächlich nicht mehr seit meinem Abi-Ball – und da habe ich mich selbst vollgekotzt, was irgendwie einen Unterschied macht. Heute heißt der Täter Torben und ist in einem dieser Zustände, in denen sich Teenager selten noch an ihren eigenen Namen erinnern. Dafür habe ich prinzipiell Verständnis. Dass ich mich überhaupt an meinen Abi-Ball erinnere, ist Fotos geschuldet, die im Moment vor meinen Augen ablaufen wie ein schlechtes Daumenkino.

Wie auch immer. Ich bin Désirée Steinbeck – und mein Tag ist gelaufen. Jetzt schon. »Hier sind keine Handys erlaubt«, brülle ich noch, während eine Horde Kinder versucht, die erste und hoffentlich letzte Begegnung zwischen Torben und mir auf ein Foto zu bannen. Zum Glück verschwindet der Abiturient gerade hinter einer Schiebetür. »Sicherheitsabstand bitte! Das ist kein roter Teppich! Das ist das Rote Kreuz!«

Mit einem Abschminktuch versuche ich zu verhindern, dass die Soße sich weiter von meinem Shirt auf den Rock ausbreitet. »Bloß keine Fotos, sonst ist das Handy weg!«, mahne ich jetzt deutlicher. Ich habe gerade ganz andere Sorgen, als zu lächeln. Wie bekomme ich das Zeug wieder von mir runter, ohne selbst in den Wet-T-Shirt-Wettbewerb der Zwölftklässlerinnen einzusteigen? Ich steige aus. Ja, ich steige aus! Direkt nach meinem ersten Tag. Das steht fest!

Vom hohen Ross zumindest bin ich bereits gestiegen, oder sagen wir besser - gefallen. Fakt ist: Ich stehe bis unter die High Heels im Sand. Im nassen Sand, um genau zu sein. Mit Erbrochenem auf dem Shirt. Neben einem Rettungswagen, der mich beim Rangieren zwischen kleinen Kindern, Koma-Säufern und anderen Katastrophen soeben fast noch umgefahren hätte. Ich wage erst gar nicht, das Schicksal meiner Schuhe zu beklagen, während Brigitte Schmitz den allgemeinen Zustand der Welt beklagt. Beziehungsweise die Zustände an dieser Schule. Ihrer Welt - die jetzt irgendwie auch meine ist. Aber nicht mehr lange, das schwöre ich!

»Ich bin die Vorsitzende des Schulelternbeirats. Wer sind Sie?«, fragt die Schmitz mit abschätzigem Blick auf mein Shirt. Angesichts dieser Arroganz möchte ich kotzen - was das Gesamtbild meiner Oberbekleidung auch nicht mehr verschlechtern würde. Was würde Frau Schmitz wohl sagen, wenn ich sie genau jetzt mit ihrer Perlenkette erwürge? Ich hoffe nichts mehr!

Ganz ehrlich: Genug ist genug! Es ist meine vierte Stunde als Schulsekretärin. Irgendwie wünschte ich, dass es die letzte ist. Ich habe es so satt. Der neue Job stinkt zum Himmel - nach Wodka, Magensäure und Chicken-Nuggets! Ich stecke bis Oberkante Unterlippe in der Scheiße, sprichwörtlich gesehen. Und wenn die Schmitz nicht sofort ihre Klappe hält, riskiert sie eine dicke Lippe. Und das meine ich genau so, wie ich es sage!

Auch eine Désirée Steinbeck täuscht sich mal. Nicht nur in Männern. Denn der erste Arbeitstag an der Schule hatte eigentlich ganz vielversprechend begonnen: Mit Blumen auf dem Tisch und einem Freudenschrei. Eben genauso wie meine Ehe – und ging gefühlt in gleichem Tempo rasant den Bach hinunter.

DER SCHÖNSTE TAG DES JAHRES

»Sie kommen!« Melitta Maggi stürzt vor Freude schreiend ans Fenster und winkt. Erst nach draußen, dann mir. »Schau mal da drüben! So beginnt der schönste Tag des ganzen Schuljahres!«

Ich stehe auf und schlängele mich zwischen den Schreibtischen und der breiten Theke ans andere Ende des langgezogenen Raums. »Ihr schönster ist mein erster Tag. Ob das ein gutes Omen ist?« Ist es nicht. Die Grundstimmung ändert sich, noch bevor ich überhaupt am Fenster bin.

»Frau Maggi, die Schüler wissen hoffentlich, dass der Oberbürgermeister morgen bei uns zu Gast sein wird. Bis dahin muss hier alles wieder picobello sein. Hören Sie, PICOBELLO!« Gern würde ich die Partystimmung retten. Doch irgendeine Stimme in mir sagt, dass ich besser die Klappe halten sollte. Denn eine Andere ist bereits außer sich: »Und Sie?! Manolo Blahniks Schuhkreationen in einem Schulsekretariat zu tragen, ist mal mindestens so dämlich wie Badeschlappen in Paris. Man fällt auf – und ganz schnell auf die Schnauze! Nur, damit hier kein Missverständnis entsteht: Feiern ist heute den Abiturienten vorbehalten. Ihr Job ist es, auf flinken Sohlen dafür zu sorgen, dass dieser Tag nicht in einer Katastrophe endet. Falls Sie Fragen haben, meine Tür steht Ihnen immer offen.« Dann höre ich nur noch, wie diese Tür laut ins Schloss fällt.

Es gibt ätzende Stimmen, und es gibt ätzende Personen. Diese penetrant ätzende Stimme gehört einer passioniert ätzenden Person. »Oberstudienrätin Hildebrandt-Fricke, Henriette«, hat sie sich mir heute Morgen vorgestellt. Als hätte sie vergessen, dass wir bereits ein Vorstellungsgespräch im Schulamt hatten, bei dem sie entweder unter Beruhigungspillen stand oder Kreide gegessen hatte.

Zwei Stunden später ist sie nur noch der böse Wolf. Aber ich bin keines der sieben Geißlein. Ich lasse mich nicht geißeln. Ich gehe, wenn mir was nicht passt. Auf Manolo Blahniks durch die Tür.

»Hi«, habe ich nonchalant gesagt, »Désirée Steinbeck«. Hätte ich lieber so etwas wie »Ich grüße Sie hochachtungsvoll« sagen sollen? Ist jetzt auch egal. Echt! Ich will sowieso hier weg, das steht fest. Ebenso wie die Tatsache, dass Henriette Hildebrandt-Fricke nichts von diesem schönsten Tag zu halten scheint, den Melitta gerade angepriesen hat.

»Jaaaaa!«, ruft Melitta noch einmal. Ich bin nicht sicher, ob sie damit wirklich der Hildebrandt-Fricke antwortet oder einfach in den allgemeinen Jubel einfällt, der vom Pausenhof nach oben dringt.

Ich lehne mich aus dem Fenster. Aus dem zweiten Stock des Hauptgebäudes haben wir einen hervorragenden Blick auf die geschmückten Wagen, die gerade durch das weit geöffnete Schultor fahren.

»Hallo, hier oben!« Melitta wedelt wie wild mit ihrem bunt

geblümten Schal runter auf den Pausenhof. Inzwischen übertönen laute Gitarrenriffs aus den mannshohen Boxen auf den Wagen an der Spitze des Zuges ihre Stimme.

»School's out!« Alice Cooper funktioniert noch immer. Selbst 16 Jahre nach meinem eigenen Abitur. Der letzte Streich des Abschlussjahrgangs 2014 findet unter dem Motto »Springbreak« statt. Ich habe sofort das Gefühl, dass er mich die erste Zigarettenpause kosten wird.

»Rauchst du?«, fragt Melitta Maggi (gesprochen: Matschi, darauf legt sie Wert). Sie ist meine neue Kollegin. Wir kennen uns seit genau drei Stunden. Drei Stunden, in denen ich die lebenslustige Frau mit den dunklen Locken und dem hellblauen Lidschatten bereits ins Herz geschlossen habe.

»Ja«, sage ich erleichtert, »ich hatte befürchtet, dass du nie fragst. Gibt es hier einen Raucherraum?«

»Nein, Engelchen. Du kannst auf der Straße vor dem Schulgelände unter den Eichen rauchen. Dort, wo gerade der Wagen mit dem blauen Banner vorbeifährt.«

»Ich muss unter die Eichen«, sage ich. Melitta schmunzelt. Schon optisch erinnert mich die etwa Mitte-Fünfzigerin an meine Tante Auguste: eins dieser ewig hippen Hippie-Mädchen, die den Grad an positivem Lebensgefühl erst aus den Siebzigern in das neue Jahrtausend gerettet und dann proportional zum Anstieg ihrer Kleidergröße gesteigert haben. Bunt bis schrill – und auch jenseits der Menopause eine steile Stimmungskanone. So weit mein Eindruck bisher. Er wird mich nicht täuschen. Ebenso wenig wie das Bild, das ich in ebendieser Zeit von der Schulleiterin gewonnen habe. Aber Melitta, die liebe ich. Schon jetzt.

Melitta wiederum liebt ihren Hund Fanny. Fanny ist eine

schlanke, schwarze Labradordame mit schimmerndem Fell und großen Kulleraugen. Offensichtlich bringt Melitta sie dann und wann mit in die Schule.

»Die meiste Zeit des Tages liegt sie ruhig in ihrem Körbchen und schläft«, erklärt sie mir. Zum Leidwesen der Rektorin. Denn Hildebrandt-Fricke mag niemanden. Schon gar keine süßen Hunde. »Die könnten ja die Aufmerksamkeit sofort von ihr ablenken. Aber das habe ich natürlich nie so gesagt, Désirée!«, erklärt Melitta mir mit einem Zwinkern.

Ich verdränge die Vision von Hildebrandt-Fricke als pelztragende Cruella de Vil in einer Neuverfilmung von »101 Dalmatiner« und widme mich lieber den 1000 Dingen, die eine Sekretärin lernen sollte, bevor sie auf die Schülerschaft losgelassen wird, beziehungsweise die Schülerschaft auf sie. Als mir meine Freundin Julia, selbst Sekretärin an der benachbarten Ursulinenschule, erzählte, wie toll der Job als Sekretärin sei, bin ich wohl einem Märchen aus »1001 Nacht« auf den Leim gegangen.

»Lass dich bloß nicht von der Chefin vertreiben«, sage ich zu Fanny und streichele sie. Melitta will keine schlafenden Hunde wecken. Bewusst hat sie Fannys Schlafplatz aus dem Blickfeld der Rektorin heraus unter die Theke gestellt.

»Die trägt ihre Nase so hoch, dass sie selten nach unten schaut! Übrigens auch nicht nach links oder rechts!«, lacht sie.

»Fanny ist sowieso viel länger hier als sie«, zischt mir Melitta zu, nachdem die Rektorin wenig später mit angewidertem Blick kurz vor der Theke stehenbleibt, wo Fanny konzentriert an einem großen Stück Rinderkopfhaut kaut.

»Und Fanny wird sicherlich auch länger an dieser Schule bleiben als die olle Hexe!«, grinse ich, nachdem Hildebrandt-Fricke das Sekretariat wieder verlassen hat. »Geh du mal unter die Eichen, deine Zigarette rauchen. Danach zeige ich dir, welche Kunststücke Fanny kann«, sagt Melitta mit einem verheißungsvollen Blick.

»Ich bin mir sicher, so etwas wie den schwulen ...« Da klopft es an der Tür. Beziehungsweise: Es hämmert!

DIE HARTE SCHULE

Die fröhliche Vorführung muss verschoben werden. Unsere vierte gemeinsame Stunde beginnt nämlich nicht mit einer Zigarettenpause, sondern mit einer Verhaftung. Immerhin: Der wie ein amerikanischer Cop gekleidete, junge Mann, der da gerade zur Tür hereinstürmt, hat eine Zigarre im Mund – und ist irgendwie heiß. Liegt wahrscheinlich daran, dass Teenager heutzutage schon mit 15 Jahren im Fitnessstudio rumhängen. Ein Alter, in dem ich meine Zeit mit Klavierunterricht und Bibliotheksbesuchen totschlug.

»Mitkommen, Miss Maggi! Heute wird abgerechnet!« Die Stimme des leicht beschwipsten Abiturienten überschlägt sich quasi vor Vorfreude. Melitta dreht sich kleinmädchenkichernd um.

»Ben Burger! Wer hätte gedacht, dass du hier wirklich mal Abitur machst?« Noch bevor er der Chefsekretärin Handschellen anlegen kann, drückt Melitta Ben ein dickes Bussi auf beide Backen. Er versucht, sich abzuwenden. Dabei fällt sein Blick auf mich. »Und wer sind Sie?«

Ach ja, ich. »Ich bin Désirée Steinbeck, seit heute Schwangerschaftsvertretung für Frau Meckel und somit die neue

Schulsekretärin, Herr Wachtmeister«, antworte ich halb amüsiert, halb konsterniert darüber, dass ich mich fast animiert fühlte, mit einem 19-jährigen zu flirten. Ben ist irritiert. »Dann kommen Sie auch mit«, bestimmt er schließlich mit gewollt fester Stimme. »Ich habe leider nur ein Paar Handschellen. Ich vertraue also auf Ihre Kooperation!«

Ich liebe Spielchen und folge Ben und der kichernden Melitta durch das Schulgebäude. Vorbei an leeren Klassenräumen, an umgeworfenen Mülleimern, schwarzen Kleiderhaken über dunkelbraunen Holzbänken und vollgekritzelten, grauen Spinden, durch leere, lange Gänge hinunter Richtung Erdgeschoss.

Im Foyer fällt mein Blick auf eine Reihe großformatiger Bilder in langen Glaskästen. Versuche, Franz Marcs blaue Pferde nachzuahmen. Armselige Versuche, zugegeben. Immerhin bringen sie etwas Farbe an die dunklen Backsteinwände, die von noch dunkleren Türen unterbrochen werden. Der graumelierte PVC-Boden wirkt gegen sie fast wie eine große Fläche funkelnder Sternenstaub.

Bens Augen strahlen. »Gleich geht's in den Knast!«

Was? Es geht NOCH trostloser? Die Geschwister-Scholl-Schule scheint in den siebziger Jahren stehengeblieben zu sein. Aber nicht im farbenfrohen Teil der Siebziger, den sich Blumenmädchen wie Tante Auguste noch schönergekifft haben. Moment, aber riecht es hier nicht wirklich nach Gras?

Meine Augen reißen sich suchend von den fratzenhaften, blauen Pferden los. Da sind wir auch schon auf dem Schulhof angekommen. Betongrau beherrscht hier das Bild. Von grünem Gras keine Spur. Dafür lauter blaue Schüler. So zieht die Karawane weiter. Mit meinen hohen Hacken fällt es mir schwer, mit Ben Schritt zu halten. Doch auch unsere Gruppe ist nur so stark wie das schwächste Glied. Also wird gewartet.

»Da entlang, und etwas schneller, wenn's geht!« Ben weist uns per Fingerzeig den Weg zu den Wagen, die jetzt in einer langen Reihe zwischen dem Haupteingang und dem Klettergerüst stehen, wie ein kleiner Karnevalszug. »Verhaftet wegen Verrats an der Spaßkultur«, steht auf dem großen Banner an der Windschutzscheibe eines LKWs. Dabei kann es sich nur um einen Scherz handeln. Schließlich durfte die Hildebrandt-Fricke oben bleiben.

Vor dem Wagen haben sich weitere »Cops« aufgebaut. Der Rest der Abiturienten ist weniger förmlich gekleidet. Ich erkenne sie eindeutig an den bunten Shirts, auf denen vorne »Springbreak, brich alle Regeln!«, und hinten »Absolut Abi – die Besten brechen aus!« steht.

Inzwischen hat sich der Schulhof in eine riesige Tanzfläche verwandelt. Besonders die Schüler, die noch nicht in Diskotheken dürfen, rasten aus. »I'm sexy and I know it!« WHAT? Gerade sind zwei singende Dreikäsehochs an mir vorbeigelaufen. Unfassbar! Wie alt mögen die beiden wohl sein. Sechs Jahre? Maximal acht. »Guck mal, die hat aber dicke Titten!« Ich drehe mich irritiert um. »Ja, ihre Busen sehen aus wie die von der Bitch aus dem Video von vorhin!« Bevor ich irgendetwas sagen kann, wird der Ball direkt zu mir gespielt. »Hey, gibt's dich auch im Internet?« Ich bleibe nett und tue lieber so, als hätte ich nichts gehört. Schließlich gehört es sich nicht, Kinder zu schlagen. Einem Erwachsenen hätte ich für diesen Kommentar eine geknallt. Es ist sowieso zu spät. Die Bengel sind bereits abgehauen, ich schlage mich wieder mit Melitta und Ben Richtung LKW durch.

Über eine kleine Leiter gelangen wir endlich auf die Tragfläche, wo sich etwa 70 andere Erwachsene befinden. Lehrer, wie ich richtig annehme.

»Geschätzt das halbe Kollegium«, meint Melitta. Dazwischen erkenne ich Hausmeister Marc Lau. Der 1,90 Meter große Hüne hat mich heute Morgen in das Schulgebäude gelassen.

»Frau Steinbeck«, stürmt er fröhlich auf mich zu. Mit zwei Bierflaschen in der Hand. »Trinken wir auf gute Zusammenarbeit!« Da bin ich dabei, das ist prima!

»Désirée, für dich Desi«, sage ich.

»Marc! Find ich stark! Cheers, Desi!«

Eine halbe Stunde später hat mich Marc bereits dem halben Wagen vorgestellt: Karin Bauer-Seelen zum Beispiel, der Vertrauenslehrerin. Oder Carina Hartmann, etwa so alt wie ich, Klassenlehrerin einer ersten Klasse. Auch André Contzen, ein dunkelhaariger Ende-Zwanziger mit dunkelgrünen, verträumten Augen so tief wie ein Märchenwald, schüttelt mir auf Marcs Geheiß die Hand. Wow!

»Das ist André, unser Künstler. Ohne ihn gäbe es hier keine Kultur und schon gar kein Schultheater!«

Über mangelndes Theater kann ich mich bisher nicht beklagen. Nach einer weiteren halben Stunde Abi-Haft mit Partymusik und kalten Getränken hoffe ich insgeheim, dass mich Marc endlich auch mit dem gutaussehenden Typen im Trainingsanzug bekannt macht, der hinten rechts in der Ecke der LKW-Ladefläche wie wild auf seinem Handy herumtippt. Doch da findet die ausgelassene Stimmung auf dem Schulhof bereits ihr jähes Ende.

»Frau Maggi, Frau Steinbeck«, höre ich Hildebrandt-Fricke gegen die Musik anschreien. »Hier sind gerade zwei

Siebtklässler umgekippt. Rufen Sie sofort einen Krankenwagen! Hören Sie, SOFORT!« Die Haft ist schneller beendet als gedacht. Wir gehen von Bord. Ich auf Bewährung.

Fünf Minuten später im Sekretariat: Eltern benachrichtigen. Ich kämpfe mich durch Ordner voll mit Excel-Tabellen, bis ich endlich die passenden Nummern finde. Karakas, Serkan. Hier haben wir ihn doch! Seine Mutter müsste jetzt im Büro erreichbar sein. Und Andersson, Sascha. Bei ihm finde ich nur einen Mobilfunkanschluss. Ich reiche Melitta den Zettel mit den beiden Nummern über den Tisch und folge dem Ruf der Rektorin in das Nebenzimmer. »Frau Steinbeck zu mir, SOFORT!«

»Hallo, Frau Maggi von der Geschwister-Scholl-Schule hier, spreche ich mit Frau Karakas?«, höre ich noch. Dann schließe ich die Tür zum Rektorat hinter mir.

Vor mir sitzt eine panische Rektorin, ich sitze auf einem Pulverfass. Wahrscheinlich wird es genau zwei Minuten dauern, bis sie wieder anfängt zu brüllen. Ich habe die Rektorin unterschätzt. Sie braucht nur eine: »Übelkeit, Bauchschmerzen und geweitete Pupillen«, stellt sie aufgebracht fest. »Hier muss mindestens Alkohol konsumiert worden sein! Wir müssen den Abi-Scherz sofort abbrechen. SIE brechen den Abi-Scherz ab. Sofort, hören Sie!«

»Ich werde mein Bestes geben«, antworte ich und hoffe, dass meine Bierfahne in ihrem Parfum untergeht. Schnell nach unten! So schnell mich die Füße auf zehn Zentimeter hohen Absätzen eben tragen.

»Geht bitte alle zurück in eure Klassen«, rufe ich einer Gruppe Mädchen zu, die sich auf der Treppe des Haupteingangs sonnen. »Wer bist du überhaupt? Chill mal!« Gefolgt von lautem Lachen. »In her face«, applaudiert die Gruppe der Redeführerin, während diese spöttisch ihre Sonnenbrille abnimmt und mich angafft. »Rein jetzt, aber dalli!«, höre ich mich verunsichert rufen.

Leider habe ich es nicht mit meiner sechsjährigen Tochter zu tun. Nichts passiert. Gerade will ich zum Schreien ansetzen, als mir jemand von hinten leicht auf die Schulter klopft. »Ich übernehme mal, Frau Steinbeck«, beruhigt mich André mit sanfter Stimme, der er an die Mädchen gewandt etwas Ultimatives hinzufügt. »Sandra, Samantha-Jane und Esra. Sofort zurück in den Unterricht. Die Party ist vorbei!«

BITTERE BILANZ

Mit vereinten Kräften gelingt es uns tatsächlich, den Schulhof langsam aber sicher zu räumen. Ich schaue mich um. Stilechter hätte der Abi-Streich zum Thema »Springbreak« definitiv nicht ausfallen können. Wäre ich nicht unfreiwillig Teil des Räumungskommandos, würde ich sogar klatschen. Das Gelände gleicht einer schlecht gemachten Strandbar auf einem innerstädtischen Parkhausdach: schnell aufgeschüttete Sandhügel nebst aufblasbarer Planschbecken, aufblasbarer Flamingos und aufblasbarer Palmen. Dazwischen lieblos verteilte Liegestühle.

Zwischen umgeworfenen Flaschen und Plastikbechern sehe ich eine völlig fertige Schulleiterin. Panisch versucht sie alles, was noch irgendwie laufen kann, ins Schulgebäude zurückzuscheuchen. Serkan und Sascha befinden sich inzwischen sicher auf dem Weg ins Krankenhaus. Zwei Problemfälle weniger. Insgesamt hat sich die Zahl der vermeintlichen Alkoholopfer auf über 30 erhöht. Ein PR-Desaster!

Hildebrandt-Fricke ist außer sich. »Die Schüler kippen ja um wie die Fliegen! Was ist hier bloß passiert?« Hysterisch rast die Rektorin jetzt zwischen dem Haupteingang und dem Schultor hin und her. So schnell sie ihre Pfennigabsätze eben tragen. Zumindest in diesem einen Moment teilen wir etwas miteinander: die Aussicht auf Blasen an den Füßen. Ich schaue und lerne. Die Rektorin wiegelt Eltern barsch ab und versucht, das Eintreffen weiterer Rettungswagen durch so etwas wie Telefonterror zu beschleunigen. Zumindest klingt es aus der Ferne so. »Wissen Sie denn nicht, wer ich bin?!«

Die vorläufige Springbreak-Bilanz um Viertel nach zwölf: ein Mädchen mit gebrochenem Bein, viele Mädchen mit viel zu engen, jetzt auch noch klatschnassen Tops, und 32 vermeintliche Alkoholleichen. Tendenz steigend. Während Melitta das Krisentelefon im Sekretariat übernimmt, helfe ich Hildebrandt-Fricke, das Chaos auf dem Hof weiter einzudämmen: dem DJ den Saft abdrehen und die unreifen Reifeprüflinge antreiben, mit den Aufräumarbeiten zu beginnen. »Sofort die Wagen vom Schulhof runterfahren!« Delegieren, das kann ich. Und ich bin noch nicht mal richtig hochgefahren!

Ich befinde mich sogar eher in einem Tief. Meinen ersten Arbeitstag im neuen Job habe ich mir anders vorgestellt. Ruhiger. Habe ich das Schulsekretariat etwa unterschätzt? Ich schaue auf die Uhr. Kurz nach halb eins. Noch vor wenigen Tagen genau die Zeit, um mit den Kolleginnen aus der Buchhaltung einen Espresso auf der Dachterrasse unserer Werbeagentur zu trinken. Beziehungsweise ihrer Agentur.

Denn seit heute Morgen, Punkt acht Uhr, bin ich Sekretärin. Ausgerechnet an der Schule, vor dessen Schülern mich meine Eltern immer gewarnt haben: der Geschwister-Scholl-Schule. 150 Lehrer kommen auf etwa 1400 Schüler – Gesamtschule mit angegliederter Grundschule. Ein Schulzentrum mit dem Bildungspaket von der ersten Klasse bis zum Abitur – UND ein Albtraum, wie ich zu ahnen beginne ...

Gerade will ich eine Horde Abiturienten energisch anweisen, die Luft aus den Planschbecken zu lassen, da pustet mir selbst harter Wind entgegen. »Hilf mir mal, Torben aufzurichten!« Marc versucht, einem Schüler aufzuhelfen, der erst zu tief in sein Glas geschaut, und dann zu tief in seinen Liegestuhl gesunken ist. »Wir sollten ihn lieber auf der Bank dort drüben parken. Stütz du ihn rechts!« Alles was recht ist, aber ich bin nicht Herkules ...

Recht schnell ist klar, dass ich nicht nur delegieren, sondern auch anpacken soll. In diesem Fall einen etwa 1,85 Meter großen Fleischberg, der nach Smirnoff-Mixgetränken und Schweiß stinkt. Von wegen »Red Bull verleiht Flügel«. In diesem Fall scheint der Wodka den Energie-Effekt aufzuheben. Wir hieven Torben Richtung Haupteingang. In diesem Moment fährt der nächste Rettungswagen auf den Schulhof. Endlich! Sofortiger Richtungswechsel. Den abgefüllten Abiturienten lieber gleich zu den Sanitätern schleppen. Mit etwas Mühe gelingt uns das auch. »Einmal aufladen«, bittet Marc den Rettungsassistenten. Da beginnt Torben bereits, sich zu entladen ...

MIESER JOB

Okay, ich bin angekotzt worden. Der Geruch lässt keinen Zweifel daran. Wie bekomme ich mich bloß wieder sauber? Während ich weiter versuche, den Schaden mit Abschminktüchern zu begrenzen, findet der Redeschwall der überkandidelten Schulelternbeiratsvorsitzenden Brigitte Schmitz noch lange kein Ende.

Falsch wäre, anzunehmen, dass sie ein genervter Blick meinerseits irgendwie vom Nerven abbringen könnte. Diese Frau ist eine harte Gegnerin. Wahrscheinlich könnten nicht mal meine Abschminktücher irgendetwas gegen sie ausrichten. Wahr ist, dass diese Schmitz eine dieser übersättigten Cappuccino-Mütter ist, die ihre Weisheit in Yoga-Kursen oder an entspannten Wochenenden mit »Schöner Wohnen« erlangen. Ein Luxus, den ich mir als alleinerziehende Mutter kaum leisten kann. Denn Zeit gehört zu den Dingen, die ich nicht habe. Glücklicherweise lässt sie mich ja an ihrem Weltwissen teilhaben: »Die Zahl der komatrinkenden Kinder hat sich merklich erhöht. Aber an einer Schule? An unserer Schule?« Zahlen, denke ich, ganz Agentur-Else, komm mal mit nackten Zahlen rüber – oder arbeite noch mal an deiner Präsentation! Schulhof-konform will ich der Schmitz ein »Chill mal dein Leben« an den Kopf knallen, dann sage ich doch nur lächelnd: »Ja, tragisch!«

Frau Schmitz ist etwa Mitte vierzig, groß, kurvig und betont frech frisiert. Im Moment stehen ihr die Haare jedoch zu Berge. »Désirée Steinbeck, die neue Schulsekretärin«, murmele ich, während sie mich weiter prüfend von Kopf bis Fuß mustert. Merke, Schule funktioniert nach folgendem

Muster: Aufmerksamkeit bekommt, wer am lautesten brüllt. Angesichts besoffener Abiturienten, wütender Eltern und meiner herrlich hysterischen Chefin ist die Konkurrenz gerade groß. Aber die Schulelternbeiratsvorsitzende hat sich durchgesetzt. Ich höre ihr also zu. Ich tue wenigstens so.

Nebenbei mustere ich aus dem Augenwinkel den attraktiven Rettungsassistenten, der Torben gerade verlädt. Ein verschmitztes Lächeln kann ich mir nicht verkneifen. Es ist mein erstes ehrliches Lächeln, seit ich den schönen Lehrer auf dem Knast-Wagen beim SMS-Schreiben beobachtet habe. Und das fühlt sich an, als wäre es Tage her. Ich bin erschöpft. Immerhin kommt mir dieses Lächeln pünktlich zur tariflich verordneten Mittagspause über die Lippen, die wie meine Zigarettenpause, um unbestimmte Zeit aufgeschoben werden muss.

Ja, vom hohen Ross bin ich wirklich gestiegen. Zum Glück stehe ich noch auf hohen Schuhen. Wenn auch bis zum Hals in der Scheiße – zumindest aus der Perspektive einer alleinerziehenden Mutter mit einem miesen Job. Denn der erste Eindruck täuscht selten. Das meint meinen von der Geschwister-Scholl-Schule und wohl auch den Blick des schönen Rettungsassistenten auf meine vollgekotzte Bluse. Scheiße, wo ist das »Ich will im Erdboden versinken«-Loch?

Lichtjahre später darf ich endlich nach Hause gehen. Genug Gefängnis für heute. Ich schnappe mir den bunten Blumenstrauß, der heute Morgen auf meinem Schreibtisch stand, und gehe direkt los – über den Westbahnhof zur Mozartstraße, wo meine Kinder im Hort warten. Vor lauter Angst, meinen Bus zu verpassen, vergesse ich, zu kündigen.

KINDERGESCHICHTEN

Es kommt dieser Zeitpunkt im Leben eines Mädchens, an dem es zum ersten Mal sagt, was es wirklich will. Wenn auch nur zwischen den Zeilen. Louisa war gerade sechs geworden, als sie mich wissen ließ, dass es sich schlimm anfühle, immer als Letzte aus dem Hort abgeholt zu werden. Schlimmer hat mir nicht mal ihr Vater das Herz gebrochen. »Ach, Schatz«, habe ich geantwortet. »Du hast ja so recht.« Plötzlich war mir jedes Mittel recht, um meine kleine Familie glücklich zu machen.

In der folgenden Nacht habe ich lange geweint. Ausnahmsweise nicht wegen des Alleinseins. Aus schlechtem Gewissen. Ich beschloss, die Stelle als Assistentin der Geschäftsführung bei der Werbeagentur »Freisberg & Hansen« zu kündigen. Seit der Scheidung von Felix ziehe ich Louisa und ihren ein Jahr älteren Bruder Lucas allein groß. Im wöchentlichen Wechsel mit meinem Ex-Mann. Der Segen des geteilten Sorgerechts.

Die Anstellung am Schulzentrum war nach der langen Suche nach einem Alleinerziehenden-freundlichen Job mit Verwaltungsschwerpunkt die große Chance für einen Wechsel in Arbeitszeiten, die den Schulzeiten meiner Kinder entgegenkommen. Meinen Traumjob aufzugeben war mein großes Opfer. Jetzt, nach dem ersten Schultag, frage ich mich allerdings, was ich eigentlich getan habe. Ich versuche meine Freundin Julia zu erreichen. Vergeblich. Es ist halb sieben. Ich bin vor zwei Stunden nach Hause gekommen und völlig am Ende. Fertiger können keine K.-o.-Tropfen machen, denke ich, während ich den Tag Revue passieren lasse:

Kurz vor acht, Ankunft an der Schule. Hausmeister Lau brachte mich zur Rektorin, die, so merkte ich schnell, das ist, was nicht nur unter Schülern als zickig gilt: besserwisserisch, stur und cholerisch. Dafür immer adrett gekleidet. »Zumeist in Chanel«, wie mich Melitta augenrollend wissen ließ, »von den Schuhen bis zum Parfum.« Merke: Duftet es nach Chanel – renne schnell!

Es folgte eine kurze Einführung in das schulinterne Computersystem. Um Viertel nach acht standen bereits die ersten Schüler im Sekretariat. Sarah aus der Neunten plagte sich schon vor Beginn der Englischarbeit mit Übelkeit, Timo aus der Vierten war auf dem Schulweg hingefallen und brauchte ein Pflaster. Die ersten Lehrer trudelten kurz vor halb neun ein. Auf der Suche nach Formularen oder Büromaterialien. Ohne Melitta wäre ich aufgeschmissen gewesen.

Um neun Uhr eine kurze Begehung der Schulgebäude: hier das Lehrerzimmer im Hauptgebäude, dort die kleine Cafeteria vis-à-vis des Schulgartens, dahinter die Sporthalle. Halb zehn, zur großen Pause, zurück ins Lehrerzimmer, mich offiziell vorstellen. Die Verhaftung schließlich kurz nach zehn, eine Stunde später der Ausbruch des Chaos. Um 14.20 Uhr kam der Anruf des Redakteurs der »Neuen Zeitung«: »Ist es wahr, dass an Ihrer Schule heute Wodka-Cola ausgeschenkt wurde? Und könnte es sein, dass sich in einigen der Mischungen K.-o.-Tropfen befanden?« Das ist zu viel für einen ersten Tag. Ich beschließe, früh ins Bett zu gehen.

»Ist es schön, Schulsekretärin zu sein, Mama?«, wollen die Kinder nach der Gute-Nacht-Geschichte wissen. »Total schön!«, antworte ich. »Wir finden es auch total schön, dass du jetzt früher zum Hort kommen kannst!« Louisa drückt mir ein Küsschen auf die Wange. »Du bist die beste Mama der Welt.« Ich lächele und knipse das Licht aus. Zwischen Kindergeschichten und Geschichten für Kinderohren liegen manchmal Welten.

Ich schaue auf den Blumenstrauß, der heute Morgen auf meinem Schreibtisch stand und jetzt in unserer Küche. Erst jetzt fällt mir auf, wie schön er ist. Ich beschließe, die gelbe Rose in der Mitte des Ensembles zu trocknen und auf meinen Arbeitstisch im Wohnzimmer zu stellen. Als Erinnerung an diesen Tag. Um kurz vor neun, ich will gerade zu Bett gehen, klingelt das Telefon. »Désirée, wie war dein erster Tag?«, fragt Tante Auguste.

»Ach, das ist eine lange Geschichte …«

LAUSIGE LÜGE

Der zweite Arbeitstag beginnt mit einem erlösenden Anruf. »Nein, keine Toten. Alle sind wieder wohlauf. Bei den eingewiesenen Schülern sind weder Reste von K.-o.-Tropfen, noch von illegalen Drogen im Blut gefunden worden«, teilt mir Oberarzt Doktor Laukhuf aus dem Stadtkrankenhaus mit. Ich darf die freudige Nachricht an die Rektorin überbringen.

Hildebrandt-Fricke lässt sich die Stimmung trotzdem nicht erhellen. »Aufgrund der Abitur-Katastrophe gestern habe ich darum gebeten, den Besuch des Oberbürgermeisters zur Vorbesprechung der Verleihung des Titels ›Schule ohne Rassismus‹ morgen zu verschieben«, erklärt sie mir so unterkühlt, als trüge ich die Schuld an dem ganzen Chaos. Ich nicke. »Kann ich etwas tun?«

»Das Catering für übernächste Woche abbestellen und die Gäste ausladen. Wir warten mit den Feierlichkeiten lieber, bis geklärt ist, was die Ursache für die Zusammenbrüche war. Ach ja, und sagen Sie Herrn Schupp, dass damit auch der Auftritt seiner Chöre ins Wasser fällt.«

»Wie begründen wir die Absage?«

»Läuse! Läuse-Epidemie an der Grundschule!«

Läuse als Entschuldigung zu nehmen, halte ich eher für eine lausige Idee, aber meine Meinung zählt hier ohnehin nicht. Also setzte ich mich an den Computer und formuliere die Ausladungen. Die Rektorin ist zerknirscht. Seit Wochen hat sie sich darauf gefreut, das Schild »Schule ohne Rassismus« an der Wand neben dem Haupteingang anbringen zu lassen. Die Schüler der Geschwister-Scholl-Schule stammen aus insgesamt 49 Ländern, von denen Afghanistan, Peru oder Österreich noch zu den weniger exotischen zählen. Wir haben sogar Kinder aus Mikronesien, Nauru und Transsilvanien!

»Die Plakette ist eine Anerkennung für die Kulturarbeit, die wir hier leisten. Kulturarbeit, hören Sie, Frau Steinbeck!« Wichtigtuerin. »Aufgeschoben ist ja nicht aufgehoben«, erwidere ich und gehe. Gesprächskultur kennt die Fricke-Zicke auf jeden Fall nicht. Das Catering ist schnell abbestellt. Die Suche nach Herrn Schupp werde ich allerdings verschieben müssen. Denn plötzlich gibt es doch noch einen Toten zu beklagen.

SPIEL MIR DAS LIED VOM TOD

Nachdem mich Louisa das ganze Wochenende mit Liedern aus dem Musikunterricht drangsaliert hat, denke ich gerade über Sinnhaftigkeit und Aktualität von Kinderliedern nach. Ergebnis: Kinderlieder sind alles, aber nicht zeitlos aktuell, und mit der Wahrheit haben sie es auch nicht immer. Das Trällern von »Zehn kleine Negerlein« ist ebenso politisch inkorrekt wie das Rezept aus »Backe, backe Kuchen« mindestens für Veganer überholt scheint, und die Geschichte aus »Kommt ein Vogel geflogen« bildet lediglich den wünschenswerten Idealzustand ab. Denn nicht alles, was runterkommt, kommt auch wieder hoch. Das weiß ich seit heute.

»Frau Maggi, es ist etwas Schlimmes passiert!« Meltem klingt betont wichtig und richtig aufgeregt. »Für schlimme Fälle ist ab sofort meine neue Kollegin zuständig«, winkt Melitta ab. »Frau Steinbeck, übernehmen Sie!« Ich versuche mich in Sekretärinnen-Kompetenz Nummer eins und lese Gedanken. »Jemand hat sein Häufchen in den Toilettengang vor die Waschbecken gesetzt?«, nehme ich das häufigste aller Horrorszenarien in Grundschulen an, wie ich es von den Elternabenden meiner Kinder kenne.

»Nein, schlimmer!« Während Meltem noch mit dem Atem ringt, wage ich einen zweiten Versuch. »Die Kreide ist leer? Oder fehlt etwa Klopapier auf eurem Gang?«

»Nein, vieeeeel schlimmer. Ein Vogel sitzt neben unserem Kartenständer und fliegt nicht mehr raus! Herr Dahlhoff sagt, dass Sie bestimmt wissen, wo wir einen Vogelfänger herbekommen.«

Irgendwie bin ich beruhigt, dreimal falsch geraten zu habe. Nicht, dass die künstlich aufgeputschte Meltem sich noch direkt vor meinem Schreibtisch ein Bein ausreißt wie Rumpelstilzchen im Kindermärchenbuch.

»Ich kümmere mich!«, beruhige ich.

»Dahlhoff, dieser Idiot«, sagt Melitta. »Hauptsache nicht selbst handeln müssen. Na, wenigstens hat niemand in den Gang gekackt!«

Ach, wie gut, dass seit der Schulhofräumung jeder weiß, dass ich Superwoman heiß! Schließlich wäre es viel zu langweilig, sich lediglich mit Dingen zu beschäftigen, die wirklich in meinen Aufgabenbereich fallen. Ich habe ja sonst nichts zu tun, denke ich und schaue auf die zahlreichen Post-its, die sich auf meinem Schreibtisch sammeln. Rote, gelbe, grüne, blaue. Farblich nach Priorität geordnet. Mit Befehlen wie »Geld für das Geburtstagsgeschenk von Konrektor Hornschuch eintreiben«, »Frau Hildebrandt-Frickes Yucca-Palme umtopfen« oder »Termin für Brandschutzübung vereinbaren«.

Zu viele Aufgaben für den zweiten Tag – und dann noch ein fauler Vogel wie dieser Dahlhoff. Widerwillig wähle ich also die richtige Nummer. Die der Feuerwehr. Denn wenn ein Vogel in der Schule landet, würde höchstens Herr Dahlhoff blauäugig nach einem Vogelfänger googeln. Nein, das ist eine Sache für Superwoman und die Jungs von der Feuerwehr. Die kommen dann auch. Ohne großes Tatütata, dafür mit umso größerem Trara.

»Brandschutzmeister Weiß mein Name. Wo brennt's denn?« Ich übergehe den kleinen Feuerwehrscherz. Der untersetzte Mann in dunkelblauer Uniform baut sich gewichtig und wichtig vor mir auf. Ich bleibe cool. Bloß keine männlichen Eitelkeiten bedienen. »Man hat Sie also nicht informiert?«, frage ich ruhig.

»Doch, doch. Meine Sekretärin sagte, sie hätten hier einen ungebetenen Gast gesichtet. Ein flugunfähiges Flugobjekt sozusagen.«

Na, geht doch!, denke ich. Aber geht's noch? SEINE Sekretärin? Sind Sekretärinnen Leibeigene? Leibeigene von Vögeln wie der Hildebrandt-Fricke und Herrn Weiß? Ich weiß, seit gestern bin ich übersensibel, aber ich weiß auch die Antwort: Nein, sind sie nicht.

»Kommen Sie mal mit.« Ich winke Herrn Weiß hinter mir her. Dritter Stock, mittlerer Gang, ganz hinten links, unter dem Dach, so sagt es mir der Raumplan, den mir Melitta gegeben hat. Gekonnt überspiele ich, gespickt zu haben.

Herr Dahlhoff und seine Schüler haben sich um den Spatz geschart, der in der Ecke zwischen der Heizung und dem Klassenschrank sitzt.

»Brandschutzmeister Weiß, ich habe gehört, bei euch brennt's Kameraden!« Mir brennt ein böser Kommentar unter den Nägeln. Ich verkneife ihn mir.

»Ja«, ruft die Klasse wie im Chor. »Da sitzt ein Vooogel!«

Fachmännisch begutachtet der Brandschutzmeister das verängstigte Tier. Natürlich weiß Herr Weiß genau, was zu tun ist. »Ich brauche nicht mal den Kescher«, stellt er nach zwei Minuten fachmännischer Begutachtung des Tieres fest – und packt zu. »Fenster auf, Kameraden. Aber schneller als die Feuerwehr jetzt!« Der Anschauungsunterricht startet sofort: Was passiert, wenn man einen Spatz aus dem Fenster der 2a aus dem dritten Stock wirft?

Herr Weiß weiß die Antwort. Natürlich. »Er wird fliegen«, verspricht er den Schülern, die sich jetzt gleichmäßig und mit großen Augen an den vier Fenstern des Klassenraums verteilt haben. »Er ist nur verschreckt. Sobald er wieder Wind unter den Flügeln hat, ist er fit wie ein Fisch im Wasser.«

Ich vertraue einfach darauf, dass dieser Mensch weiß, dass ein Spatz tiefer fallen könnte als ein Fisch im Wasser, beziehungsweise härter aufprallen. Weiß dagegen scheint sich seiner Sache sicher. Theatralisch schreitet er zur Tat und hält seine Hände mit dem verirrten Tier aus dem Fenster.

Inzwischen ist es in der Klasse so still geworden, dass man einen Fisch atmen hören könnte. Spannung liegt in der Luft - auch der Duft von Angst. »Wird er es wirklich schaffen?«, fragt Meltem vorsichtig. Da hat Weiß auch schon seine Hände geöffnet und beginnt wie ein irrer Motivationstrainer zu schreien: »Flieg, Vöglein flieg!«

Zwei Sekunden später macht es »Platsch!« Die Augen der Schüler blicken entsetzt nach unten. Der Vogel liegt leblos auf dem Schulhof. Tot! Ich habe selten so gelacht. Das ist politisch nicht korrekt, aber pfeifen es die Spatzen nicht vom Dach? Traue keinem Wichtigtuer - egal, ob er Hildebrandt-Fricke heißt oder eben einfach ein Mann ist. »Das ist hart!«, rutscht es mir heraus. »Lieber den Spatz in der Hand als tot auf dem Hof«, kann ich gerade noch für mich behalten.

Schockstarre. Ob er die Kinder jetzt aus dem Fenster werfen wird, um ihre Lebensgeister wieder zu wecken? Weiß nimmt den Fauxpas am Fenster sportlich. »Das ist eben die Natur. Nur die Stärksten überleben!«, erklärt er an Lehrer Dahlhoff gerichtet. Schule, denke ich, Darwinismus und Dummheit zum Anfassen! Zumindest wenn man sich die

Mühe macht, den pummeligen Brandschutzmeister, der jetzt einen Spatz auf dem Gewissen hat, auf den Pausenhof zu begleiten. Spatzenhirn! Ich werde der 2a später erzählen, dass der Vogel im Vogelhimmel gelandet sei, wo er immer frisches Wasser und Würmer bekommt. Tatsächlich hat Herr Weiß ihn im Restmüll verstaut. Klappe zu, fertig.

»Wenn Sie schon einmal hier sind«, lenke ich den Brandschutzmeister von seinem Unwissen ab: »Wir bräuchten mal wieder eine Brandschutzübung.« »Kein Problem, rufen Sie bei meiner Sekretärin an. Sie hat den Überblick über alle verfügbaren Termine.«

Ich habe erst mal meinen ersten Termin im Lehrerzimmer, jenem mystischen Raum, in dem wir als Teenager gern mal Mäuschen gespielt hätten, unter anderem, weil wir alle in unseren Sportlehrer Herrn Sailer verknallt waren. Mein Auftrag: Herrn Schupp finden und seinen Chor zurückpfeifen. Der Festakt »Schule ohne Rassismus« wird verlegt. Grund: Läuse!

Neugierig öffne ich die Tür des Lehrerzimmers. Auf 100 Quadratmetern sind viele große Gruppentische verteilt. Daran sitzen Lehrer, teils in Arbeit, teils in Gespräche vertieft. »Herr Schupp?«, rufe ich.

»... ist im Unterricht«, lächelt mich Carina an. »Hinterlass ihm doch einfach eine Notiz in seinem Fach. Schau, da drüben an der langen Wand. Hast du schon die Abi-Zeitung gesehen?«

»Die ist im Trubel gestern irgendwie untergegangen.«

»Schau mal rein. Beim Lesen lernst du viel über unsere Schule und die Lehrer.«

Ich habe eine Idee: »Lass uns doch zusammen einen Blick

reinwerfen«, schlage ich Carina vor. »Es ist Zeit für eine Zigarettenpause.«

Wir eilen auf die Straße vor dem Schultor, die Schüler, Lehrer und andere Schulangestellte in einer riesigen Qualmwolke vereint. »Rauchen dürfen allerdings nur die Volljährigen«, erklärt Carina. »Und wie erkennst du die?«, frage ich und schaue in Richtung einer Gruppe Mädchen, die sich kleiden und schminken wie ich und quasi alles zwischen 15 und 25 sein könnten. Sicher ist nur, dass sie keine echten Blondinen sind.

»Das sind Kiara-Charlene und ihre Hofdamen Diana und Anna-Maria«, erklärt Carina augenrollend. »Die drei sind volljährig und machen nächstes Jahr Abi. Ich bin mir sicher, dass du noch vor den Ferien wissen wirst, wer hier wer ist, wo er hingehört, wie alt er ist - und andere Details, die man eigentlich gar nicht wissen will.«

Tuncay, der Kiara-Charlene gerade unverkennbar den Hof macht, will von den Raucherregeln der Schule nichts wissen. »Du weißt schon, dass du hier nicht rauchen darfst, bis du 18 bist«, mahnt Carina streng. Tuncay wirft seine Kippe provokativ über den Zaun auf den Pausenhof. »Fick dich!« - und verlässt erst den Dunstkreis der lachenden Kiara-Charlene und schließlich die umfassende Rauchwolke Richtung Tor. »Das gibt einen Raucherbrief nach Hause«, ruft Carina ihm hinterher. Und flüstert dann: »Aber erst später. Nach der Zigarette!«

Aktuell gibt es auch Interessanteres. Die Abi-Zeitung! Auf Seite 46 strahlt mir der attraktive Typ entgegen, der mir gestern auf dem LKW aufgefallen ist. Die Bildunterschrift lese ich laut und genussvoll vor: »Max Patzke, Sportlehrer«. Hilfe, ist der sexy! Selbstverständlich behalte ich die Abi-Zeitung.

Carina biete ich dafür ein volles Päckchen Zigaretten an. »Die Kippen verkürzen meine Lebenszeit, verlängern aber die Zeit bis zur Burnout-Klinik«, überlegt sie lachend. »Deal! Behalt die Zeitung ruhig.«

FAME IST EBEN ALLES

Seit seinem Eintritt in die Geschwister-Scholl-Schule von den Abiturienten viermal hintereinander zum coolsten und zum schönsten Lehrer gewählt zu werden hat Max Patzke umso mehr zum Traum der meisten Mädchen und Frauen hier werden lassen. »Fame ist eben alles, selbst im Lehrerzimmer!«, so weit Carinas Kommentar. Melittas Meinung ist konkreter. »Eingebildeter Fatzke!«, versucht sie meine Schwärmerei einzudämmen, als ich ihr, zurück im Sekretariat, entzückt von meiner Entdeckung auf Seite 46 berichte. Ich lasse mich nicht abhalten. Bei mir sind längst die Dämme gebrochen. Die Hormondämme. Nach der großen Pause durchsuche ich die Abi-Zeitung neugierig nach weiteren Fotos von Max und setze ein sinnliches Lächeln auf. Nur für den Fall, dass er zufällig ins Sekretariat kommt – vielleicht mit einem Bewilligungsantrag. Oder einem Heiratsantrag. »Ja, ich wäre willig«, flüstere ich vor mich hin, während Melitta mir einen Vogel zeigt. »Verrücktes Huhn!«

Zumindest Carina hat Verständnis. »Klar hat Max die internen Wettlisten unter den Kollegen wieder angeführt, sein Doppelsieg bei den Abi-Wahlen war absehbar«, erzählt sie mir später im Lehrerzimmer. »Gegen seinen Bizeps haben nicht mal Andrés Augen eine Chance.« Ich lache. »Keine Sorge, Desi, du befindest dich mit deiner Schwärmerei lediglich auf einer Linie mit fast allen Frauen in diesem Raum. Außer denen, die er schon hatte. Wenn Max durch diese Tür kommt, ist hier mehr Östrogen in der Luft als Testosteron in der Umkleidekabine vom BVB – vor dem Derby auf Schalke.«

Schwärmerei? Das fühlt sich schon an wie ein Eisprung. Ich will vor Freude in die Luft springen, als ich an seinem Fach vorbeilaufe. »Max Patzke, Bereichsleitung Sport«, steht da. »Ganz klar: Wir sollten unbedingt mal zusammen Sport treiben!« Ich kann mein Glück noch gar nicht fassen. In den letzten zwei Jahren habe ich ein Vermögen in Mitgliedschaften auf Dating-Portalen investiert – und mich immer wieder in Bilder verliebt, die den jeweiligen Profilbesitzer zumeist zeigten, bevor er zwanzig Kilo mehr und zwei Millionen Haare weniger hatte. Diese Zeitung hat mich ein Päckchen Marlboro Gold gekostet. Für mich ist sie mehr wert – sie ist Gold wert! Denn das Foto von der Schulweihnachtsfeier kann maximal vier Monate alt sein. Für mich ist gerade Weihnachten und Geburtstag zusammen. »Ob er mich mögen würde, Carina? Meinst du?!«

Carina stöhnt. »So, Schluss jetzt!« Sie selbst hat es in diesem Jahr zur schusseligsten Lehrerin gebracht und ist unter den coolsten Lehrerinnen hinter Tatjana Klewe immerhin auf Platz zwei gelandet. Frau Klewe mit den Killerbrüsten, seit Neustem ebenfalls schönste Lehrerin der Geschwister-Scholl-Schule, wie es amtlich in der Abi-Zeitung steht. Ob Max auch auf große Brüste steht? Ich schaue kritisch wie ein Teenager an mit runter ... Nein, mit Frau Klewes Kalibern kann ich nicht mithalten.

»Interessiert Lehrer eigentlich, was in der Abi-Zeitung steht, oder tun sie diese Wahlen als Teenie-Kram ab?«, frage ich Carina.

»Klar, interessieren wir uns für diese Listen.« Carina schmunzelt. »Auch wenn das die Verlierer nie zugeben würden. Den Siegern schwillt die Brust auf Klewe-Niveau und den anderen bleibt der Frust. Wer möchte nicht beliebt sein, begehrt oder bewundert werden?«

Ich schlage die Zeitung noch einmal auf. Max. Seine strahlend blauen Augen nehmen mich schon auf bedrucktem Papier ein, beziehungsweise mit – auf eine Reise Richtung Romantika. Ich atme tief durch und versuche wieder runterzukommen. Ich habe vermutlich völlig überzogene Vorstellungen. Vor allem wegen den verlogenen Romantikkomödien, die ich mir freitagabends immer heimlich reinziehe, sobald die Kinder schlafen. Aber dieser Mann ist der größte Kick seit langem, und ich bin mir sicher: Es gibt die Liebe auf den ersten Blick. Nicht nur in Chick-Flick-Filmen – sondern vor allem in Zeitschriften! »Mensch, Desi«, sagt Carina, »du bist ja echt verknallt!«

Zwei Tage später stehen wir uns zum ersten Mal am Heiligsten, der Kaffeemaschine im Lehrerzimmer, gegenüber. In meinen Tagträumen allerdings stehen wir fast schon vor dem Traualtar. Soviel Phantasie hat Folgen. »Milchkaffee, Espresso oder einen Latte?«, fragt er freundlich.

»Ja, ich will«, sage ich aus vollem Herzen – und sehe in ein extrem verwirrtes Gesicht.

»Ja, ich will mich erstmal vorstellen. Ich meine, ich bin Désirée, die neue ...«, versuche ich die Situation zu retten. »Sekretärin, ich weiß«, beendet er meinen Satz.

»Max Patzke.« Während er mir seine Hand reicht und herzhaft zudrückt, werden meine Knie weicher und weicher. »Welchen Knopf darf ich drücken?«

»An der Kaffeemaschine?«

»Wo sonst?«, sieht er mich belustigt an.

O Boden, öffne dich, denke ich, nuschele etwas von »sowieso zu viel Kaffee«, und verabschiede mich schnell.

»Wir sehen uns«, ruft er mir in samtweichem Bariton nach, während der Traualtar mit bombastischem Getöse zusammenbricht. Kaum eine Woche an der Schule und schon benehme ich mich wie ein Teenager in der Hochpubertät.

Obwohl ich mir nach diesem Auftritt schwöre, meine Hormone künftig zu zügeln, erwische ich mich in den nächsten Tagen immer wieder dabei, wie ich heimlich am Sportplatz vorbeischleiche, wo Max mit seinen Klassen Fußball spielt, solange das Wetter mitspielt. Zum Glück kenne ich seinen Stundenplan. Übrigens auch seine Telefonnummer, die ich in der Excel-Tabelle mit den Adressen der Lehrer schnell ausgemacht habe. Ich liebe meinen Job! Mein Plan: ihn irgendwie dazu zu kriegen, mich zum Essen einzuladen. Der nächste Kaffee danach bei mir!

Von meinen Schwärmereien beflügelt, vergehen die Tage wie im Flug, auch wenn ich immer noch jeden Tag zweimal kurz davor bin zu kündigen. Aber dank Max habe ich jetzt jeden Tag einen Grund, mich der Geißelung durch Rektorin, Schüler und Eltern zu stellen. Dennoch bin ich glücklich, dass heute Freitag ist. Kurz vor Feierabend will ich noch ein Buch für meinen Sohn aus der Bibliothek mitnehmen.

Beeindruckt betrete ich das riesige Medienzentrum auf

zwei Etagen. Während sich im unteren Geschoss vor allem neue Medien und Computer befinden, ist das obere bis an die Decke mit Büchern vollgepackt. Ich liebe Bücher und staune nicht schlecht über das große Angebot. Ich bin auf der Suche nach Dinosauriern! Lucas liebt Dinosaurier.

Die naturwissenschaftliche Abteilung befindet sich laut Plan auf der linken Seite. Das Regal mit den Biologie-Büchern ist das letzte von insgesamt vier, die jeweils der Mathematik, der Chemie und der Physik zuzuordnen sind. Es trennt den Rest des Raums von einem der Lesebereiche ab, in denen vereinzelt Schüler in ihren Freistunden Hausaufgaben machen. Nachmittags ist es besonders ruhig hier. So ruhig, dass ich einem Gespräch hinter dem Regal lauschen kann. Tuncay klingt irgendwie erregt.

Tuncay: »Kennst du die neue Sekretärin, Frau Steinbeck?«

Marvin: »Ach, die!«

Tuncay: »Ja, die ist heiß!«

Marvin: »Die ist echt Augensex!«

Tuncay: »Ja, aber die fühlt sich voll fame!«

Phantastisch! Der Mittelstufen-Rowdy hat mir mein Selbstbewusstsein wiedergegeben. Jetzt werde ich, bestärkt von solchen, wenn auch gewöhnungsbedürftigen, Komplimenten, Max das nächste Mal an der Kaffeemaschine ansprechen. Ganz bestimmt. Augensex. Mehr Fame, bitte!

Am Samstagnachmittag treffe ich mich endlich mit Julia. Weil ich die ganze Woche über abends so erschöpft vom vielen Schüler-und-Rektorin-Versagen war, habe ich noch gar nicht mit ihr über mein Sekretärinnendasein geredet. Wir kennen uns seit der Ausbildung zur Verwaltungsfachkraft. Direkt nach dem Examen hat sie von ihrer Kernabteilung in der städtischen Friedhofsverwaltung in den Schuldienst gewechselt. »Ist nicht wahr«, kommentiert sie die Geschichte meines ersten Schultags. »Da habe ich dir ja was eingebrockt.«

Allerdings, denn Julia hat mich für den Job an der Geschwister-Scholl-Schule empfohlen. Die Stellenausschreibung ermutigte mich, eine Bewerbung zu schreiben. Organisationstalent und Selbstmanagementkompetenzen, Teamfähigkeit, Eigeninitiative und Geschick im Umgang mit Kindern und jungen Erwachsenen - all das bringe ich, alleinerziehende Löwenmutter, ausgebildete Verwalterin und ehemalige Formationstänzerin von Haus aus mit.

Die Arbeit im Sekretariat verlangt aber viel mehr - gerade wenn man nicht wie Julia an einer privilegierten Mädchenschule arbeitet, wo das Annehmen von Schuh-Paketen, die sich faule Lehrerinnen und Schülerinnen gelegentlich aus Bequemlichkeit in die Schule schicken lassen, das größte Problem ist. Bei uns dagegen ist vor allem kriminalistisches Gespür gefragt. Beispielsweise beim Fahnden nach den Besitzern von vom Schimmel befallenen Tupperdosen im Lehrerzimmer-Kühlschrank.

Nächste Herausforderung: sich ständig in stoischer Gelassenheit üben. Denn irgendjemand kommt immer ins Sekretariat, um irgendetwas zu suchen, zu bemängeln oder zu erfragen - zumeist, wenn Melitta und ich gerade telefonieren. Manchmal sind sogar telepathische Fähigkeiten gefragt, wenn es darum geht, Hildebrandt-Frickes Wünsche von ihren Augen abzulesen - oder ihr zumindest immer einen Schritt voraus zu sein. Ganz nebenbei habe ich noch wichtige Telefonnummern auswendig gelernt: die des Gesundheitsamtes, die der Lokalzeitung und - ganz wichtig - die des Thai-Imbisses um die Ecke.

An diesem Sonntag schalte ich alle Telefone aus. Ich nutze

die Ruhe, um Lucas aus dem Dinosaurier-Buch vorzulesen und immer wieder mal in die Abi-Zeitung zu schauen. Auf Seite 46, Max-Patzke-Seite, die langsam Eselsohren bekommt.

IMMER WIEDER MONTAGS

Montagmorgens ist Henriette Hildebrandt-Fricke immer besonders schlecht gelaunt. »Weil die Hexe dann wieder komplette zwei Tage mit ihrem Mann verbracht hat«, zischt mir Melitta zu, während die Rektorin im Nebenzimmer energisch ihre Chanel-Tasche auf den Tisch donnert. »Sie ist in einer Ehekrise – seit zwei Jahren.«

Dieser Montag soll keine Ausnahme bleiben. »Frau Steinbeck«, höre ich sie spitz rufen. Ich atme durch, verschiebe meinen Kaffee und betrete das Rektorenzimmer. »Am Freitag muss mir hier ein Brief verloren gegangen sein. Ein wichtiger Brief zum Neubau unserer Schulmensa. Können Sie den bitte suchen?«

Natürlich kann ich, aber wo? »Auf Ihrem Schreibtisch?«

Die Schulleiterin lacht spöttisch. »Da habe ich natürlich schon gesucht. Er muss im Abfall gelandet sein. Schauen Sie doch bitte unten in der Altpapiertonne, bevor sie morgen geleert wird.«

Hat die 'nen Knall? Ich bin doch nicht Aschenputtel! Innerlich will ich die Hildebrandt-Fricke abknallen. Äußerlich lasse ich mir nichts anmerken, chille mein Leben, und antworte: »Ich gebe mein Bestes!«

Beim Verlassen des Raums falle ich fast über die wahllos

im Weg liegende Tasche. Ich hasse sie! Designer-Tasche hin oder her. Die Hildebrandt-Fricke ist eine gemeine Gewitterhexe. Immerhin fülle ich die Doppelrolle, gleichzeitig ihr persönlicher Blitzableiter zu sein und alle einfallenden Donnerwetter persönlich von ihr abzuhalten, inzwischen ganz gut.

Als Assistentin der Geschäftsführung war meine Aufgabe, großkotzige Kunden im Vorzimmer der Werbeagentur zu belustigen. Eine lehrreiche Aufgabe für Frauen, denen privat gern mal ein gut platziertes »Idiot« rausrutscht. An meinem jetzigen Platz belehre ich vor allem kleingeistige Halbwüchsige. Auch die können idiotisch sein, was den Job amüsant macht, aber eben auch anstrengend.

Das Telefon jedes Schulsekretariats ist quasi der ständig heiße Draht in die Welt des RTL-Nachmittagsprogramms da draußen. Und der glüht! Im Fünf-Minuten-Takt. In diesem Fall glüht außerdem mein Ohr. »Nein, absolut keine Chance«, sage ich also noch einmal. Diesmal bestimmter, während Melitta mir per Handzeichen zu verstehen gibt, dass sie dringend auf Toilette muss.

»Keine Chance«, signalisiere ich ihr mit Achselzucken plus verzweifeltem Blick. Denn im Sekretariat sammeln sich die Problemfälle.

»Handy leer. Muss ich mal telefonieren«, höre ich Senna plärren. Genervt bedeute ich ihr mit einer kurzen Kopfbewegung, auf einem der Stühle im Flur Platz zu nehmen. Denn am anderen Ende der Leitung nimmt Jan Sieveking, Sohn eines Anwalts, und deshalb nicht weniger anstrengend als Senna, gerade all meine Aufmerksamkeit in Anspruch.

Wie bitte vermittle ich einem Achtklässler, dass er mich

nicht wegen Stalking belangen kann, ohne ihn einen Vollidioten zu nennen?

»Aber wieso nicht?«, höre ich ihn aufgeregt rufen. »Sie verfolgen mich ja fast, sie rufen ständig bei meinen Eltern an, wenn ich mal nicht pünktlich in der Schule bin!«

Sekretariat – das heißt Beschwerden annehmen. Von jedem, über jeden anderen. Ich selbst hätte es nie gewagt, mich derart respektlos über meine Lehrer zu beschweren. Aber die Zeiten haben sich offensichtlich geändert.

Ich habe vor allem meine Vorstellung von diesem Job geändert. Hier geht es nicht nur darum, Namenslisten anzulegen. Auf der langen Liste meiner To-dos steht an oberster Stelle, namentlich bekannte Idioten abzuwehren. Klingt irgendwie nach meinem Privatleben seit der Scheidung. Aber ich bin fest entschlossen, das Leben und diesen Job ein bisschen mehr zu nehmen wie Melitta. »Ich bin hier jeden Morgen kurz vor dem Zusammenbruch«, sagt sie. »Aber ich nehme das Chaos mit Humor. Wir haben ja nur zwei Optionen. Entweder sterben wir an Depressionen oder wir lachen uns tot. Ich habe mich entschieden, in welchem Zustand ich hier rausgetragen werden möchte!«

ICH NIX VERSTEHEN

Die nächste Woche vergeht wie im Flug. Vor allem, weil es viel zu lernen gibt. Ich verbringe die Zeit damit, das kleine Sekretärinnen-Einmaleins zu verinnerlichen, beziehungsweise ich stelle mich der großen Herausforderung, hier zu arbeiten, ohne mich umzubringen. Oder jemand anderen. Im Zweifelsfall die Chefin.

»Duftet es nach Chanel – renne schnell« habe ich spätestens verinnerlicht, nachdem Hildebrandt-Fricke von mir verlangt hatte, ihr in meiner Pause einen Duftbaum für ihr neues Cabrio zu besorgen. Wieder so eine sinnlose Aufgabe, die ich definitiv nicht erledigen müsste. »Es ist der sonnigste Mai seit Jahren. Sie fährt sowieso nur mit offenem Verdeck«, ärgere ich mich. Also renne ich weiterhin schnell, sobald jeden Morgen gegen fünf vor halb acht eine dicke Wolke Chanel No. 5 durch das Treppenhaus zieht. Wichtigste Überlebensregel vor dem ersten Kaffee, zu dem ich selten vor neun komme.

Weitere wichtige Überlebensregeln: Nähere dich keinen Kindern mit Viren – und renne noch schneller, wenn dir ein Kind mit Lausbefall gegenübersteht. Dann sag lieber »Adios, amigos«, anstatt die Heldin zu spielen. Bevor ich mich ins Wochenende verabschiede, habe ich meinen ersten spanischen Satz jenseits von »Adios, amigos« gelernt: »No entiendo!«

Mit einem genussvollen »No entiendo!«, winke ich sogleich Melittas Frage ab, ob ich Lust hätte, mich um die Raumverteilung für die Berufsbörse zu kümmern, die die Schule jedes Jahr veranstaltet, um Schüler mit potentiellen

Arbeitgebern, Ausbildern und Vertretern der umliegenden Hochschulen in Kontakt treten zu lassen. »No entiendo!«, rufe ich noch einmal und halte mir demonstrativ die Ohren zu. »Ich nix verstehen!«

Während ich mir den Raumplan dann doch vornehme, grinse ich stolz in mich hinein. »No entiendo!« Nach meinem ersten portugiesischen und meinem ersten griechischen Satz bereits die dritte Erweiterung meines Weltwortschatzes in den letzten zwei Wochen. Ich rechne damit, dass in Sachen neue Sprachkompetenz noch lange nicht Ende-Gelände ist. Denn das Schulgelände ist ein Schmelztiegel der Kulturen.

»Weißt du«, sagt Melitta, »ich interessiere mich nicht für Politik und schaue selten Nachrichten. Und trotzdem bin ich immer bestens informiert, was in der Welt los ist. Ich kann sozusagen mitreden.« Bevor sie mit einem breiten Grinsen auffährt: »¿Puede esperar aquí por un momento? – Das heißt: »Können Sie einen Moment warten?«

Ich warte. 30 Sekunden später kehrt Melitta mit einem alten Atlas zurück. Sie schlägt die Weltkarte auf. »Die frühen Neunziger«, sagt sie mit gewichtiger Stimme und fährt mit dem Zeigefinger die Strecke zwischen Belgrad und Moskau ab. »Lissabon, 2011«, fährt sie fort, während sie auf der Karte den Standort der portugiesischen Hauptstadt sucht. »Ach, nicht zu vergessen, Athen. Dort landete die Eurokrise übrigens 2010! Auf Griechisch heißt ›Ich verstehe nicht‹ übrigens ›Den katalave'no!'«

Es fällt mir leicht, zu verstehen, was sie meint: Melitta Maggi hat die Einwanderungswellen der letzten 29 Jahre an der Geschwister-Scholl-Schule verfolgt. Live im Sekretariat! Längst ist sie sogar des Bulgarischen mächtig, zumindest was den Grundwortschatz betrifft.

»Die Hildebrandt-Fricke klagt immer, dass wir hier schon halb Bulgarien alphabetisiert hätten«, flüstert sie mit einem Blick auf die leicht geöffnete Tür zum Nebenzimmer. »Und Rumänien gleich mit, verstehst du?«

»Ich nix verstehen«, gibt es bei uns entgegen aller Vorurteile auf jeden Fall nicht. Ganz im Gegenteil. Der durchschnittliche Schüler hier kennt den Zahlenraum von eins bis zehn mindestens auf Deutsch, Englisch und Türkisch. Und nicht nur fremde Wörter kommen Melitta inzwischen nicht mehr spanisch vor. Sie versteht die Welt nicht nur in zehn Sprachen, sondern längst auch alle politischen Zusammenhänge.

Zumindest die Basics. »Du kannst dir gar nicht vorstellen, wie viele Anträge an irgendwelche Gremien ich in den letzten Jahren abtippen musste«, berichtet meine Kollegin. »Für mich ging es um so banale Dinge wie ein neues Regal, für die um öffentliche Gelder. Klassischerweise machen die nur ungern Kohle zusätzlich locker. Also habe ich gebettelt und gekämpft. Anders funktioniert Politik auch in Berlin nicht, gerade wenn es um Moneten geht!« Melitta hat Feuer gefangen. Ausschweifend erzählt sie mir von den großen Errungenschaften, die ihr unsere Schule noch aus der Zeit zu verdanken hat, bevor die Haushaltshoheit an den Schulrat überging: zuletzt den Kopierer, der außerdem scannen und faxen kann.

Apropos Feuer. »Kannst du noch mal bei Herrn Weiß nachhaken, was mit dem Termin für die Brandschutzübung ist?«

»Aber erst nächste Woche, comprende?«, antworte ich auf feurigem Spanisch. »Für diese Woche: finito! Ende-Gelände!«

VAMPIRE

Ich verlasse das Schulgelände in freudiger Erwartung auf die Lesenacht nächste Woche. Mein erstes Date mit Max! Das heißt, immerhin sind wir verabredet. Zugegeben – zu diesem Date bin ich quasi gekommen wie die Jungs zum Kirschschnaps, den wir heute Morgen in den Spülkästen des Mittelstufen-Trakts gefunden haben. Wie der wohl dahin gekommen ist?

»Keine Ahnung, vielleicht haben die Putzfrauen sie dort vergessen?« Vergiss es, Tuncay. So leicht lasse ich mich nicht verarschen. Nur von ausgewachsenen Männern. Was Max betrifft, bin ich ja gewarnt. Angeblich hat er hier eine Sozialpädagogin und vier Lehrerinnen flachgelegt, darunter Conny Lindig, zu der er heute, gelinde gesagt, ein eher kompliziertes Verhältnis hat. »Ich dachte eigentlich, dass er es ernst meint. Dann habe ich ihn auf dem Lehrerausflug nach Heidelberg mit diesem Grundschulluder erwischt«, erzählt sie mit abfälligem Blick Richtung Sofa-Ecke, wo Annette Behrendt, Klassenlehrerin der 4d, gerade sehr offensichtlich mit Französischlehrer Noah Dumas turtelt.

Max hat Carina die Geschichte natürlich völlig anders erzählt. Ja, er habe mal was mit Conny gehabt, aber klargemacht, dass da nie mehr laufen würde als ein bisschen Ringelpiez. In Heidelberg hätten ihn einfach Wein, Schlossromantik und Annettes Nackenmassage nach der langen Busfahrt übermannt. Seither boykottiere Conny Max auf Zeugniskonferenzen, wo immer es geht.

»Wenn er einem Schüler im Sozialverhalten eine Zwei gibt, kannst du sicher sein, dass sie mindestens eine Note drunter geht, um ihm dann zu unterstellen, dass er offensichtlich eine andere Vorstellung von gutem Benehmen habe. Außerdem hat sie den Lehrerchor verlassen, seit Annette zu den Proben auftaucht. Mit ihr verabschiedeten sich gleich noch drei andere Biologielehrerinnen aus dem Ensemble. Manchmal macht mich dieser Kindergarten im Lehrerzimmer noch kranker als diese verdammte Erkältung.«

Carina niest, ich nicke. Schnell ist mir klargeworden, dass die erwachsenen Mitglieder der Schulgemeinde auch nicht anders drauf sind als die Heranwachsenden, die sie an guten Tagen als putzig, an schlechten als die Pest bezeichnen. Tatsächlich geht es im Lehrerzimmer oft nicht anders ab als im Klassenzimmer: Pädagoge A redet nicht mit Pädagoge B, weil Pädagoge C gehört hat, dass …

Als Sekretärin sitzt du am großen Kommunikationsknotenpunkt der Schule immer zwischen den Stühlen. Einen Tag später ist Carina wirklich krank, und neben Max ist ein Stuhl frei geworden, beziehungsweise eine Matratze – auf der Lesenacht der Klasse 3d, die Carina in Deutsch unterrichtet. Louisa und Lucas sind bei ihrem Vater, und ich habe spontan angeboten, für meine neue Freundin einzuspringen. Im Vorlesen von Kindergeschichten bin ich geübt, und es sollte doch eine leichte Übung sein, Max bei Kerzenschein und Kinderwein näherzukommen. Ich kann Freitagnacht kaum erwarten.

Lesenächte in der Sporthalle zählen, wie so viele Dinge, zur neuen Eventkultur, die es offensichtlich für den guten Ruf einer Schule braucht. Um Klientel anzulocken, will Schule heute vor allem »coole Schule« sein – mit Akrobatik-AG, Eltern-Kind-Modenschau und mindestens einem C-Promi-Besuch pro Halbjahr – ob das nun den Europaparlamentsabgeordneten meint, der die Politikleistungskurse zu einer Podiumsdiskussion trifft, den abgehalfterten Tatort-Kommissar, den die Rektorin über private Verbindungen dafür gewinnen konnte, am Vorlesetag in der Aula aufzutreten, oder die Sängerin, die es in den Charts zwar nie bis an die Spitze geschafft hat, deren Beteiligung am Schulkonzert von den Lokalblättern aber als »Absolut spitze!« gefeiert wird.

Für uns Sekretärinnen sorgen diese Eitelkeiten der Schulleitung eigentlich immer nur für zusätzliche Arbeit. Wir verfassen Pressemitteilungen zum Besuch des Politikers, kümmern uns um Taxi und Hotel für den Schauspieler oder ausgefallene Blumenbouquets für die Sängerin. Im Fall der Vorlesenacht bedeutet der Mehraufwand, sich wieder mit Brandschutzmeister Weiß von der Feuerwehr auseinanderzusetzen, die für den Fall der Fälle unbedingt informiert sein muss. Außerdem müssen Elternbriefe aufgesetzt werden, um sich anschließend mit den Anrufen hysterischer Mütter zu plagen, die unter Umständen noch energieraubender sind als Manager und Pressesprecher von C-Prominenten: mein Kind ist Veganer, mein Kind ist Bettnässer, mein Kind kann nur mit Ohropax schlafen …

Ich bin heilfroh, als sich die Lesenacht kurz vor elf mit Auszügen aus Angela Sommer-Bodenburgs »Der kleine Vampir« dem Ende neigt. Wenig später liegen die Kinder auf Isomatten, die sie mit Schlafsäcken und Polstern zu kleinen Kissenburgen ausgebaut haben, auf dem Boden und schlafen reihum ein. Es riecht nach Furz. Ich bilde mir einfach ein, dass es sich um das Vampir-Parfüm »Mufti Eleganti« handelt. Links von mir schnarcht der kleine Emil. Auf der anderen Seite höre ich Max' ruhigen Atem. Ich habe mich gegen ein Nachthemd entschieden und krieche in Leggins und einem Top unter meine Decke.

»Deine erste Lesenacht«, flüstert er. »Wie hat's dir gefallen?« Im Dämmerlicht, das durch die großen Dachfenster in die Halle strömt, sehe ich Max lächeln. Er hat den Kopf auf seinen Ellenbogen aufgestützt und schaut mich an.

»Ich fühle mich sehr wohl. Aber ich bin sehr müde!« Langsam beginne ich mich zu strecken, gerade so weit, dass meine Hand wie zufällig seine streicht. Er zieht nicht weg. Ich bekomme Gänsehaut, dann schrecke ich auf. Denn plötzlich steht die kleine Claire leise weinend neben mir.

»Frau Steinbeck, ich kann nicht schlafen!«

»Versuch's noch einmal«, sage ich in der Hoffnung, gleich wieder auf »Im Dunkeln ist gut munkeln« machen zu können.

Keine Chance. Claire hat erst die Hälfte der anderen Kinder aufgeweckt und dann durchgesetzt, dass Max sie nach Hause fährt. Fail! Und das ist erst der erste Fall von bilderbuchhaften Störfällen in meiner ersten gemeinsamen Nacht mit Max. Denn kurz nach seiner Rückkehr eine halbe Stunde später, inzwischen ist die 3d fast wieder komplett eingeschlafen, geht links von mir Alarm los:

»Ahhhhhhhh!« Emil springt auf.

»Emil, was ist denn los?«

»Da hat sich was bewegt! Was, wenn hier Vampire reingekommen sind?«

Sofort kommt Bewegung in die ganze Truppe. Ängstlich beginnen die Kinder zu diskutieren, ob es Vampire gibt oder nicht. Ich entschließe mich, das Licht anzumachen, um dem Spuk ein Ende zu bereiten. »Seht ihr, hier ist nichts außer uns. Der kleine Vampir ist auf jeden Fall nicht hier!«

»Ich glaube, ich kann trotzdem nicht mehr schlafen«, wimmert Emil, als wir fünf Minuten später wieder im Dunkeln liegen. »Was macht denn deine Mama, wenn du nicht schlafen kannst?«

»Sie singt!« Plötzlich hat Emil einen ganzen Chor hinter sich: »Frau Steinbeck, singst du was?«

»Was, ich? Ich bin eine ganz schlechte Sängerin!«

»Singen, singen!« Keine Chance, die zweite.

»Was soll ich denn singen?«

»I'm sexy and I know it!«

»Forget it, Emil!«

Zwei Minuten später beginne ich widerwillig, »LaLeLu« zu trällern. Immerhin ist es wieder dunkel. Dunkel genug, um Max' Gesicht nicht zu sehen. Denn hier hört nicht nur der Mann im Mond durch die Deckenfenster zu. Leider auch der Mann MEINER schlaflosen Nächte. Und das Minikonzert ist definitiv der nächste Grund, warum er mich garantiert nicht heiraten wird. Immerhin zeigt mein Gesang maximale Wirkung: Ruhe! Erleichtert kuschele ich mich zurück in meinen Schlafsack. »Hast du gut gemacht«, lobt Max. Ich höre sein Grinsen – auch, wie ein Kind nach dem anderen sein Flüstern einstellt. Endlich.

Ich atme durch – und halte dann lieber die Luft an. »Ich glaube, Emil hat wieder im Schlaf gefurzt, Max …«

»Dann solltest du schleunigst näher zu mir rücken.« Und so kommt, was kommen muss: der Kuss. Auf dem Boden einer Turnhalle zwischen fremden Kindern. Das Letzte, woran ich mich später erinnern werde, wenn ich an diese Nacht zurück denke, ist, dass Max mir zärtlich am Hals gesaugt hat. Das Erste, was mir zum folgenden Morgen einfallen wird? Ein spitzer Schrei, der mein Blut um 6.15 Uhr gefrieren lässt.

»Ahhhhhhhhh!«

»Was ist denn?«, schrecke ich auf und schaue in Emils verstörtes Gesicht. »Hier waren doch Vampire, du hast gelogen!«

»Habe ich nicht!«

»Doch, schau mal, dein Hals!«

Zerknirscht stehe ich um halb sieben zwischen Mädchen in pinkfarbenen Pyjamas in der Umkleidekabine und putze mir die Zähne. Zum Glück ist Samstag. Vor allem, weil die Spuren der letzten Nacht am Montag kaum mehr zu erkennen sein dürften. »Wie war die Lesenacht?«, will Carina später am Telefon wissen. »Hatte Biss«, sage ich und betrachte meinen Knutschfleck am Hals grinsend im Spiegel.

»Wie meinst du das?«

»Ach, Max hat aus ›Der kleine Vampir‹ vorgelesen.«

SPERRGEBIET

In Sekretariaten gibt es Dinge, die total unsinnig sind. Zum Beispiel die Tür zum Büro der Rektorin. Im Regelfall ignoriere ich jede Regung dahinter. Zugegebenermaßen durchschreite ich sie nur, wenn es unbedingt sein muss. Zumeist gegen meinen Willen.

Andere Dinge hier erscheinen mir dagegen gottgewollt – als Segen des Schulamts gegeben. Sie werden umso liebevoller gepflegt. Zum Beispiel die breite Theke, die mir und

Melitta einen gewissen Sicherheitsabstand von Hinz, Kunz, Mandy, Dirk-Keanu und ihren nicht minder ätzenden Eltern gibt. Dieser Sicherheitsabstand ist uns heilig und wird von Fanny furchtlos bewacht. Denn jeder Versuch der Grenzüberschreitung könnte quasi schon zum Schulverweis führen. In diesem Fall zu meinem.

Scheiße! Während ich zu Hause über meinem Unglück brüte, gehe ich in meinem Kopf die Liste möglicher Schuldiger durch. Ich muss nicht lange überlegen. Klar, es war Kathinka aus der 6c! Ich erinnere mich: Am Dienstag steht Kathinka kurz vor zehn bleich und völlig aufgelöst vor unserer Theke. »Du musst bitte schnell meine Mama anrufen. Ich habe Durchfall.«

Melitta ist gerade mit einem Handwerker zur Sporthalle unterwegs. Ich selbst habe die letzten drei Minuten damit verbracht, fix meine Hände einzucremen und opfere meine Frühstückspause dafür, sie trocknen zu lassen. Ich schaue das Mädchen für einen Moment durchdringend an. Zu unserem Alltagsgeschäft gehört es, Simulanten zu entlarven. Die, die auf alles Lust haben, nur nicht auf Schule, die sich gern wegen Kopfschmerzen oder Bauchweh, bei Mädchen ab elf auch mal wegen Regelschmerzen, abmelden.

Auch im Fall Kathinka Wischmann? Wie eine Simulantin sieht Kathinka allerdings nicht aus, auch nicht wie ein Scherzkeks. Nein, Mädchen haben keinen Fäkalhumor. Ihr muss wirklich übel sein. Das sagt mir unter anderem ihre bleiche Gesichtsfarbe. Die Creme zieht aber noch ein. »Entschuldige bitte, ich kann gerade nicht«, erkläre ich der Kleinen mit einem um Verständnis werbenden Blick auf meine Hände. »Komm ausnahmsweise kurz an meinen Schreibtisch und ruf bitte selbst zu Hause an. Weißt du die Nummer?«

Kathinka nickt. »323449!« Niemand zu Hause. Wir versuchen es noch einmal. Der dritte Anlauf ist schließlich erfolgreich. Ich bin wieder am Apparat: »Hallo, Steinbeck hier von der Geschwister-Scholl-Schule. Ihre Tochter steht hier mit Übelkeit und Durchfall ...«

»Das kleine Sekretärinnen-Einmaleins hast du aber noch nicht verinnerlicht«, spottet Melitta, als ich mich am Folgetag mit Magen-Darm krankmelde. »Wusstest du nicht, dass Schüler Bakterienschleudern sind? Deshalb: nie zu nah an dich heranlassen. Dafür haben wir die Theke!«

AUF KRAWALL GEBÜRSTET

Wahrscheinlich sind Schulen neben den Zelten des Münchner Oktoberfests die größten Tauschbörsen für Viren in der ganzen Bundesrepublik. Ob Röteln, Windpocken oder eben Magen-Darm. Genommen wird, was gerade verfügbar ist. Gelegentlich sogar die Krätze und andere Krankheiten, die ich seit dem Mittelalter für ausgerottet hielt. Zumeist greifen gleich ganze Klassen zu.

Drei Tage später, ich laufe gerade vom Sekretariat Richtung Kunsträume, kommt mir Pietro aus der 2c entgegen. »Ich glaube, ich bin krank.«

»Warum glaubst du das?«

»Die Mama hat's gesagt.«

»Und warum bist du dann hier?«

»Ich soll erst mal warten, ob es schlimmer wird«, antwortet Pietro und kratzt sich verlegen am Kopf.

»Was genau hast du denn?«

»Kann ich nicht so laut sagen.«

Niedlich. Ich streiche dem Kleinen über den Schopf und beuge mich zu ihm runter. »Komm, du kannst es mir auch ins Ohr flüstern. Ich sag's auch niemandem, außer dem Doktor vielleicht.«

Pietro fasst sich ein Herz. Er kommt ganz nah an mein Ohr. »Läuse, Frau Steinbeck. Vielleicht habe ich Läuse. Ist das schlimm?«, haucht er.

Da ist sie, die Retourkutsche des Universums für die lausige Lüge nach dem Abi-Scherz. Leider hat es nicht Hildebrandt-Fricke, sondern mich getroffen. Eine Karma-Katastrophe! Schlimmer hätte mein erster Tag nach dem Darmvirus zumindest nicht beginnen können. Mit einem Anflug von Panik eile ich zurück zu meinem Schreibtisch. Dreißig Minuten später im Sekretariat, auf der jetzt nicht mehr ganz so sicheren Seite der Theke: Ich habe Pietros Mutter gebeten, doch mal beim Arzt vorbeizugehen, das Gesundheitsamt informiert und mir vorsichtshalber das Info-Blatt »Mein Kind hat Läuse« von der Schulhomepage heruntergeladen. Während es aus dem Drucker kriecht, schaue ich mir die gemeine Kopflaus »Pediculus humanus capitis« auf Wikipedia an. In verstörender Vergrößerung. Sieht aus wie ein kleiner, halbtransparenter Skorpion, stelle ich angewidert fest. Es schüttelt mich. Noch mehr, als ich das Info-Blatt durchgehe. »Die beim Blutsaugen der Laus in die Haut eindringenden Speicheldrüsensekrete verursachen Juckreiz. Kratzwunden an den Schläfen, Ohren und in der Nackengegend deuten auf Kopflausbefall hin. In die Kratzwunden können Eitererreger und Schmutz eindringen und lokale Infektionen verursachen.«

Erst der Infekt, jetzt das Insekt? In einem hysterischen

Moment verfluche ich Kathinka und Pietro. Und meinen neuen Job gleich mit. Allein der Gedanke an Läuse lässt mich sogleich Juckreiz verspüren. Von Minute zu Minute mehr. Inzwischen habe ich fast den Wunsch, Pietro zu erwürgen – nachdem ich mir die Haare gewaschen habe. Verzweifelt taste ich jede meiner Haarsträhnen fluchend nach kleinen Tierchen ab. Diese blöden Locken. Warum trage ich die Haare im Sommer auch immer offen? Ein gefundenes Fressen für Parasiten und ihre Eier ...

»Was ist dir denn für eine Laus über die Leber gelaufen?«, fragt Melitta, die gerade wieder zur Tür reingekommen ist, sich leger an der Theke lehnt und mich anschaut. »Kann ich helfen?« Kann sie. Akribisch durchsucht Melitta meine Haare nun nach Läusen und Nissen. Mit Sicherheitsabstand und Einweghandschuhen. »Ich kann dich beruhigen«, sagt sie, »da ist nichts. Ich habe mir die Viecher hier selbst schon dreimal eingefangen. Da ist nichts, wirklich!«

Entwarnung also. Zumindest auf unserer Seite der Theke. Was die Schulbilanz betrifft: diese Woche drei verlauste Kinder plus Pietro. Empfohlene Therapie: die Haare akribisch gegen das Licht kämmen, um Schädlinge auszumachen. Tägliches Wechseln aller Kleider und der Bettwäsche, die dann für mindestens 48 Stunden in die Gefriertruhe wandern sollten, um die Läuse auszukühlen. Obendrauf noch ein Mittelchen, fertig.

In diesem Fall ist Chemie Gold wert. »Goldgeist« riecht zwar wie Plakatfarbe, macht den Viechern allerdings den Garaus. Vorsichtshalber mache ich das ganze Prozedere freiwillig mit und beschließe, meine Seite der Theke nie wieder zu verlassen. Nur wenn es unbedingt sein muss.

Glücklicherweise landet nicht jede Epidemie ohne entsprechende Vorwarnung bei uns. Gerade hat mir das Gesundheitsamt die Termine zugesendet, zu denen sich jedes angemeldete Kind vor Eintritt in die Schule untersuchen lassen muss. Viel interessanter ist jedoch die Namensliste. Unter anderem werden Samantha-Jane, Candis-Hope, eine gewisse Beyoncé-Kate und ein Jastin, »mit ›a‹ geschrieben bitte«, wie seine Mutter mich beim Formulare-Ausfüllen während der Anmeldung belehrt hat, den Gang zum Arzt antreten. Candis-Hope und Jastin? »Anders klingen Krankheiten auch nicht«, kichere ich vor mich hin.

Melitta meint, ich solle die Angelegenheit doch bitte mit dem nötigen Ernst angehen. Schließlich seien diese Termine wichtig. Denn bei der Schuluntersuchung kommen sie zutage – die kleinen Wehwehchen der Kinder. Gelegentlich auch die großen Wutausbrüche ihrer Eltern. Und wenn auf einem Kinderkörper mehr als nur ein Veilchen blüht, wird aus dem Fall für das Gesundheitsamt schnell ein Fall für das Jugendamt … Und die Sekretärin.

BLAUE FLECKEN

Ich schrecke zurück. Wahrscheinlich hallt Abasis' schmerzerfüllter Schrei noch im Gang nach. »Das wollte ich nicht«, entschuldige ich mich und frage mich gleichzeitig, was ich eigentlich getan habe. Ich wollte dem Jungen nur ein wenig Sand vom Rücken abklopfen. Dann der schrille Schrei.

»Was stimmt nicht mit dir?«

»Nichts, nur erschreckt.«

»Sicher?«

»Ja!«

»Bitte sag deiner Klassenlehrerin Bescheid«, sage ich irritiert, »sie möge später mal bei mir vorbeischauen.«

»Ganz schön schlimme Geschichte«, erzählt mir Carina am Nachmittag seufzend. »Er wird höchstwahrscheinlich geschlagen. Blaue Flecken am ganzen Körper! Das ist mir mal beim Völkerballspielen aufgefallen. Das Tückische: Abasis Haut ist so dunkel, dass du sie fast gar nicht siehst ...«

»Und da kannst du gar nichts machen?«

»Schwierig. In der Kultur seiner Eltern ist das Verhältnis zwischen Eltern und Kindern anders gelagert. Schläge gehören zur Tagesordnung. Sein Vater hat mir während eines Elterngesprächs über einen Dolmetscher sogar angeboten, ihn mit dem Gürtel zu verdreschen, sollte er nicht spuren. Da helfen Entsetzen und milde Worte wenig. Oft sind uns die Hände gebunden. Aber das Jugendamt ist schon informiert.«

Ich will das nicht kapieren. »Und der Junge will gar nicht weg?«

»Das ist ja das Fatale. Er ist darauf getrimmt, sich Ausreden einfallen zu lassen, um seine Eltern zu schützen. Kinder lieben ihre Eltern oft bedingungslos und würden alles tun, um bei ihnen bleiben zu können, das brauche ich dir nicht zu erzählen.«

Ich schüttele den Kopf.

»Heute ist er beim Spielen hingefallen, morgen hat er sich an der Tischkante gestoßen. Schwieriges Thema.«

»Und das passiert an unserer Schule«, sage ich empört.

»Wahrscheinlich an sehr vielen Schulen, und unsere Eingriffsmöglichkeiten sind begrenzt. Leider. Aber du darfst die Probleme der Kinder nicht zu deinen Problemen machen.

Nach Feierabend musst du versuchen, abzuschalten. Sonst wirst du deines Lebens nicht mehr froh.«

In diesem Moment ist mir wirklich klar, was es bedeutet, Schulsekretärin zu sein: Fröhlichkeit zu verbreiten, die nicht immer heilen, aber zumindest trösten kann. Ich denke an Melitta, die Kinder in den Arm nimmt, als wären es ihre eigenen, wo ich noch immer Sicherheitsabstand halte. Mit feurigem Eifer beschließe ich, den Job irgendwann so gut zu machen wie sie.

EINS, ZWEI, DREI – FEUER FREI

Die Feueralarm-Übung gehört zu den Fixpunkten des Schuljahres, die Henriette Hildebrandt-Fricke gern vergisst. Das weiß ich von Melitta, die nie müde wird, die Verfehlungen der feinen Rektorin an die große Glocke zu hängen. In diesem Fall handelt es sich nämlich um einen wirklich wichtigen Termin. Denn wenn die große Alarmglocke läutet, üben wir das nackte Überleben. Dazu müssen zuerst drei Fraktionen gleichzeitig Zeit haben. Erstens: die örtliche Feuerwehr in Person von Herrn Weiß, dessen Sekretärin tatsächlich einen Termin für uns gefunden hat. Zweitens: der Mann von den Stadtwerken, der den Alarm auslösen muss. Drittens: Hausmeister Marc, der Sorge dafür trägt, dass die Fluchtwege frei sind.

Ja, was so leicht aussieht, ist in Wahrheit hochkomplex. Wir unterscheiden sogar zwischen drei Arten von Feueralarm-Übungen. Erstens: den angekündigten. Zweitens: den nicht angekündigten, bei dem die Schüler ihr Wissen um korrektes Verhalten im Ernstfall möglichst realitätsnah anwenden sollen. Und drittens: den missglückten. Die erste Verhaltensregel in allen drei Fällen kenne ich noch aus der eigenen Schulzeit: »Aufstehen, Schulranzen und Jacken liegen lassen und möglichst ruhig das Gebäude verlassen!«

Ich verlasse mich darauf, dass Brandschutzmeister Weiß diesmal wirklich weiß, was er tut. Es ist der Tag des angekündigten Feueralarms. Ein herrlicher Sommertag mit der sonnigen Aussicht, geschätzte 20 Minuten davon mit Max auf der großen Wiese vor der Sporthalle zu verbringen. Dort sollen sich die Schüler nach dem Läuten der Alarmglocke um Punkt elf Uhr sammeln. Passend zum Aktionstag habe ich feuerroten Lippenstift aufgetragen. Auch, weil ich Max gefallen will.

Melitta ist schon den ganzen Vormittag aufgeregt. »Hurra, die Schule brennt«, singt sie fröhlich. Gegen fünf vor elf ein schriller Schrei vom Schreibtisch gegenüber. »Deeeesiii, gleich ist es so weit. Zieh lieber noch einmal deine Lippen nach. Ich hörte, Max mag es frisch!«

Ich rolle demonstrativ die Augen, packe Geldbörse, Taschenspiegel und Lippenstift von der Hand- in meine Hosentasche und warte. Fünf Minuten, acht Minuten, zehn Minuten. Als um 11.15 Uhr immer noch nichts passiert ist, klopfe ich vorsichtig an die Tür des Rektorinnenzimmers. »Sollte der Feueralarm nicht schon vor einer Viertelstunde ausgelöst werden?«

Die Antwort fällt kurz aus: »Herr Lau hat gerade angerufen. Die Sirene ist defekt. Können Sie bitte durchsagen, dass die Übung verschoben wird? Aber aufgeschoben ist ja nicht aufgehoben, hören Sie?« Ich höre, gehe und räuspere mich.

Nichts hasse ich mehr als Durchsagen durch die Schullautsprecher zu machen. Ich hasse es ja schon, auf Anrufbeantworter und Mailboxen zu sprechen, was während eines ganz normalen Arbeitstags mit kranken, vermissten und überdrehten Kindern mindestens dreimal vorkommt – pro Stunde! 1, 2, 3 los: »Liebe Schüler, liebe Lehrer und Kollegen. Wegen eines Defekts der Alarmsirene wird die heutige Brandschutzübung verschoben.«

Ich höre die Enttäuschung quasi durch die Klassenräume zirkulieren: »Schaaade!« Meine eigene könnte nicht größer sein. Mein Herz weint! Während ich noch der verpassten Chance nachtrauere, Max auf der Wiese zu treffen, geht der Alarm dann doch los. Wie jetzt?! Und vor allem – WAS JETZT? Es dauert keine zwei Minuten, bis der erste Lehrer vor meiner Theke steht: Max! »Findet der Feueralarm nun statt oder nicht? Entscheidet euch mal!«

Entscheide du dich lieber mal, wann du mich endlich zum Essen einlädst, denke ich, und sage nur: »Dumm gelaufen!«

Inzwischen hat sich die Schule in drei Fraktionen geteilt:

Erstens: Schüler und Lehrer, die gemäß meiner Anweisung in den Klassenräumen bleiben. Zweitens: Schüler und Lehrer, die entgegen meiner Anweisung erstens die Klassenräume verlassen, und zweitens, entgegen den allseits bekannten Ansagen, auf den Schulhof rennen, statt ruhig zu gehen. Drittens: Schüler und Lehrer, die fragend im Sekretariat rumstehen.

Ich atme tief durch und versuche, Herrn Weiß auf seinem Handy zu erreichen. Hilfesuchend schaue ich zu Melitta. Die Kollegin greift beherzt nach dem Mikrofon. Was folgt ist eine kurze Durchsage: »Raus auf die grüne Wiese!« Während ich vom Fenster aus beobachte, wie die Schulgemeinde aus dem Haupteingang stürmt, atmete ich tief durch. Max ist schon unten. Na dann los! »Danke, Melitta, danke Sirenengott!«

»Frau Steinbeck, hören Sie?«

»Ja?«

»Sie kommen mit mir!«

»Wie? Ich dachte, wir üben für den Notfall.«

»Was hier für wen wann ein Notfall ist oder nicht, entscheide immer noch ich«, antwortet die Rektorin barsch. »Ich glaube, es tut höchste Not, dass die Bilder in den Schaukästen unten gewechselt werden. Ich kann die fratzenhaften Pferde nicht mehr sehen. Wir werden sie gegen diese zauberhaften Porträts ersetzen, die Oberstufenschüler von mir angefertigt haben. Beziehungsweise Sie werden die Bilder austauschen. Ich begleite Sie.«

Herrisch drückt sie mir einen Stapel großformatiger Papierbögen in die Hand. Bereits das Bild, das ganz oben liegt, erinnert mich höchstens an die höfische Malerei im Absolutismus. Es hat mit Hildebrandt-Fricke ungefähr so viel zu tun wie Heidi Klum mit Paris: rien du tout! Da die Chefin das partout nicht einsehen würde, erspare ich mir einen jeden Kommentar und folge ihr auf den Flur.

Noch immer rennen Schüler die Treppen runter Richtung Ausgang. Wir sind fast unten angekommen, als einer, der es besonders eilig hat, die Rektorin rammt. Die letzten drei Stufen rauscht sie mit einem lauten Schrei hinunter – und bleibt vor den Schaukästen im Parterre liegen. »Pardon«, entschuldigt sich der Schüler. Aber hier gibt es kein Pardon mehr. Ich entscheide, dass es sich um einen Notfall handelt, und rufe das Rote Kreuz.

»Brustwirbelbruch«, murmele ich, während ich am Nachmittag die Porträts in die Schaukästen hänge. Wahrscheinlich wird die Rektorin für mehrere Wochen ausfallen. Dennoch wird ihr jetzt jeder, der die Schule betritt, gleich zwanzigmal ins Gesicht schauen. Immerhin ins geschönte Gesicht.

SCHÖNSCHRIFT

Totgesagte leben länger. Das gilt leider nicht nur für Henriette Hildebrandt-Fricke, die uns nach ihrem Absturz für fast vier Wochen mit ihren Anfällen verschonte. Gleiches gilt auch für den Brief. An ihrem ersten Tag nach dem Brustwirbelbruch hat die Rektorin gleich drei zu verschicken, beziehungsweise tippen zu lassen.

Den ersten, um der von Hildebrandt-Fricke verhassten Schulleiterin Schwester Martha Wiedemann von den Ursulinen an der alten Poststraße um die Ecke nachträglich alles Gute zum dreißigjährigen Dienstjubiläum zu wünschen. »Das einzig Gute an diesem Unfall war, um den Festakt bei den Ursulinen herumzukommen. Bitte gratulieren, aber nüchtern. NÜCHTERN, hören Sie!«

Der zweite Brief geht an die Vorsitzenden des Elternvorstands, um ihr endlich für ihr großes Engagement bei der Finanzierung der neuen Schulausstattung zu danken. »Frau Schmitz ist eine profilneurotische, unterbeschäftigte Mutter. Aber ohne ihren Spendenlauf letztes Jahr hätten wir niemals alle Fachräume mit Beamern ausstatten können. Bitte herzlich danken, aber nicht zu euphorisch. Nicht, dass die sich noch animiert fühlt, als Nächstes einen Kinderflohmarkt zu veranstalten.«

Mit dem dritten gilt es, Rolf Zöller zu gratulieren. Dieser Brief ist der wichtigste, was sich erstens darin äußert, dass die Rektorin ihn nicht nur komplett selbst formuliert, sondern außerdem anordnet, den Brief in eine teure Kunstdruckkarte zu legen, die sie aus der eigenen Kasse bezahlt hat. Denn Rolf Zöller ist Oberbürgermeister - und damit ist Henriette Hildebrandt-Fricke auf sein Wohlwollen angewiesen. So wird schon bei der Gestaltung des Umschlags etwas Besonderes geboten. Entgegen der Gewohnheit kommt die Adresse nämlich handschriftlich aufs Kuvert. Denn: Wenn der Oberbürgermeister öfter an der Schule zu sehen ist, kommt auch die Presse vorbei.

Wie alle anderen modernen Einrichtungen sind auch Schulen heute auf gute Presse angewiesen. PR ist alles. Aber die Rektorin meint, dass die Ursulinen von den Lokalblättern ständig bevorzugt werden. Und sie sieht sich doch selbst so gern in der Zeitung.

»Wenn das keine Schönschrift ist, nicht wahr Frau Steinbeck?«, winkt mich Hildebrandt-Fricke mit spitzem, scharlachrotem Fingernagel zu sich, während ich den Brief aus dem Drucker hole.

»Lieber Rolf, ich, mein Kollegium und die ganze Schulgemeinde gratulieren Dir ganz herzlich zu deiner Wiederwahl.« Schleimen, das kann sie. Sogar bei Menschen, die wie Zöller der falschen Partei angehören, zumindest in ihren Augen.

Aber was ist schon die große Politik gegen Hildebrandt-Frickes größere Partikularinteressen? Ihr wichtigstes Begehren: die Ursulinen in allen Aspekten des öffentlichen Lebens ausstechen und gleichzeitig die Stellung im eigenen Laden sichern. Vor allem gegen Konrektor Hornschuch, den ihr das Schulamt vor zehn Jahren unverhofft an die Seite setzte. »Hoffentlich ist der bald wieder weg«, hat sie Melitta damals wissen lassen. Ist er aber nicht. Zum Glück.

Ich ertrage es fast nicht, den vor lauter Gesülze triefenden Brief an Zöller Korrektur zu lesen. »Bei so viel Schleimerei klebt die Marke ja von selbst«, erzähle ich Melitta augenrollend, während sich die Chefin ins Nebenzimmer zurückzieht, um den Postberg abzuarbeiten, der während ihrer Abwesenheit aufgelaufen ist. Ich dagegen laufe Amok. Schon wieder drei verstopfte Toiletten im ersten Stock, dafür kein Toilettenpapier. Wo ist der Hausmeister, warum können die großen Geschäfte der Schüler nicht einfach Chef-Sache werden?

Es ist übrigens nicht ganz korrekt, Henriette Hildebrandt-Fricke als unsere Chefin zu bezeichnen. Sie ist uns zwar weisungsbefugt, im Grunde allerdings sind Bürgermeister und Schulamtsleiter unsere Chefs, obgleich die Rektorin das gelegentlich anders sieht. So nach dem Motto: Wenn sie schon Gottes Stellvertreterin in der Schule ist, dann spielt sie diese Karte auch aus. Gott, das ist in diesem Fall Kultusminister Marc Schäfer. Fakt ist, dass Sekretärinnen bei der Stadt angestellt sind, dem Schulträger. Das ist allerdings auch nicht immer von Vorteil. Zum Beispiel, wenn man Briefe verschicken muss.

DAS LIEBE GELD

Einmal im Jahr beantragt Melitta Geld für unsere Portokasse. Zwar sei die Zahl der zu versendenden Briefe seit Verbreitung der E-Mail massiv zurückgegangen, wie sie sagt, »allerdings geht es dann doch nicht ohne, wie du siehst«. Etwas irrgläubig beobachte ich, wie meine Kollegin die drei Briefe fein säuberlich in eine Excel-Tabelle pflegt, inklusive Adressat und Datum. »Schau mich nicht so an, das muss so«, sagt Melitta und schließt die Datei.

Eine Woche später weiß ich, was sie meint. Dietmar Cosler, Spezies »gemeiner Rathausmitarbeiter«, sieht mich durchdringend an. So gut »durchdringend« durch extra dicke Brillengläser eben geht. Er ist etwa 1,80 Meter groß, hagerer Anzugträger mit strahlend weißen Haaren und riecht penetrant nach Karamellbonbons.

Cosler ist ein besonders unangenehmer Fall. Er ist von der städtischen Revision. Einmal im Jahr besucht er Melitta, um unsere Portokasse zu prüfen. Wichtigtuerisch wandern seine Augen zwischen den verbleibenden Briefmarken, dem Geld in der Kasse und der Excel-Liste mit den ordentlich vermerkten Briefen hin und her. Schlagartig wird mir klar, warum Melitta den Vormittag freiwillig damit verbringt, mit Hildebrandt-Fricke die Jahresstatistik für das Schulamt vorzubereiten.

»Frau Steinbeck, das war doch Ihr Name?«

Ich nicke.

»Frau Steinbeck, Sie und ich haben ein großes Problem.« Er lässt den Deckel der Portokasse – ein alter, grüner Metallkasten – demonstrativ laut nach unten knallen. »Hier drin sollten 250 Euro sein. Es sind aber 250,50 Euro drin. Ich glaube, wir müssen noch einmal zählen. Vielleicht haben Sie ja Glück?«

Hat der 'nen Knall? Nein, ich will nicht, dass Herr Cosler noch länger bleibt. »Gehen Sie doch einen kleinen Spaziergang machen. Ich zähle.«

Cosler schiebt seine Brille nach unten und schaut mich jetzt derart intensiv an, als wollte er mich gleich küssen. Ich presse meine Lippen zusammen. Schon, um nicht Dinge wie »Hau ab da« zu sagen. »Frau Steinbeck«, setzt er oberlehrerhaft an, »es handelt sich hier um eine ernste Angelegenheit, meine Angelegenheit. Nämlich die Verwaltung öffentlicher Gelder. Den Staatshaushalt, wenn Sie es so wollen. Ich zähle lieber selbst. Nicht, dass Sie hier irgendwas mauscheln. Muss ja alles seine Ordnung haben.«

Mein Hormonhaushalt ist jetzt völlig aus den Fugen geraten. Was will der bitte von mir? Im Regelfall bringen alle, die irgendetwas von mir wollen, etwas Schönes mit. Zum Beispiel Kuchen oder Kekse. Denn Lehrer sind nicht so dumm, wie mancher Schüler meinen mag. Tatsächlich werden Melitta und ich hier regelrecht verwöhnt. Der gemeine Lehrer merkt nämlich schnell, dass er sich besser gut mit uns stellt. Vielleicht, weil er gelegentlich Hilfe beim Ausfüllen von Formularen für die Klassenfahrt braucht, vielleicht auch Stifte – oder eben Briefmarken.

Neben den Tickets für die Aufführungen der Chöre, der Theater- und der Akrobatik-AG sind Briefmarken tatsächlich der absolute Verkaufsschlager hier. Dass wir nicht nur der größte Kartenvorverkaufsschalter des gesamten Stadtteils, sondern vor allem die Hauptpost sein müssen, war mir bereits an meinem ersten Arbeitstag klar: Zalando- und

Amazon-Päckchen gehen hier täglich ein – irgendwo auch Briefe an die Schule.

Inzwischen hat es an der Geschwister-Scholl-Schule die Runde gemacht, dass jeder, der zu faul ist, nach Feierabend noch Briefmarken zu kaufen, diese eben bei uns erbittet: »Désirée, kannst du mir zwei verkaufen? Ich leg das Geld auch in die Kasse.« Gesagt, getan – zumeist bevor ich antworten kann. Ich wünsche mir irgendeinen harten Drink, während Cosler wieder auf mich zukommt.

Fanny scheint meine Verzweiflung zu spüren. Instinktiv steht sie auf, springt den Cosler an und versucht ehrgeizig, die Sabbelbacke irgendwie abzuschlabbern. Für einen kurzen Moment vergesse ich meine Wut und schmunzele in mich hinein.

»Fanny, sitz!«, sage ich nach zwei Minuten schadenfrohen Beobachtens nonchalant. »Das ist aber nicht galant von dir! Nicht, dass wir noch ein Problem mit Herrn Cosler bekommen.«

»Frau Steinbeck, wir haben tatsächlich ein Problem«, sagt er angewidert und tupft Fannys Speichel mit einem rot-weiß karierten Stofftaschentuch ab. »Also, SIE haben ein Problem, denn ICH habe mich nicht verzählt. Hier sind definitiv 50 Cent zu viel in der Kasse. Wie kann das sein?«

Ich weiß sehr wohl, wie so etwas passieren kann. Übernette Lehrer haben beim Briefmarkenkauf entweder kein passendes Wechselgeld gefunden oder einfach Trinkgeld gegeben. Leider nicht in die Kaffee-, sondern in die Portokasse. Und ich darf das jetzt ausbaden. Ich verzichte dankend auf euer Trinkgeld! Und schafft mir nur den Cosler hier raus!

Da geht die Tür des Nebenraums auf. Melitta schwebt

strahlend wie Goldmarie in den Raum. »Mein lieber Herr Cosler, wie geht es Ihnen? Ist alles klar in der Kasse?« Mir ist lediglich klar, dass Melitta sich erfolgreich vor Dietmar Cosler gedrückt hat. »Hier sind 50 Cent zu viel, Frau Maggi«, sagt dieser mit ernster Miene. »Was? Sie machen Sachen«, täuscht Melitta Bestürzung vor. »Hier, schau dir mal die Schulstatistik an, Desi. Da fehlen noch ein paar Angaben. Ich übernehme hier!«

Einmal im Jahr fertigt jede Schule eine Statistik für das zuständige Schulamt an. Federführend sind dabei die Sekretärinnen. In diesem wichtigen Dokument werden vor allem Angaben zu den Schülern erfasst: Zahl, Geschlechterverteilung, kultureller Hintergrund und so weiter und so fort. Ich glaube ja, dass es diese Statistik lediglich gibt, damit Korinthenkacker wie der Cosler irgendetwas haben, zu dem sie Rückfragen stellen können – und sich Melitta vor der Revision drücken kann.

Die Kollegin belehrt mich eines Besseren: »Die Statistik ist wichtig. Deshalb wird hier wie in jeder anderen Statistik getrickst, wo es geht. Die Anzahl der Schüler beispielsweise bestimmt, wie hoch unser Anspruch auf Lehrer ist, gerade im Vergleich zu den Nachbarschulen. Frau Hildebrandt-Fricke ist übrigens der Meinung, dass die Ursulinen bei der Verteilung von Manpower immer bevorzugt werden, verstehst du?« Ich verstehe. Im Gegensatz zur Portokasse ist Gemauschel hier sogar erwünscht.

Zumindest war das mal so. »Die neuen Schuldatenbanken lassen kaum noch Spielraum zum Betrügen«, weiht mich Melitta weiter in die Kunst des Statistik-Fälschens ein, beziehungsweise in die Kunst der Fehlervermeidung. Ich werfe einen Blick in die Statistik. Hier werden nicht nur

Angaben über die Schüler, sondern auch über die Lehrer gemacht. Zum Beispiel über ihre Fehlstunden. Lehrer sind eben auch nur Schüler mit Abschluss. Mit all ihren Verfehlungen und Faulheiten. Wäre dem anders, hätten wir morgens zwischen sieben und acht Uhr weitaus weniger Stress hier.

ES SCHLÄGT 13

Wenn Melitta sagt, dass es wohl dreizehn schlägt, schlägt es meistens tatsächlich erst sieben Uhr. Denn um diese Uhrzeit beginnen wir unseren Arbeitstag, der uns täglich grüßt wie das Murmeltier im Film. Tag der offenen Tür im Sekretariat! Wer will noch mal, wer hat noch nicht?

Genauer gesagt beginnt der Arbeitstag sogar bevor wir das Sekretariat betreten haben mit dem schrillen Ton mehrerer Telefone, die nicht nur Mark und Bein, sondern auch jede Tür durchdringen. Ich höre sie gewöhnlich bereits um 6.58 Uhr auf der Treppe vom ersten hoch in den zweiten Stock. Heute stockt mir der Atem nicht wegen der schuleigenen Telefone, sondern als ich auf dem Weg nach oben meine private Mailbox abhöre. Melitta hat einen Arzttermin und kommt später. Wie soll ich die erste Stunde des Tages bloß allein durchstehen?

Sobald sich der Schlüssel widerwillig im Schloss der Sekretariatstür umgedreht hat, gilt es folgende Aufgaben zu erledigen: erst die Jalousien hochziehen und die Fenster öffnen. Dann die Kaffeemaschine anschmeißen und die Tageszeitungen auf den Tisch der Rektorin legen, die regionalen ganz nach oben. Den Computer hochfahren. Ganz wichtig: den Materialienschrank aufschließen. Ich habe nämlich inzwischen die Hoffnung aufgegeben, dass hier irgendjemand wartet, bis er bedient wird. Meistens komme ich zu nichts davon sofort. Denn das Telefon klingelt natürlich unentwegt weiter. Zuerst melden sich Schüler krank, beziehungsweise übernehmen das ihre Eltern. Im Regelfall in sechs verschiedenen Sprachen, von denen ich im Idealfall eine spreche.

Die zweite Welle der Telefonate zum Thema kranke Schüler findet übrigens erst nach Unterrichtsbeginn statt, wenn die Schüler angerufen werden, die einfach nicht erschienen sind. Manchmal glaube ich, dass Eltern, um ihr Handy-Guthaben zu schonen, nur darauf warten, dass wir sie anrufen und fragen, ob ihre Kinder heute zur Schule kommen oder nicht. In anderen Fällen rufen vorbildliche Schüler selbst an – dann stellen sich andere Fragen. Wir nennen dieses Spiel »Wer bin ich – ohne Zettel«.

»Hallo, ich bin's.«

»Wer ist denn ich?«

»Na, ich!«

»Hast du auch einen Namen?«

»Ahmet.«

»Und weiter?«

»Ich bin krank!«

»Nein, wie du weiter heißt.«

»Sengül.«

»Wie schreibt man das?«

»Weiß ich nicht.«

»In welcher Klasse bist du denn?«

»Drei!«

»3 a, b oder c?«

»Was?«

»In der 3a, der 3b oder der 3c?«

»Weiß ich nicht.«

»Wer ist denn dein Klassenlehrer.«

»Frau Brell.«

»Ah, da haben wir dich ja. In Frau Brells Klasse 3b, Ahmet, Sengül schreibt sich übrigens S-E-N-G-Ü-L. Und du bist krank heute?«

»Ja.«

»Sonst noch was?«

»Ich weiß nicht.«

»Okay, dann gute Besserung!«

Nur drei Minuten für den ersten Treffer: Ahmet Sengül aus der 3b ist krank. »Das musst du erst mal unterbieten«, rufe ich Melitta zu, die sich um 7.25 Uhr doch noch vom Arzt los- und mich erlösen konnte. Sie wird an diesem Vormittag sicherlich noch genug Gelegenheit haben, neue Rekordzeiten im Schüler-Erkennen aufzustellen. Außerdem melden sich Lehrer krank, manche regelmäßig montagmorgens. In diesem Fall bedeutet das mehr als nur ein Formular auszufüllen.

Meldet sich ein Lehrer krank, muss die Rektorin informiert werden. Die ist aber selten vor halb acht im Haus. Also erreicht die Nachricht zuerst Konrektor Hornschuch, der sich im Gegensatz zu Frau Hildebrandt-Fricke weniger mit Chanel No 5., dafür mit Charme und Güte umhüllt. An allen fünf Tagen der Schulwoche.

»Wie, der Wachter ist wieder krank?«, fragt Hornschuch ungläubig. Er schüttelt den zerzausten Kopf. Der Konrektor ist ein gutherziger, freundlicher Mann. Ein Alt-Achtundsechziger mit Cordhose und Strickpulli, der Geschichte, Englisch und Kunst unterrichtet. Im Gegensatz zur Rektorin beherrscht er vor allem die große Kunst der Diplomatie.

»Niemand fehlt montags mehr als der Wachter«, sagt er schließlich. »Ich glaube, ich sollte mal ein Gespräch mit ihm führen. Die anderen Ausfälle?«

»Frau Niebert, Frau Dr. Bass und Herr Wartermeier«, zähle ich auf.

Vier Kranke. Das heißt, sich vor acht Uhr morgens viermal unbeliebt zu machen. Genauer: MICH unbeliebt zu machen. Denn ich habe jetzt die phantastische Aufgabe, vier Lehrer anzurufen, die eigentlich frei haben. Lehrer sind auch nur Menschen. Sie flirten, streiten und neigen zu Grüppchenbildung. Sie lästern, intrigieren und scheißen gelegentlich auf Bildung. Zum Beispiel die Bildung ihrer Schüler – wenn sie montags eigentlich erst zur vierten Stunde Unterricht hätten. Selbstverständlich nimmt kein gescheiter Lehrer morgens um kurz nach sieben ein Gespräch an, wenn die Nummer des Schulsekretariats auf dem Display blinkt. Denn jeder weiß: Um diese Zeit kann es sich nur um Vertretungsstunden handeln.

An diesem Vormittag erreiche ich lediglich Referendar Johannes Eike. Der kommt gern. Referendare sind immer topmotiviert, noch motivierter als die Vertretungskräfte im Rahmen der »Verlässlichen Schule«. Zumindest tun Referendare so. Ich tue mich schwer damit, Konrektor Hornschuch die schlechte Nachricht zu überbringen. »Nur Eike kommt. Ich glaube, hier kann ich nicht mehr helfen.«

Gegen zehn Uhr komme ich endlich dazu, unsere kleine Kaffeemaschine anzuschmeißen. Wir nennen sie auch Fliegenfänger. Denn alle Lehrer, die keine Lust auf den teuren Espresso aus dem Kaffeeautomaten in der Teeküche haben, fliegen in jeder kleinen Pause zu uns. In Scharen. Über so manchen freuen wir uns sogar. Und jeder, der sich hier regelmäßig bedient, lässt alle zwei Wochen 2,50 Euro in der Kaffeekasse. Die stand bis vor kurzem neben der Portokasse, jetzt nicht mehr. In letzter Zeit kommt auch Max öfter vorbei, um Kaffee zu trinken. »Er verzichtet für dich sogar auf den Cappuccino aus dem Vollautomaten im Lehrerzimmer«, säuselt Melitta dann immer. Ich meine ja, dass er in der vampirischen Lesenacht wirklich angebissen hat. Irgendwann zwischen Kinderfurz und Knutschfleck. Auf jeden Fall kommt er heute mit der Frage um die Ecke, auf die ich quasi seit Erfindung des Kaffeevollautomaten gewartet habe – also sehr lange: »Hast du nicht Lust auf Kino am Samstag?« Volltreffer!

ENGELSGEDULD

Carina ist die zweite, die mit der dringenden Bitte um einen extra starken Kaffee ins Sekretariat stürmt. »Dirk-Keanu hat sich schon wieder krankgemeldet?« Sie wedelt mir den Zettel, den ich ihr vor drei Stunden ins Fach gelegt habe. »Was meinst du, vielleicht sollten wir mal das Jugendamt einschalten?«

Carina öffnet eine kleine Mappe und legt mehrere Schriftstücke vor mir aus. Es handelt sich um Entschuldigungszettel von Dirk-Keanus Mutter. »Sehr geehrte Frau Hartmann, sorry, war so heiß draußen, waren alle fertig.« Da will ich fast noch lachen. Spätestens beim dritten Schreiben vergeht mir das Lachen. Ich lese laut: »Sorry, konnte Dirk-Keanu nicht in die Schule bringen. War feiern und kam nicht hoch.«

Wie bitte? Kopfschütteln, auch bei Melitta. »Das kann doch nur von den Schalinskis kommen«, sagt sie mit Fingerzeig auf das auf Löschpapier improvisierte Dokument. Carina klingt bedrückt: »Vor lauter Problemfällen kann ich den Unterricht kaum mehr durchziehen.«

Auch ich würde meine Arbeit lieber durchziehen, als mich um die Probleme der anderen zu kümmern. Funktioniert aber nicht. Aus Stock drei geht gerade der Emergency-Call ein. »Wie wechsele ich die Toner-Patrone bei den neuen Kopierern?« Ich schnappe mir also eine Patrone und eile mit Carina hoch zum Kopierraum. Neben der Kaffeeküche und dem Sekretariat zählt er zu den großen sozialen Treffpunkten der Schule. Kein Lehrer, der nicht mindestens einmal am Tag hier oben ist.

Auch Sekretärinnen verbringen viel Zeit im Kopierraum, denn im Grunde sind wir neben dem Hausmeister die einzigen, die wirklich wissen, wie man einen Papierstau beseitigt oder eben den Toner austauscht. Die Vermittlung innerhalb des gestörten Verhältnisses zwischen Lehrern und Kopierern ist nur ein Beispiel für den heimlichen Bildungsauftrag, den Sekretärinnen ganz nebenbei erfüllen – bei mieser Bezahlung.

Hinter einer Glastür rechts neben dem Treppenaufgang, stehen vier leistungsstarke Kopierer, die stündlich unzählige Elternbriefe und Arbeitsblätter ausspucken. »Ich muss diese Entschuldigungen unbedingt für Karin kopieren«, sagt Carina. »Nicht, dass hier mittelfristig ein Fall für das Jugendamt draus wird.«

Auch ich habe mir ein wichtiges Schriftstück zwecks Kopien-Ziehen mitgenommen. Eine Fahrerliste für Lucas' Fußballmannschaft. Ich habe sie gestern fein säuberlich erstellt und jedem Elternteil Fahrdienste für die Spiele der F-Jugend nach den Sommerferien zugewiesen. Gute Organisation und Rotation ersparen hier, jeden Sonntagmorgen persönlich mit dem Kind auf den Sportplatz zu fahren. Den Zettel 14-mal kopieren, Mittwochabend beim Training verteilen ... Hallo, Sonntagsruhe!

Im Kopierraum herrscht alles andere als Ruhe. Hektik ist ausgebrochen. Zuerst den Toner am neuen Kopierer vorne links wechseln. »Danke, du bist ein Engel«, Religionslehrer Esser strahlt mich an. Männer und Technik ... Der alte Kopierer hinten rechts ist noch frei. Ich lege die erste Seite meines Fahrerplans auf die Glasplatte und warte, bis sich das Gerät erwärmt hat. Was dieses Modell betrifft, sollte die Technik erfahrungsgemäß erst in ein paar Minuten bereit sein.

Nach der hektischen Stunde gerade kommt mir das Warten auf grünes Licht allerdings sehr gelegen. Gedankenverloren schaue ich durch das Fenster Richtung Innenstadt. Da klingelt das mobile Telefon in meiner Hosentasche. Melitta ist dran: »Desi, kannst du schnell runterkommen? Ich habe hier ein Mädchen mit Atemnot sitzen. Die 112 ist angerufen, ich versuche jetzt, ihre Eltern zu erreichen. Kannst du dich bitte um die Schülerin kümmern?«

Ich eile! Das Mädchen heißt Cosma, geht in die siebte Klasse und ringt auf dem Stuhl gegenüber unserer Theke gerade hechelnd um Atem. In der Hand hält sie einen Inhalator.

»Asthma«, sagt Klassenlehrer Mirko Regmann besorgt.

»Schauen Sie, das Mädchen läuft schon leicht blau an.« Es ist halb elf. Im Sekretariat klingelt das Telefon Sturm. Ich sitze auf einem Stuhl neben der ängstlichen Cosma, die weiter hektisch zu atmen versucht. 15 Minuten später ist der Krankenwagen endlich da. Ab in die Notaufnahme!

Sehen wir vom Asthma-Anfall ab, ein durchschnittlicher Morgen mit allen Ärgernissen, die statistisch gesehen um genau diese Zeit in den deutschen Schulsekretariaten stattfinden. Der Ausfall von wichtiger Computertechnik dürfte ebenfalls zur Schnittmenge gemeinsamer Probleme gehören.

Dieses Ärgernis kommt um 10.35 Uhr auf uns zu. Während ich in der Werbeagentur auf die technische Unterstützung einer ganzen IT-Abteilung zurückgreifen konnte, sind Melitta und ich mit unserem PC-Unverständnis an der Geschwister-Scholl-Schule allein auf weiter Flur. Die technische Administration der Geräte ist beim Schulamt verortet. Und die Informatik-Lehrer befinden sich zumeist in den Fachräumen im Nebengebäude.

»Dabei brauchen wir hier unbedingt jemanden vor Ort, der sofort helfen kann«, flucht Melitta, die weitere Zahlen in die Schulstatistik einpflegen möchte.

Problem: Die Verbindung zum Server des Schulamts ist weg. »Mist!« Wütend schlägt Melitta auf den Tisch. »Nicht schon wieder. Die auf dem Amt denken doch, dass ich völlig bescheuert bin.« Für Melitta sind die Tiefen der Computertechnik bis heute böhmische Dörfer geblieben. »Wir müssen auch sonst schon ständig so viel lernen«, klagt sie. »Das Neuste aus dem Schul-, dem Beamten- und dem Sozialrecht, dazu Wissen um Haushaltswesen und Haushaltsrecht.«

Melitta liebt es, Neues zu erfahren, und kniet sich in jede

Fortbildung und neue Verordnung inhaltlich richtig rein. Nur beim Thema IT hat sie resigniert. Ich gehe zu ihr rüber. Wir schauen gemeinsam auf ihren Bildschirm. Oft kann ich helfen. Zum Beispiel, wenn es die Kollegin mal wieder geschafft hat, die Menüleiste von »Word« verschwinden zu lassen oder die Verbindung zum Internet. In diesem Fall bin ich überfragt.

»Hilfe!«, Melitta ist genervt.

»Seid ihr doooof!« Gökhan wirft ein Päckchen Taschentücher in unsere Richtung und lacht hämisch. Lach leise! Gökhan hängt öfter bei uns rum. »Chillen im Sekretariat«, wie er es nennt. Er kommt ungefähr zweimal pro Woche in den Genuss. Mindestens. Immer, wenn er sich im Unterricht derart daneben benommen hat, dass einer seiner Lehrer ihn zum Strafsitzen zu uns schickt. Zu unserem Leidwesen gelegentlich selbst in großen Pausen.

»Was soll das?«, raunzt Melitta den naseweisen Aggressor an.

»Du bist echt zurückgeblieben. Du hast doch mindestens zweimal pro Woche ein Computerproblem«, ätzt Gökhan selbstbewusst weiter.

»Und weiter? Ich bin ja keine Technikerin!« Melitta ist bemüht, nicht hochzugehen.

»Ich kann aber Technik!« Bevor eine von uns antworten kann, hat Gökhan sich schon Zugang zum Sperrbezirk hinter der Theke verschafft. Jetzt starren wir zu dritt auf den Bildschirm.

»Ganz einfach«, sagt Gökhan. »Geh mal weg da.«

Melitta steht ohne Widerworte auf. Gökhan schnappt sich die Maus und klickt auf das Symbol für Netzwerkverbindung. »Der Schulserver ist P, wa?«

Wir schauen uns fragend an.

»Passwort, bitte!«

Melitta holt sich die Tastatur an die rechte Ecke ihres Schreibtisches. »Schau mal weg«, weist sie Gökhan an und tippt: Nutzername: Scholl-Schule. Passwort: »MuM0303B-l4eVer!«

Zwei Minuten später steht die Verbindung zum Server. Melitta ist begeistert. Fortan wird sie Gökhan in allen PC-Fragen zu Rate ziehen. »Er ist ja oft genug hier!«

Nicht alle Schüler sind frech zu uns. Die meisten sind sogar zuckersüß. »Sekretärin zu sein«, sagt Melitta mit gewichtigem Unterton, »das ist immer ein wenig wie Ersatzmama spielen.« Sie hat es sich zur Aufgabe gemacht, den Schülern ein offenes Ohr zu bieten, manchmal auch eine Schulter zum Ausweinen. Es kommt übrigens nicht selten vor, dass weinende Schüler im Sekretariat stehen. Sogar die nicht mehr ganz so kleinen.

»Viele Jugendliche fühlen sich nicht verstanden und ungerecht behandelt«, beginnt Melitta eine weitere Lektion in »Was Desi unbedingt noch lernen muss«. Dann führt sie die Schüler in einen Nebenraum und bringt ihnen ein Glas Wasser und Kekse, soweit vorrätig. »Ein guter Rat: Versuche, zwischen dem Schüler und dem Lehrer zu vermitteln. Die Hildebrandt-Fricke schaltest du erst ein, wenn es gar nicht mehr geht.« Wegen ihres lockeren Umgangs genießt Melitta unter den Schülern höchstes Ansehen.

»Weiß du, es hilft in diesem Job ungemein, selbst Mutter zu sein«, sagt sie. »Glaub mir, ich bin einiges gewöhnt.«

Zur Abwechslung kommt in dieser Minute ein gebetener Gast zur Tür hinein. Melittas Sohn Dominik. Die Kollegin beginnt zu strahlen und tänzelt zur Theke. Der groß gewachsene Nick beugt sich weit in den Sperrbezirk hinein und drückt ihr einen dicken Schmatzer auf die Backe. Seit Beginn des Schuljahres besucht er die gymnasiale Oberstufe unserer Schule. »Aber, aber, junger Mann«, flötet die Kollegin. »Ich verkneife mir ja auch, dich im Treppenhaus zu küssen.« Dominik winkt lachend ab. »Weißt du Mama, ich bin zu alt, um mich für so was zu schämen.« Da muss selbst Gökhan lachen. Diesmal nicht hämisch, sondern von ganzem Herzen.

Apropos Mama. Während Melitta und Nick weiter turteln, trifft Sandy Schalinski ein. Verunsichert steht die junge Frau von etwa 25 Jahren vor mir. »Ach, Dirk-Keanus Mama, freut mich«, begrüße ich sie betont freundlich. Ich rufe im Lehrerzimmer an, um Vertrauenslehrerin Karin Bauer-Seelen zu benachrichtigen. Aus dem Augenwinkel beobachte ich Sandy Schalinski, die nervös mit ihrem Fuß tippelt. Mein Blick wandert von ihren weißen Stiefeln und den pinkfarbenen Leggins über das viel zu knappe, am Bauch geknotete Shirt in ihr Gesicht. Sie sieht müde aus, aufgequollen. »Immerhin glaubwürdig«, erinnere ich die Entschuldigungsschreiben, die Carina gerade kopiert hat. »Sorry, konnte Dirk-Keanu nicht in die Schule bringen. War feiern und kam nicht hoch«, wiederhole ich in Gedanken.

Karin betritt das Sekretariat. Sie hat Carinas Besorgnis um Dirk-Keanu zum Anlass genommen, die Schalinski für ein Gespräch in die Schule zu bitten. »So versuchen wir, Eltern auf Spur zu bringen«, erklärt mir Melitta, nachdem die beiden den Raum verlassen haben. »Wenn Gespräche nichts helfen, müssen wir das Jugendamt einschalten. Ab und an kommt es dann sogar zu Inobhutnahmen.«

Karin hat die Kopien der Entschuldigungszettel vergessen. Ich eile ihr hinterher aus dem Raum und erwische sie noch vor ihrem Büro. Zurück im Sekretariat öffnet sich die Nebentür. Frau Hildebrandt-Fricke steht im Türrahmen, in ihrer Hand ein Zettel in einer bläulichen Klarsichthülle. »Kommen Sie bitte mal zu mir«, sagt sie eindringlich. Widerwillig folge ich ihr.

Fünf Minuten später nehme ich mit hochrotem Kopf wieder an meinem Schreibtisch Platz. »Was ist denn los?«, flüstert Melitta, während ich die Klarsichthülle in meine Handtasche stecke. »Ich hätte fast öffentliche Gelder veruntreut, die der Schule zustehen«, sage ich sarkastisch. Melitta, die das Schulbudget verwaltet, schaut mich nun ernst an. »Du wolltest Briefmarken kaufen?« Ich stöhne. »Ja, Melitta, ich habe die Portokasse geplündert - und die Kaffeekasse gleich dazu!«

»Sieh her«, sage ich, hole meine Handtasche und öffne den Reißverschluss. Klarsichthülle wieder raus und auf Melittas Schreibtisch.

»Fahrerliste für Auswärtsspiele der F-Jugend«, liest sie laut vor. »Wo liegt das Problem?«

»Es sitzt im Nebenzimmer«, zische ich. »Und es hat schlechte Laune.«

Das andere Problem sieht wie folgt aus: Nach Melittas Eilanruf auf dem schnurlosen Telefon heute Morgen habe ich den Kopierraum eilig verlassen, um ihr bei Cosmas Asthma-Anfall unter die Arme zu greifen. »In der Hetze habe ich die Liste samt Kopien in einem der Geräte vergessen. Und jetzt rate mal, wer die Zettel gefunden hat?«

Es gibt Dinge an dieser Schule, die niemand darf, aber jeder tut. Einen Kopierer für private Zwecke zu nutzen gehört unbedingt dazu. Leider habe ich meine Spuren nicht verwischt. »Sie haben mich quasi bestehlen wollen!« Die

Worte der Direktorin klingen noch immer in meinen Ohren nach. »Wenn das noch einmal vorkommt, hat das Konsequenzen. Konsequenzen, Frau Steinbeck, hören Sie!«

Dieser Mittwoch ist die perfekte Vorlage für einen Film über beschissene Arbeitstage. Wenig später klingelt es zur kleinen Pause. Ich fühle mich einfach mal angesprochen und beschließe, schnell eine Zigarette unter den Eichen rauchen zu gehen. Totalkrise!

BOMBENSTIMMUNG

An jeder Schule gibt es einen Krisenstab, dem neben der Schulleitung und dem Hausmeister auch die Sekretärinnen angehören. Im Fall eines Amoklaufs soll er Panik verhindern und Schäden lindern.

»Wir haben uns eine Art unauffälliges Codewort für Durchsagen ausgedacht, falls wirklich mal ein Irrer an der Schule ist«, erklärt mir Melitta ernst. Schließlich sei es hirnrissig, im Ernstfall so etwas wie »Liebe Schüler, im zweiten Stock läuft gerade jemand Amok. Vorsicht, bitte!«, zu funken. »Allein, weil eine Verwechslung mit der Rektorin in diesem Fall nicht ausgeschlossen wäre.«

Wir haben uns auf etwas anderes geeinigt: »Daniela Breyer aus der 10a hat den Stadtentscheid des Debattierwettbewerbs gewonnen!« Unter uns gesagt: Weil diese Nachricht an der Geschwister-Scholl-Schule so wahrscheinlich ist wie das Wiedereinführen des klassischen Religionsunterrichts.

Wahrscheinlich ist die größte Herausforderung, aus den

immer wieder mal einlaufenden Drohungen die ernst gemeinten herauszufiltern – und zwar am Telefon des Sekretariats. »Es ist zwar noch nie etwas passiert, außer vielleicht schulfrei, aber man weiß ja nie …« Ich habe mir die Warnung zu Herzen und schmunzelnd wahrgenommen, dass wohl noch keiner dem Aufruf, sich mit einer Rede an einem Debattierwettbewerb zu beteiligen, gefolgt ist. An unserer Schule geht es ohnehin mehr ums Improvisieren als ums Debattieren. Das wird mir an diesem Donnerstagmorgen mal wieder klar. Die Botschaft steht in großen Lettern an der Wand des Hauptgebäudes. Unmissverständlich in roter Farbe aufgesprüht:

MORGEN WIRD ES HIER TOTE GEBEN

Normalerweise gebe ich nichts auf Schmierereien. Schon gar nicht, seit ich an dieser Schule bin, wo ich Sätze wie »Aneta ist eine Hure« längst häufiger auf Toiletten gefunden habe als trockene Klopapierrollen.

Es ist kurz vor sieben. Ich bin von der Rolle. Was tun? Ich eile in den zweiten Stock. Natürlich ist die Hildebrandt-Fricke noch nicht da. Glücklicherweise sitzt Konrektor Hornschuch bereits in seinem Büro.

»Na, wer hat sich heute krankgemeldet?«, fragt er gedankenverloren, nachdem ich an seine halb geöffnete Tür geklopft habe.

»Ich war noch nicht im Sekretariat«, antworte ich, etwas verwundert über seine Ruhe. »Haben Sie den Schriftzug rechts neben dem Haupteingang noch nicht bemerkt?«

Hornschuch blickt auf und lächelt mich gütig an. »Habe ich. Ehrlich gesagt, glaube ich nicht, dass wir uns fürchten müssen. Aber um allgemeine Aufruhr zu vermeiden, habe ich bereits Vorkehrungen getroffen.«

Er steht auf und blickt aus seinem Fenster auf den Pausenhof. »Herr Lau nimmt sich der Sache gerade an, schauen Sie mal.« Jetzt sehe auch ich aus dem Fenster. Unten steht Marc mit Farbeimer und Pinsel.

»Wir übertünchen die Drohung einfach?«, frage ich ungläubig. »Aber Frau Maggi sagte, ich solle schon die kleinsten Anzeichen für eine Gewalttat unbedingt ernst nehmen.«

»Das tun Sie, und dafür gebührt Ihnen der Dank der Schulgemeinde«, antwortet Hornschuch väterlich. »Gehen Sie doch mal runter und schauen, was Herr Lau so treibt.«

Ich eile also wieder Richtung Erdgeschoss. Auf der Treppe begegnet mir Melitta. »Hast du schon gesehen?«, rufe ich ihr entgegen. Sie bleibt stehen und strahlt mich an. »Warst du beim Frisör? Sieht toll aus«, antwortet Melitta wenig glaubwürdig. Spinnt die? »War ich nicht. Ich meinte die Wand!«

»Komm runter, Desi«, ruft sie, während ich an ihr vorbei die Treppe weiter runter renne. Als ich endlich auf dem Hof ankomme, hat Marc sein Werk bereits beendet. Ich stelle mich vor die Wand und lese noch einmal:

MORGEN WIRD ES HIER TORTE GEBEN

»Gebt mir ein R wie Rektorin«, schreit Marc. »Warst du früher Cheerleader?«

Da muss ich lachen. »Spielen wir hier Glücksrad oder Russisches Roulette?«, erwidere ich.

»Konrektor Hornschuch hat die Polizei benachrichtigt. Allerdings glauben wir, dass es sich hier nur um einen schlechten Scherz handelt, mein Herz. Da wir an dieser Schule allerdings nichts weniger gebrauchen können als noch mehr Chaos, haben wir die Botschaft etwas entschärft.«

Was ein Fuchs!, denke ich und schaue hoch zu Hornschuchs Fenster. Alles nichts, oder? Fest steht, dass es morgen Torte geben wird. Für alle Schüler, Lehrer und auch für Melitta und mich. Ich sage ja: An dieser Schule ist fast alles möglich – abzunehmen gehört nicht dazu.

NOTSTAND

Während Torten im Schulalltag eher Seltenheitswert besitzen, gehören Kuchen zum Tagesgeschäft. Aus folgendem Grund: Während den Schülern das Handy beim Klingeln im Unterricht weggenommen wird, gilt für alle Lehrer: Wer seinen Klingelton nicht unter Kontrolle hat, muss am nächsten Tag einen Kuchen mitbringen.

Heute kommt Carina kopfschüttelnd mit gleich zwei Handys in der Hand ins Lehrerzimmer. »Und das noch vor zehn«, begrüße ich sie schmunzelnd.

»Die achten Klassen, was soll ich sagen?«

»Du musst nichts sagen«, sage ich zwinkernd. »Außer, du hast wieder besonders originelle Klingeltöne hören müssen.«

Hat sie nicht. Eigentlich sei es verhältnismäßig ruhig gewesen, berichtet Carina. »Heute mal nicht die ultimative Klingelton-Chartshow mit Asi-Hip-Hop, Asi-Pop und Bosporus-Gedudel im Dreiminutentakt.«

Inzwischen hat sie jede Woche derart viele Handys aus der 8d zu uns getragen, dass langsam der Erziehungseffekt einsetzt. In dieser Deutschstunde ging tatsächlich nur Adrians Handy. Dafür in der Dauerschleife. »WhatsApp-Terror, zumindest aus meiner Perspektive.« Carina nimmt also Adrians iPhone, schaltet den Ton aus und legt es auf ihr Pult. Es dauert keine zwei Minuten, bis es vibriert. Carina schaut auf das iPhone. »Nachricht von Damita-Joe« ist zu lesen. »Damita-Joe ...«, überlegt Carina. Zumindest hierzulande ein eher ungewöhnlicher Name. Sie schielt zu Damita-Joe, die irgendetwas hinter ihrem Mäppchen zu verstecken scheint. Zumindest aus Carinas Perspektive. Sie steht auf, geht in die zweite Reihe rechts neben dem Fenster und baut sich vor Damita-Joe Kaiser auf.

»Ich musste nur die Hand hinhalten, die wusste schon was gemeint ist«, erzählt Carina und legt das zweite Handy auf unsere Theke. Insofern kann ich nicht behaupten, dass das mobile Telefonieren die zwischenmenschliche Kommunikation ausgeschaltet hat. Im Gegenteil: Erstens, weil jedes von Lehrern konfiszierte Handy im Sekretariat landet, wo es nach Unterrichtsende wieder abgeholt werden darf. Zweitens, weil ständig ein Lehrer an unserer Theke steht und nach einem Kuchenmesser fragt.

Adrian zählt zu den Besuchern aus erster Kategorie. Er kommt zumeist zweimal wöchentlich, um sein iPhone abzuholen. Diesmal hat der Achtklässler noch ein anderes Anliegen: »Frau Steinbeck, ich will die Schule wechseln?«

»Wohin denn, wenn ich fragen darf?«

»Ich will zu den Ursulinen!«

»Aber das ist doch eine Mädchenschule!«

»Ja, aber trotzdem.«

»Was findest du an der Ursulinenschule denn so toll?«

»Die Mädchen!«

»Aber wir haben hier doch auch tolle Mädchen«, antworte ich mit unterdrücktem Lachen.

»Ja, aber die Mädchen bei denen sind geiler – und haben größere Titten. So wie Sie!«

Mein unterdrücktes Lachen bleibt mir im Halse stecken. Ich versuche, mir nichts anmerken zu lassen, und gehe kommentarlos zur Fensterbank, auf der die eingesammelten Handys in einer großen Kiste liegen – nicht ohne beim Kramen unauffällig zwei Knöpfe meines Cardigans zu schließen. Dann drehe ich mich souverän um, gebe Adrian das iPhone. »Halt mich über deine weiteren Pläne auf dem Laufenden!«

»Was für ein Proll«, murmele ich, während sich die Tür hinter Adrian schließt. Wirklich verübeln kann ich ihm den akuten Notstand aber nicht. Ich flirte selbst gern. Nur dezenter – und hinter geschlossenen Türen. Aktuell am liebsten hinter denen des Lehrerzimmers. So auch heute. »Ich mache mal Pause«, rufe ich Melitta zu, die vor Lachen über Adrians Anzüglichkeiten nur nicken kann.

Es ist 10.20 Uhr. Laut Stundenplan dürfte Max gerade eine Freistunde haben. Also Haare richten, Lippenstift nachziehen und – ganz wichtig – den Cardigan ausziehen. Bei 25 Grad im Schatten erlaube ich mir einfach mal, im Top in die Frühstückspause zu gehen. Auf ins Lehrerzimmer. Um diese Zeit ist dort nicht viel los. Die meisten Stühle sind leer. Schon beim Hineingehen sehe ich, dass auch auf den drei Sofas hinten rechts noch Platz ist. Nur Max sitzt dort und liest irgendetwas auf seinem iPad. Wie günstig.

Mein erster Gang führt mich allerdings nicht in die Richtung des coolsten Sportlehrers der Welt, sondern zum Kühlschrank, der noch aus den frühen neunziger Jahren stammen müsste. Ich öffne die Tür, gehe in die Knie und suche die Götterspeise, die ich gestern im untersten Fach verstaut habe. »Schickes Top, Desi«, trällert es plötzlich drei Fächer über mir.

Tatjana Klewe! Tatjana ist ungefähr in meinem Alter, blond, blauäugig und hat einen fetten Brilli am Ringfinger. Insgesamt eine sehr auffällige Erscheinung, die im Schülermund oft auf das Schlagwort »Titten-Tatjana« reduziert wird. Grauenvoll! Und trotzdem fällt auch mein Blick heute nicht auf ihre langen Beine, die in schönster Solarium-Bräune aus einem kurzen, roten Rock herausgucken. Mein Blick bleibt auf Tatjanas Brüsten kleben, die fast verhindern, dass ich ihr ins Gesicht schauen kann, zumindest nicht von hier unten. Ein Bild für die Götter. Ich wechsele die Perspektive und richte mich auf. »Danke, Süße!«

Tatjana hat gerade ein Glas fettarmen Naturjoghurt aus dem obersten Seitenfach des Kühlschranks geholt. Sie hat stets eine teure Handtasche in der Hand – und, davon abgesehen, einen furchtbar reichen Mann, der ihr jeden Wunsch von den Augen abliest. Offensichtlich auch das Bedürfnis, ihre Oberweite auf Unterkante Oberlippe aufzublasen. Junge, Junge … Während meiner eigenen Schulzeit hätten wir ihre Geschosse »Atombusen« genannt. Heute heißt das einfach »Monstertitten«, glaube ich.

»Schau mal, ich habe dafür eine neue Kette«, flötet sie weiter, als ob sie mir die letzte Chance, heute Nacht nicht von Brüsten zu träumen, nehmen möchte. Ich nicke fasziniert, wobei meine Faszination weniger dem massiven Silber als dem massiven Silikon vor meinen Augen gilt. Ist es nicht wider die Natur, dass ausgerechnet eine Biologielehrerin den unnatürlichsten Busen im erweiterten Dunstkreis von Tschernobyl hat?

Ich erspare Tatjana meine Frage und höre mir stattdessen

ihre an: »Nächstes Jahr soll wieder ein Lehrerausflug mit Übernachtung stattfinden. Wenn du Lust hast, trag dich doch in die Liste da drüben an der Wand ein. Melitta ist auch schon mehrmals mitgefahren. Willst du nicht mitkommen?«

Ich nicke. »Ich denke drüber nach.«

»Falls das deine Lust steigert: Der da drüben hat seinen Namen gerade auf die Liste gesetzt.«

Grinsend schaut sie rüber in die Sofa-Ecke, wo Max gerade die Trainingsjacke auszieht. Zum Vorschein kommt ein unverschämt enges Shirt, dessen Ausschnitt nur Tatjanas eigenes Dekolleté toppen kann. »Wir sehen uns Tatjana«, sage ich, zupfe mein Top zurecht und gehe mit leicht gerötetem Kopf Richtung Sofa-Ecke.

MAXIMALE AUFMERKSAMKEIT

Dass es im Lehrerzimmer, das Melitta und ich für unsere Pausen mitbenutzen dürfen, überhaupt drei Sofas gibt, ist Ariane Dasche-Sandner, im Kollegenmund gern auch ADS genannt, zu verdanken. ADS ist nicht nur Fachbereichsleiterin Geschichte, sondern auch Gründungsmitglied des Krisenstabs, Oberstufenkoordinatorin und – ganz wichtig: Vorsitzende der Lehrerzimmerkommission.

»Frau Steinbeck«, grüßt mich die spindeldürre Dame im strengen grauen Kostüm und rutscht dabei nervös auf ihrem Sitzball hin und her. »Sexy, sexy!«

»Sexy«, schallt es durch den leeren Raum. Von Aufmerksamkeitsdefizitsyndrom plötzlich keine Rede mehr. Zumindest nicht auf dem Sofa.

»Du siehst top aus«, flüstert Max und tackert seinen Blick auf mein Top. Souverän setze ich mich neben ihn, lege die Beine galant übereinander, ziehe dabei langsam die Alufolie vom Götterspeisebecher und beginne möglichst sinnlich mit dem Löffeln.

Max ist gut gelaunt. »Ich werde stellvertretender Oberstufenkoordinator«, erzählt er, während er die Arme lässig hinter dem Kopf verschränkt.

»Cool«, sage ich möglichst kühl. Dabei ist mir richtig heiß. Allerdings verhält es sich mit Männern bekanntlich wie mit Jobangeboten: Mach dich rar und maximiere den Output! Genau das habe ich zuletzt versucht, um nicht anhänglich zu wirken. Das Kinodate war ein voller Erfolg – und das Folgedate fast so phantastisch wie besagte Liebesfilme, die ich mir freitagabends reinziehe. Quasi wie »Titanic« – nur mit Happy End. Denn wir sind nicht miteinander untergegangen, nur ins Bett – mit Happy End. Und das fühlte sich derart gut an, dass wir am nächsten Morgen gemeinsam zur Arbeit gefahren sind. Problem: Seither meldet er sich weitaus weniger als die Tage zuvor. Männer sind eben mit Vorsicht zu genießen. Mein Ziel: Die Affäre bis zu den Sommerferien zu klären, beziehungsweise in eine echte Beziehung umzuwandeln.

Aktuell versuche ich, den nun freien Blick auf Max' Bizeps zu ignorieren und schiebe dosiert nach: »Was genau bedeutet das an Änderungen für dich?«

»Vor allem eine T14-Stelle. Money, money, money, honey.« Er grinst.

Natürlich weiß ich bereits, dass Max die ADS zukünftig bei Kursplänen, Kurswahlen, Kurswechseln und Co. unterstützen soll. Dass er mit Christian Schupp einem sehr erfahrenen und vor allem über alle Maßen engagierten Kollegen vorgezogen wurde, hat das Lehrerzimmer nämlich in zwei Fraktionen gespalten - und zählt seither zum Daily Talk.

Denn Christian leitet nicht nur den Unterstufenchor, das Schulorchester und die AG Schulfest. Er leidet vor allem seit Jahren unter geringer Wertschätzung. »Immer, wenn es drauf ankommt, zieht irgendjemand an ihm vorbei«, hat mir Karin erzählt. »Oft geht es hier einfach darum, wer die besten Kontakte hat.« Und Max scheint gut anzukommen, sogar bei der Hildebrandt-Fricke.

An der Schule hat eben jeder seine Funktion - und den ihm von Hildebrandt-Fricke angedachten Platz. Siehe ADS: Die rothaarige Lehrerzimmerkommissionsleiterin, tatsächlich habe ich mir das ehrenwerte Fräulein Rottenmeier aus Johanna Spyris »Heidi« mein ganzes Leben lang genau so vorgestellt, wacht beispielsweise mit Argusaugen über alles, was im Lehrerzimmer geschieht, angeschafft oder ausgemistet wird. Ausnahme ist der Kühlschrank. Den scheint sie irgendwie zu übersehen. Kann ich verstehen. Denn wer will sich schon dafür verantwortlich fühlen, verrottete Lebensmittel zu entsorgen? Diese ehrenhafte Aufgabe überlässt sie mir.

Wie viele andere unappetitliche Tätigkeiten habe ich auch die der Müllabfuhr inzwischen als eine meiner Pflichten akzeptiert. Meine Welt sind die Berge schimmliger Nahrungsmittel, die sich im Kühlschrank ansammeln. Da ist der »Zweitjob« von Kunstlehrer André Contzen weitaus appetitlicher. Seine Funktion ist es nämlich, die Eiswürfelproduktion der Geschwister-Scholl-Schule anzukurbeln.

Eiswürfel brauchen wir hier alle Nase lang. Denn jeden Tag fällt mindestens ein Kind auf die Nase – oder aufs Knie. Dann packe ich die Eiswürfel aus dem Kühlschrank im Lehrerzimmer in kleine Plastikbeutel und bastele Coolpacks daraus – das moderne Wunderheilmittel für alles. In der Zwischenzeit bittet Melitta die Verletzten, doch einen kühlen Kopf zu bewahren. »Ist nur eine kleine Prellung, Kleine!«

Bei Mercedes aus der Sechsten ist es mehr als das. Weinend steht sie am Morgen des nächsten Tages kurz vor Schulbeginn an unserer Theke. »Ich habe mich schlimm verbrannt, kann ich bitte ein Coolpack haben?« Ich mustere die Schülerin, kann aber keine Brandstelle erkennen. »Klar, aber wo brennt's denn, muss ein Arzt kommen?«, frage ich besorgt. »Die Mama hat gesagt, ich soll mein T-Shirt noch mal bügeln«, schluchzt Mercedes und zieht ihr T-Shirt hoch. Auf ihrem Bauch prangt der Abdruck eines Bügeleisens.

»Hast du das Shirt vor dem Bügeln nicht ausgezogen?«

Sie schüttelt den Kopf. Ich greife mir an selbigen und dann zum Hörer. Im Lehrerzimmer geht Carina ans Telefon. »Kannst du bitte mit Eiswürfeln für drei rüberkommen?«

»Du nimmst besser gleich mal alle mit, ich glaube, wir sollten dich heute etwas länger kühlen, und komm später noch mal vorbei, vielleicht musst du doch zum Arzt.«

»Das kommt davon, dass die Hauswirtschaftslehre abgeschafft wurde«, meinte Melitta. »Die Kids beherrschen heute die komplizierteste Technik, aber beim Bügeln setzt es aus.«

Ich persönlich glaube inzwischen, dass André auch öfter mal einen Aussetzer hat. Vielleicht ist er als Kind mal auf den Kopf geknallt. Anders kann ich mir seine Vergesslichkeit nicht erklären. Oder sollte ich lieber »grobe Fahrlässigkeit« sagen?

Fakt ist, dass André regelmäßig vergisst, Eis nachzulegen. Postwendend hat er dann einen Zettel im Fach: »André, habe beim Schimmelkratzen wieder gesehen, dass das Eis aus ist. Kümmerst du dich, bitte? Desi.« Während er selten auf diese Zettel reagiert, habe ich an diesem Morgen sofort auf dem Zettel, dass wir uns kurz vor dem Eiswürfel-Supergau befinden.

Genauer gesagt ist die Tür des Eisfachs defekt. Lässt sich einfach nicht mehr schließen. Ich gehe den erwünschten Dienstweg: Die ADS per Mail informieren, dass der alte Kühlschrank ausrangiert werden muss. Das Argument, die schulische Eiswürfelproduktion stünde auf dem Spiel, sollte überzeugend genug sein. Zur Sicherheit setze ich die Mail auf hohe Priorität.

Die ADS leitet meine Mail im nächsten Schritt an die Schulleiterin weiter. Diese erkennt zwar die Dringlichkeit, das Lehrerzimmer wieder an die Eiswürfelproduktion anzuschließen, sieht sich aber nicht veranlasst, zu handeln. Schließlich hat sie Sekretärinnen, denen sie diese Aufgabe eiskalt überlässt. Womit sich dann der Kreis des vorgesehenen, wenn auch überflüssigen, Dienstweges wieder schließt. Melitta und ich teilen uns diese Zusatzarbeit. Im ersten Schritt recherchiert sie, welche Kühlschränke überhaupt in Frage kommen, was eine genaue Analyse des Preis-Leistungsverhältnisses meint – wobei das Leistungsspektrum möglichst breit sein und die Kosten möglichst schmal gehalten werden sollen.

Im zweiten Schritt fasse ich die Vor- und Nachteile in kurzen Produktbeschreibungen kompakt zusammen und händige sie Hildebrandt-Fricke in fünf Ausdrucken inklusive Abbildung aus. Die Rektorin überfliegt die Blätter in zwanzig Sekunden, woraus ich schließe, dass sie sich lediglich die von mir rot markierten Preise angesehen hat. Sie entscheidet sich, natürlich, für den günstigsten. Postwendend setzt Melitta einen Antrag an das Schulamt auf, um zusätzliche Mittel für die Eiswürfelproduktion zu beantragen. Dann passiert erst mal nichts. Für eine sehr lange Weile. In der Zwischenzeit muss André die Kühlschränke in der Cafeteria auf der anderen Seite des Schulgeländes zur Materialbeschaffung nutzen. Mein täglicher Prüfgang wird so zum richtig langen Dienstweg.

DER BOFROST-MANN

Ein neuer Morgen, eine neue Gelegenheit, um mal wieder einen penetranten Schulfotografen am Telefon abzuwimmeln und »Wer bin ich – ohne Zettel?« zu spielen. Da Melitta gerade im Haus unterwegs ist, bin ich wohl dran. Zuerst aber hat es Bosse erwischt. Mitten in der Magengegend. »Frau Steinbeck, ich habe Bauchweh, kannst du meine Mama anrufen?«

Klar, kann ich. »Steinbeck hier, Bosse ist schlecht, können Sie ihn aus der Schule abholen?«

»Wer?«

»Steinbeck hier von der Geschwister-Scholl-Schule.«

»Was sagt die Mama?«, fragt Bosse.

»Es ist nicht die Mama, der Papa ist dran.«

»Aber der Papa wohnt doch gar nicht bei uns.«

Was?

»Sind Sie gar nicht Bosses Vater?«

»Nein.«

»Wer sind Sie dann?«

»Der Bofrost-Mann!«

Warum der Bofrost-Mann ans Telefon gegangen ist, erfahre ich nicht. Beziehungsweise steht es mir nicht zu, nachzufragen. Jeder Dame ihr Geheimnis. Ich bleibe einfach cool und erkundige mich nach Bosses Mutter. Die ist wenig später tatsächlich am Telefon. Ob der Bofrost-Mann ihr ein paar Coolpacks mitgeben kann? Denn auch an diesem Morgen bleibt das Coolpack die heißeste Ware an der Schule. Bis der neue Kühlschrank da ist, geben wir Einweg-Kühlkompressen zum Knicken aus. Denn von den Coolpacks für das Gefrierfach, die wir vergangene Woche gekauft haben, um uns in der Cafeteria wenigstens das Eiswürfel-Eintüten zu ersparen, sind kaum welche zurückgekommen. Ob die Schüler damit dealen?

An der Hochkonjunktur, die das gemeine Coolpack in den letzten Jahren erfahren hat, sind speziell die wehleidigen Stundenschwänzer schuld. Die Lehrkräfte steigern die Nachfrage dabei konstant. Denn hier gilt: »Schick das Kind lieber ins Sekretariat, bevor es weiter stört.« Melitta stört sich gewaltig an dieser Vorgehensweise: »Wir spielen nur Problemkind-Ping-Pong durch das Gebäude«, stellt sie fest.

Sie erhitzt sich sofort gewaltig über den künstlich produzierten Kühlungswahn: »Kopfschmerzen, gerötete Hautstellen und Regelschmerzen – mit welchen Problemen wollen die Lehrer die Kids denn noch schicken?« Ich stimme ihr zu. Für einen Weisheitszahn, der vergangene Woche gezogen wurde, noch einmal einen Coolpack holen? Oder für die gestoßene Hüfte von vor fünf Tagen? »Sind diese Lehrer eigentlich übermäßig leichtgläubig oder nur überdurchschnittlich schlimme Stressvermeider?«

COOL BLEIBEN

ist eine Tugend, die Conny Lindig nicht beherrscht. Conny ist 34, Chemie- und Deutschlehrerin, von damenhafter Erscheinung und vor knapp zehn Jahren in die Stadt gezogen. Unter anderem, um einen Mann kennenzulernen, wie sie mir mal bei einem Kaffee verraten hat. Aber das ist an der Geschwister-Scholl-Schule ohnehin kein Geheimnis.

Leider hatte Conny immer nur Pech mit Männern. Während des Studiums, während des Referendariats und auch nach dem Dienstantritt an der Geschwister-Scholl-Schule. Kein Wunder also, dass sie nicht nur frustriert ist, sondern sich vor allem furchtbar echauffiert, wenn Kolleginnen über ihre Beziehungen sprechen! Die Berufsbörse am Freitagnachmittag nutzt sie allerdings nur zu gerne, um nebenbei über Männer zu reden. Genauer gesagt über Max.

»Er hat mir das Herz gebrochen, aber ich würde ihn sofort zurücknehmen.«

»Aber ihr arbeitet sozusagen in der gleichen Firma. Ich habe gelernt: Never fuck the company!«, antworte ich scheinheilig und mit schlechtem Gewissen.

»Lieber fuck the company als gar keine company«, antwortet Conny mit latent genervtem Unterton. So habe ich das noch gar nicht gesehen.

Gemeinsam laufen wir von Stand zu Stand. Eine Berufsbörse ist eine Veranstaltung für Oberstufenschüler, auf der Unternehmen unseren Schülern im Rahmen einer Art Mini-Messe mitteilen, was sie mal werden könnten, wenn sie sich anstrengen – während die Ursulinen-Schülerinnen bereits angestrengt dabei sind, sich um Praktikumsplätze zu bemühen.

Auch in diesem Jahr veranstalten die beiden Schulen die Berufsbörse gemeinsam. Glück für mich, da ich in den letzten Wochen sehr oft mit Julia telefonieren konnte, die als Sekretärin der eigentlichen Konkurrenz-, in diesem Fall Partnerschule, ebenfalls mit der Organisation des Nachmittags beauftragt war. Glück für Conny, denn neben Unternehmern aus dem ganzen Umkreis sind weitere fremde Männer anwesend – die Lehrer von der Ursulinenschule.

»Ich habe gelesen, dass ein Großteil der Deutschen seinen Partner am Arbeitsplatz kennengelernt hat«, erklärt sie mir während des Rundgangs euphorisch. »Das ist mein Tag!«

Die Aula ist randvoll mit Ständen, an denen sich Großunternehmen ebenso vorstellen wie der Mittelstand oder Selbständige. Referenten aus geisteswissenschaftlichen Berufen sind anwesend, Ärzte, Anwälte, eben alles, was man so werden könnte, wenn man sich nur anstrengen wollte.

Conny will vor allem einen Mann kennenlernen und stürzt sich gierig ins Getümmel. Während ich irritiert beobachte, wie sie an jedem Stand mit männlicher Besetzung Visitenkarten einsammelt, wird mir Folgendes klar: Bevor ich derart landunter ende wie sie, sollte ich über meinen Schatten springen und Max wieder nach einem Date fragen. Schließlich ist er ein stattlicher Mann. Ich will gerade wieder auf Wolke sieben aufsteigen, als mich ein spitzer Schrei zurück auf den Boden der Tatsachen holt. »Der Mann da hat meine Handtasche!«

Conny … zwar will ihr keiner an die Wäsche, aber offensichtlich an die Handtasche. Sie rennt also dem Typ hinterher, ich Conny. Der Täter rennt aus der Aula raus und biegt rechts Richtung Haupteingang ab. Just in diesem Moment kommt Marc vom Pausenhof ins Gebäude. »Marc, der da hat meine Handtasche«, ruft Conny dem überraschten Hausmeister zu, der jetzt mit Besen und Rechen direkt vor dem Ausgang steht.

Grund genug für den Dieb, die Treppe Richtung ersten Stock zu nehmen. Marc dem Dieb hinterher, Conny Marc hinterher und ich Conny hinterher. Bis in den dritten Stock. Oben angekommen, rennt der Dieb durch die Glastür rechts in den Gang. Ein fataler Fehler. Marc schließt die Glastür ab. Gefangen!

Zwischen dem Handtaschendieb und der Freiheit stehen nun drei Stockwerke und eine Glastür. Schnell informiere ich die Polizei.

»Gutes Teamwork, Desi«, freut sich Marc. »Wir sind quasi Bonnie und Clyde. Nur andersrum.« Das ist auch gut so. Hausmeister und Sekretärinnen müssen an Schulen Hand in Hand arbeiten, damit der Laden läuft. Und kommt Sand ins Getriebe dieses Systems, kommen Diebe davon und keine frischen Klopapier-Rollen mehr in die WCs, exemplarisch gesprochen.

Die Polizei ist wenige Minuten später vor Ort. »Drasky«, begrüßt uns der junge Polizist, der mit einer Kollegin gekommen ist. »Ist er bewaffnet?«

»Sieht nicht so aus, sonst wäre er ja auf mich losgegangen«, meint Marc, der mit seinen breiten Schultern sowie

Besen und Rechen in der Hand auch nicht gerade nach leichter Beute aussieht. »Ich schließe die Tür wieder auf, holen Sie sich Ihre Beute!«, sagt er gewohnt cool.

Conny dagegen fängt an, zu überhitzen. Ich ignoriere ihr Keifen. »Die Polizei ist doch jetzt da!«

Wenig später haben die Beamten den Dieb gestellt. »Hier ist Ihre Handtasche«, sagt Drasky. Wir begleiten das Trio zurück ins Erdgeschoss. Offensichtlich hat der Mann, der nur gebrochen Deutsch spricht, keine Papiere. »Was machen Sie in Deutschland? Möchten Sie hier arbeiten?«, fragt die Polizistin. »Nein, ich suchen großen Liebe!« Da platzt es aus Conny heraus. Wie von der Tarantel gestochen, bleibt sie stehen, dreht sich um und brüllt: »Das können Sie vergessen, das können Sie so was von vergessen. Die Liebe werden Sie in dieser Stadt nicht finden!« Der Dieb schaut sie fragend an. Marc legt ihr beruhigend die Hand auf die Schulter. »Alles gut, Conny!«

An diesem Spätnachmittag werden mir dank Marc und Conny zwei Dinge klar. Erstens: Es ist erstrebenswert, einen stattlichen Mann an der Hand zu haben. Nicht nur im Privat-, sondern auch im Berufsleben. Zweitens: Ich sollte Max gleich heute Abend fragen, ob er Lust auf Kino hat. Nicht, dass Conny noch auf dieselbe Idee kommt.

MANIC MONDAY

»It's just another manic Monday«, möchte ich singen. Zum Glück sind die Sommerferien in greifbarer Nähe. Speziell an diesem Montagmorgen allerdings ist es zu hektisch, um auch nur an Urlaub zu denken. Außerdem hat gerade irgendein Bengel Kaugummi unter die Türklinke geschmiert. Das klebrige Ende einer Zigarettenpause.

»Ich schmiere dem eine, wenn ich ihn erwische«, stöhne ich, während ich meine verklebte Hand drohend in Melittas Richtung erhebe. »Siehst du, Kollegin!«

Wir versuchen weiter, dem Wust aus E-Mails und Briefen, Anrufen, Besuchern und den Begehren der Direktorin irgendwie Herr zu werden. Gegen Mittag ist uns das fast gelungen. Endlich ist es einigermaßen ruhig im Raum und vor allem leer vor der Theke. »Tag der offenen Tür beendet«, denke ich noch erleichtert, als es wieder klopft. Herein kommt Roman aus der 7d. Ein überaus engagierter Schüler mit einer überaus wichtigen Mission: Miro, der mitten im Schuljahr mit seinen Eltern in die Stadt gekommen ist, die Schule zeigen.

»Das sind unsere Sekretärinnen Frau Maggi und Frau Steinbeck«, stellt er uns weltmännisch vor. »Wenn du Fragen hast oder irgendwas brauchst – sie haben gern Besuch!«

Was soll ich da noch sagen? Ich lächele lieber. »Herzlich willkommen«, ergreift Melitta das Wort.

»Im Notfall kannst du immer zu uns kommen.«

Im Notfall, kapiert, denke ich und sage schließlich freundlich: »Einen guten Start!«

Der Notfall tritt nur drei Tage später ein. Nach Ende der

sechsten Stunde. »Frau Steinbeck, kannst du mir zwei Euro leihen?« Miro schaut mich schüchtern an.

»Ja, kann ich. Für was brauchst du zwei Euro?«

Schweigen.

»Musst du Strafe in der Bibliothek zahlen?«

»Nein.«

»Willst du Essenmarken kaufen?«

»Nein.«

»Aber was willst du dann?«

»Nach Hause!«

Wären wir jetzt bei einer neuen Spieloption wie »Was will ich – ohne Zettel«, hätte ich wahrscheinlich beste Chancen, haushoch zu gewinnen. Denn ich meine, schon nach der zweiten spezifischen Frage zur Lösung gekommen zu sein.

»Du hast deine Monatskarte verloren und willst ein Busticket kaufen.«

»Nein, nein! Ich hatte nur so großen Hunger«, schaut er mich aus verzweifelten Augen an.

Da er wohl kaum sein Monatsticket verspeist haben wird, versuche ich es nochmals: »Miro für was brauchst du das Geld?«

»Ich soll nach der Schule Eier kaufen, weil die Mama einen Kuchen backen will.«

»Und die Mama hat dir kein Geld mitgegeben?«

Miro schaut beschämt zu Boden. »Doch, aber ich hatte Hunger. Da hab ich mir in der großen Pause beim Hausmeister zwei Brezeln gekauft.«

Natürlich kriegt der Miro die zwei Euro – und mein herzlichstes Lächeln dazu. Mag sein, dass wir hier manchmal am Rande des Wahnsinns arbeiten. Aber wir freuen uns doch, wenn die Kinder mit ihren großen und kleinen Problemen zu uns kommen.

»Für dich und Frau Maggi«, steht der Junge einen Tag später mit zwei großen Stückchen Marmorkuchen und einem glänzenden Zwei-Euro-Stück an der Theke. »Das sind aber leckere Zinsen«, freue ich mich. Backen ist Liebe – und was diese Liebe betrifft, bekommen wir im Sekretariat wie gesagt ein richtig großes Stück vom Kuchen ab.

VERLÄNGERUNG

Drei Wochen noch bis zu den Sommerferien – und plötzlich ist er da, der Bescheid! Melitta traut ihren Augen nicht. »Sie haben uns das Geld für den neuen Kühlschrank tatsächlich freigegeben«, sagt sie zufrieden. Ach, ja. Der Kühlschrank. Den habe ich fast vergessen. Gefühlt liegen Jahre zwischen dem Eilantrag und dem Bescheid. Einen Anruf und eine weitere Woche später steht er dann tatsächlich vor der Tür. Im wahrsten Sinne des Wortes.

»Desi, da unten ist ein Mann mit einem Kühlschrank und fragt, wie er den ins Lehrerzimmer kriegt«, berichtet Carina. Woher soll ich das wissen? Ich weiß nur, dass weder Spediteurs-, noch Monteursaufgaben in meinen Zuständigkeitsbereich fallen. Ich eile ins Lehrerzimmer im ersten Stock, wo die ADS gerade an ihrem Konzept für eine historische Schnitzeljagd durch die Stadt sitzt.

»Der Kühlschrank ist da«, begrüße ich sie euphorisch. »Kümmern Sie sich jetzt darum, dass er hier hoch kommt?«

»Wie bitte?!«

»Der neue Kühlschrank ist …«

»Das habe ich sehr wohl verstanden, Frau Steinbeck. Aber warum soll ich mich darum kümmern?«

»Ich dachte, weil Sie für alles verantwortlich sind, was das Lehrerzimmer betrifft.«

Die ADS schaut mich irritiert an. »Aber bin ich Spediteur oder Monteur? Das ist Hausmeistersache. Beauftragen Sie Herrn Lau!«

Ich quittiere die Arroganz der ADS mit genervtem Stöhnen. Das Augenrollen kriegt die ADS ebenfalls für lau. Ich suche Marc, finde Marc, stelle ihm den Lieferanten Herrn Eilers vor und leiste beim Schleppen des schweren Geräts vom Pausenhof in den ersten Stock immerhin moralische Unterstützung. Eine Stunde später ist der neue Kühlschrank angeschlossen, doch der Kühlschranktausch noch lange nicht abgeschlossen. Den alten also nach unten verfrachten lassen und veranlassen, dass die Mitarbeiter des städtischen Werkstoffhofs ihn so schnell wie möglich abholen.

Während sich Marc und Eilers mit dem nun alten Gerät auf der Treppe quälen, hefte ich ein gelbes Post-it mit einem großen Smiley an die Tür des neuen Kühlschranks. Dazu schreibe ich: »Die neue Eismaschine ist da!« Schließlich schreibe ich der ADS vorschriftsgemäß eine Mail: »Liebe Frau Dasche-Sandner, der neue Kühlschrank ist da, bitte informieren Sie auch Frau Hildebrandt-Fricke.« Plus Smiley.

Das Lachen vergeht mir nur zwei Tage später. Der neue Kühlschrank hat eine Macke. Ich rufe den Lieferanten an und schildere ihm das Problem. »Das Eisfach kühlt nicht richtig!« Er will sich schnellstmöglich um die Angelegenheit kümmern. Zwei Tage später der Anruf: Der Hersteller habe sich dazu entschieden, das defekte Gerät auszutauschen. Nur zur Sicherheit. Und er, Herr Eilers, werde die Angelegenheit in die Hände nehmen. Höchstpersönlich. »Natürlich ganz eilig«, wie Eilers in den Hörer prustet. »Höchste Priorität!«

Ich setzte mich an den PC: »Liebe Frau Dasche-Sandner, leider ist unser neuer Kühlschrank defekt und muss demnächst wieder ausgetauscht werden.« Die ADS muss die Mail schnell an die Rektorin weitergeleitet haben. Nur sechs Minuten nach dem Versenden erscheint Hildebrandt-Frickes »Wieso, weshalb, warum?«-Fragenkatalog in meinem Postfach – mit Aufforderung zur persönlichen Stellungnahme.

»Die ADS ist wieder fein raus«, fluche ich, zurück an meinem Platz.

»Was ist passiert?«, fragt Melitta.

»Ich wurde nur mal wieder als unfähig bezeichnet«, sage ich demonstrativ laut Richtung halb geöffnete Tür.

»Ach, so, dann geht's ja.«

Vielleicht bin ich nicht fähig, die bundesdeutsche Kühlschrank-Produktion zu überwachen. Allerdings fühle ich mich plötzlich um so mehr beflügelt, die Sache mit Max noch vor den Sommerferien unter Dach und Fach zu bringen. Also lege ich ihm vor Feierabend noch einen Zettel ins Fach. »Lust auf eine Lesenacht? Ohne Kinder, dafür mit richtigem Wein.« Plus Smiley.

KEIN-OHR-IGEL

Donnerstag, noch knapp zwei Wochen bis zu den Sommerferien. Gegen 11.15 Uhr vibriert mein Handy. Carina hat eine SMS geschrieben. Eine illegale SMS wohlgemerkt, denn auch Lehrern ist das Nutzen ihrer Handys an der Schule, wie erwähnt, strengstens verboten. »Komm mal runter. Wir haben getöpfert!«

»Ich bin kurz in der 4b, Töpferwaren ansehen«, rufe ich Melitta zu und mache mich auf den Weg. Ein bisschen Kunstgenuss im Alltag kann sicherlich nicht schaden, beziehungsweise Kunst im Chaos, das gerade wieder im Sekretariat herrschte. Paul hat Alina Kaugummi in die Haare geklebt, Benedikt hat seine Brotdose verloren. Außerdem ist ein Fahrrad gestohlen und ein Reifen platt gestochen worden. Wie immer versammeln sich Opfer, potentielle Täter und auch der transsexuelle Vater von Björn aus der Siebten an unserer Theke – mit der Bitte um den Schlüssel für die Damentoilette und einem fragwürdigen Kompliment: »Tolle Brüste, sind die echt?« Echt mal, ein Käfig voller Narren. Nichts wie raus hier!

Gespannt betrete ich wenig später den Raum der 4b, die Carina in Kunst und Musik unterrichtet. »Willkommen in der Villa Kunterbunt«, begrüßt sie mich.

»Kinder, ihr kennt ja alle bestimmt schon Frau Steinbeck, unsere neue Sekretärin.«

Neugierig starren mich 23 Augenpaare an.

Da meldet sich eines der Kinder. »Frau Steinbeck, wie alt bist du?«

»Das fragt man keine Frau, Tibor«, greift Carina ein.

Ich winke ab. »Schon okay.« Dann stelle ich mich mitten in den Raum. »Was meint ihr denn?«

Die 23 Augenpaare mustern mich nun von oben bis unten. Da meldet sich ein kleines Mädchen mit Zöpfen in der ersten Reihe. »Haben Sie Kinder?«

»Zwei«, antworte ich, »aber was hat das mit meinem Alter zu tun?«

Ich sehe den Kopf der Schülerin arbeiten. Wenig später hebt sie noch einmal den Arm. »Dann sind Sie 52!«

Wie bitte? Ich bin irritiert: »Wie kommst du denn darauf?«

»Meine Mama hat ein Kind und ist 26. Du hast zwei. Also musst du doppelt so alt sein!«

Ich schlucke. »Sehe ich wirklich aus wie 52?«

»Jaaaaaaaa!«, ruft es aus 23 Mündern.

Ich lenke mein malträtiertes Ego mit einer Gegenfrage ab. »Darf ich denn fragen, wie alt du bist?«

»Zehn, aber ich werde bald elf!«, sagt das Zopfmädchen stolz und zeigt mir ihre zehn Finger. Gerade noch wollte ich ihr den Mittelfinger zeigen. Jetzt nicht mehr.

Fast besorgt frage ich: »Und die Mama ist 26?«

»Ja!« Das Zopfmädchen nickt.

»Die Zwanziger sind eine tolle Zeit«, sage ich. Und eine umtriebige Jugend scheint deine Mutter ja auch erlebt zu haben, denke ich.

»Zeigt mir mal, was ihr gebastelt habt«, wage ich den Themenwechsel von Altersfragen zu Kinderkunst. »Guck dich doch mal um«, sagt Carina. Tatsächlich sieht es in der 4b aus wie in der Villa Kunterbunt. An den Wänden hängen Osterhasen aus Tonpapier, an den Fenstern Blumen aus Transparentpapier und an der Decke Mobiles aus Tannenzapfen.

Auf Carinas Schreibtisch stehen zwei große Tabletts, beide voll mit runden bis formlosen Tonkugeln mit spitzer Schnauze und vereinzelten Löchern auf dem Rücken.

»Schau mal, den habe ich gemacht!« Das Zopfmädchen springt auf und zeigt auf den dicksten Klumpen in vorderster Front des rechten Tabletts.

»Wow, das hast du ganz allein gemacht?«, heuchele ich Bewunderung. »Das ist aber ein schöner Fisch. Sind das die Schuppen?« Ich zeige auf die Löcher.

Schallendes Gelächter. »Bist du aber dumm«, ruft eine andere Mädchenstimme hinter mir. »Fische haben doch keine Ohren!« Ich drehe mich um.

»Das sind Igel«, erklärt eine Schülerin mit frecher Kurzhaarfrisur kopfschüttelnd. »In die Löcher kann man später Stifte stecken. Du weißt aber auch gar nichts!«

»Anna-Elisabeth, jetzt reicht's«, ruft Carina. »Vielleicht hat Frau Steinbeck noch nie einen Igel gesehen.« Bevor ich diese Unterstellung empört zurückweisen kann, hackt das Mädchen nach: »Hat sie denn keinen Garten? Die Arme!«

Ich betrachte die »Oberlehrerin« genauer. Anna-Elisabeth sticht deutlich aus dem Bild heraus, das die 4b abgibt. Kein Glitzerfummel wie ihre Klassenkameradinnen, auch keine verblichene Jeans, kein pinkfarbener Trainingsanzug, keine Strass-Haarspangen. Ein gestriegeltes Mädchen mit strenger Brille, goldenem Schmuck und einer karierten Bluse an einem aufgeräumten Tisch. Was will die denn hier?

»Kunst ist doch immer Auslegungssache«, versuche ich die Situation zu retten. »Kennt ihr nicht das Experiment mit einem großen Farbklecks. Der eine sieht einen Hund darin, der andere vielleicht eine Wolke oder eine Baumkrone.«

Weitere Erklärungen sind nicht mehr nötig, denn die Aufmerksamkeit im Raum verlagert sich von einem Moment auf den anderen Richtung Tür. Ohne Klopfen, dafür mit einem schrillen »Hallööööchen«, wirbelt eine Frau mit buntem Hut und wehendem Burberry-Schal in den Raum, rennt auf die Tabletts mit den Igeln zu und sagt hundertfach heuchlerischer als ich gerade: »Also Frau Hartmann, Kinder, bei euch wird ja nicht gekleckert, sondern nur geklotzt! Ihr seid ja richtige Küüünstler!« Halb von der Parfumwolke benebelt, halb von leuchtend roten Fingernägeln geblendet, fällt mir trotzdem wieder ein, wo ich diese überkandidelte Erscheinung schon einmal gesehen habe.

»Frau Schmitz, kennen Sie schon Frau Steinbeck, unsere neue Schulsekretärin?«

Jetzt schaut mich ein Augenpaar noch durchdringender an als die 23 zuvor zusammen. »Ich erinnere mich. Abi-Streich. Sie waren doch die mit dem Erbrochenem auf dem Oberteil?«

Danke, das hatte ich fast vergessen. Ich entschließe mich wegen der Igel-Kinder, nicht auszuteilen, und strecke Brigitte Schmitz lieber freundlich meine Hand entgegen. »Désirée, freut mich, Sie wiederzusehen.«

»Schmitz, Vorsitzende des Schulelternbeirats, wie Sie sicherlich wissen«, sagt sie demonstrativ gleichgültig und widmet sich weiter den Tabletts. »Anna-Elisabeth, Schatz, welcher ist denn dein Igel?«

Mein Blick wandert vom Zopfmädchen, das sich gerade irgendwelche oberkörperfreien Sänger in einem Jugendmagazin ansieht, zu Anna-Elisabeth und Brigitte Schmitz.

Der Apfel fällt eben nie weit vom Stamm, denke ich und sage: »Dann gehe ich mal zurück an meinen Stammplatz. Schöne Igel, Kinder!«

Ich will gerade den Raum verlassen, als sich die ältere der

beiden Schmitz-Zicken doch noch einmal mit mir abgibt. »Frau Steinbuch, könnten Sie mir vielleicht helfen, diese großartigen Kunstwerke zu mir nach Hause zu tragen?«

»Steinbeck«, sage ich gereizt, und dann gleich wieder zuckersüß, »aber gerne helfe ich Ihnen.«

»Weil der Brennofen in den Kunsträumen gerade kaputt ist, hat Frau Schmitz angeboten, unsere Ton-Igel in ihrem Künstlerofen zu Hause zu brennen. Sie ist nämlich eine richtige Künstlerin. Mit Ausstellungen, Atelier und allem, was dazu gehört!«, berichtet Carina ihrer Klasse. Während sie spricht, schwillt die Brust der ohnehin drallen Elternsprecherin vor Stolz weiter an.

Ich frage mich, ob ihre Arme in diesem Zustand überhaupt lang genug sind, um ein Tablett zu tragen. Aber es geht. »Sie tragen ja immer noch diese schrecklich hohen Schuhe«, bemerkt sie. Gerade verlassen wir den Flur und gelangen auf die Treppe Richtung Erdgeschoss. »Vorsicht, heiß und fettig«, ruft Schmitz entgegenkommenden Kindern in süßestem Sopran entgegen und wackelt wichtig mit ihrem Tablett hin und her. Dann widmet sie sich wieder meinen Schuhen: »Hohe Hacken sind an Schulen völlig unangebracht. Schließlich stehen Sie im Dienst der Kinder, da muss man manchmal schnell sein. Auf Zack! Verstehen Sie: Zack, Zack ...«

Das dritte Zack geht in einem spitzen Schrei unter. Brigitte Schmitz rutscht die letzten Stufen auf dem Hintern herunter und landet direkt vor den Schaukästen, aus denen ihr die Portraits der Schulleiterin entgegenstrahlen. Schmitz dagegen ist weniger zum Lächeln zumute. Gerade ist ihr Igel-Tablett mit Karacho auf den Boden geknallt. Von den heißen Waren sind quasi nur noch fettfleckenartige Spuren auf dem Tablett und braune Klumpen auf dem grauen

PVC-Boden übrig. Wenig sonnige Aussichten für die Kunst an dieser Schule.

Das geht runter wie Öl, denke ich verschmitzt mit Blick auf ihre flachen Schuhe und sage heuchlerisch hoch tausend: »Sie haben sich hoffentlich nicht wehgetan?«

Hat sie nicht. Nur die Igel haben was abbekommen. »Vielleicht sollten wir einen Tierarzt rufen«, scherze ich, während wir die nun zerknautschten Kugeln mit platter Schnauze einsammeln. »Am besten gehen wir gleich hoch und beichten es den Kindern. Sie werden sich schon keinen Zacken aus der Krone brechen.«

Schmitz läuft quasi weiß an. »Nein, auf keinen Fall. Was sollen die denn denken? Was sollen vor allem ihre Eltern denken?« Bitte jetzt nicht hyperventilieren ...

Also tragen wir die Ton-Igel doch in das Atelier der Künstlerin, das eigentlich auch einfach »Hobbykeller« heißen könnte und sich im Untergeschoss ihres Hauses befindet. Wir erreichen es durch eine Kellertreppe im Garten. An den Wänden hängen eine Reihe verschwommener Aquarelle in Blau und grellbunte Ölfarben-Bilder im wild gewordenen Hausfrauenstil, den Lokaljournalisten nach Ausstellungen in Arztpraxen immer wohlwollend als »farborgastische Kompositionen« beschreiben. Aber: ich bin kein Journalist. Ich nenne diese scheußliche Malerei einfach Augenkrebs – vorwiegend in Blau.

»Vielen Dank«, sagt Schmitz, nachdem ich mein Tablett mit den heilen Tonkugeln auf einem großen Tisch abgestellt habe. »Nichts zu danken«, antworte ich und klackere die Kellertreppe demonstrativ laut wieder hoch. »Ich finde allein raus.«

Der Vorfall auf der Schultreppe wäre fast nicht ans Tageslicht gekommen. Denn offensichtlich hat Brigitte Schmitz die ganze Nacht damit verbracht, den noch feuchten Ton wieder in Form zu bringen und dann zu brennen. Ich treffe sie am nächsten Tag kurz vor Ende der großen Pause auf dem Weg zu Carina ins Lehrerzimmer – übermüdet und so klein mit Hut, den sie sich heute fast verschämt ins Gesicht gezogen hat. Versöhnlich strecke ich ihr die Hand entgegen. Und im kurzen Moment des Grußes sehe ich Reste von Ton unter ihren roten Fingernägeln hervorblitzen.

»Haben Sie die Igel retten können?«, frage ich.

»Habe ich, Frau Steinbeck, Igel wieder in Form zu bringen ist meine leichteste Übung. Wussten Sie nicht, dass Anna-Elisabeth und ihre Freundinnen eine Igelstation in unserem Garten eingerichtet haben? Im Winter peppeln wir dort kranke Igel auf, die in den Gärten der Nachbarschaft gefunden werden.«

So gelingt es der Vorsitzenden des Schulelternbeirats tatsächlich, ihr Gesicht zu wahren. Zumindest in diesem Moment vor mir. Denn die Hälfte der Ton-Igel-Schar ist nun mit Fratzen ausgestattet, wie sie selbst die Künstler des Expressionismus nicht besser moduliert hätten. Hier ist ein Gesicht verknautscht, dort eingedellt, andere Igel haben sogar ganze Körperteile eingebüßt. Passiert. Aber Kinder lassen sich nicht täuschen. »Das Geschrei war groß«, erzählt mir Carina bei einem Kaffee am Vollautomaten, »besonders bei Anna-Elisabeth.«

»Das ist nicht mein Igel, der hat ja gar keine Ohren! Der sieht aus wie ein Fisch!« – Das Mädchen war empört! »Jetzt mal Butter bei die Fische, Carina. Wenn die Schmitz eine Künstlerin ist, bin ich die Kaiserin von China.« Und während ich noch abfällig die Augen verdrehe, dreht sich mein

Kopf Richtung Sofa-Ecke, wo Max gerade mit Tatjana schäkert. Mein Kaiser, denke ich völlig romantisiert. »Meinst du, Max wird sich auf meine private Lesenacht-Einladung melden? Ich habe keine Lust mehr, mich abends immer allein auf mein Sofa zu igeln.«

»Max? Melden?« Plötzlich steht André grinsend neben mir. »Hast du uns etwa bei Mädchengesprächen belauscht?«, lache ich. »Ich? Ich habe nichts gehört. Ich habe nicht mal Ohren!« – sprichts, zieht die Kapuze seines Hoodies über den Kopf und zieht von dannen. Na dann.

FEUER

Hochmut kommt eben immer vor dem Fall. An diesem Freitag auch im Fall Hildebrandt-Fricke. Chefin zu sein muss einsam sein, denke ich, während ich stur versuche, das Stöhnen aus dem Nebenzimmer gedanklich abzuwehren und mich auf meine eigenen Sorgen zu fokussieren. An erster Stelle: Warum hat Max noch nicht auf meine Einladung zur Lesenacht geantwortet, wenigstens per SMS? Und was den Job betrifft: Warum geht Dirk-Keanus Mutter seit zwei Tagen nicht ans Handy?! Wäre mir theoretisch egal, wäre da nicht die Tatsache, dass Dirk-Keanu seit Montag nicht in der Schule aufgetaucht ist. Also ist es doch mein Problem.

Um mich auf der Suche nach Antworten nicht fehlleiten zu lassen, beschließe ich, mich auf das Schultelefon allein zu konzentrieren und mein iPhone ganz weit weg von mir zu platzieren. Dort, wo ich es nur im absoluten Notfall aufsuchen würde. Nämlich am Ladekabel, das an der einzigen freien Steckdose im Raum hängt – rechts neben der Tür zum Rektorenzimmer. Nur um zu verhindern, dass Hildebrandt-Fricke das Gerät in einem ihrer spontanen Wutwanderungen ins Sekretariat platt trampelt, stelle ich meine Handtasche daneben. Reißverschluss auf, Handy rein. Ablenkung abgewehrt.

Dann starte ich den nächsten Versuch. Noch während ich die Wahlwiederholung drücke, drückt sich Nils durch die halb geöffnete Tür. Ein schüchterner Dreikäsehoch aus der Zweiten, der kaum mit dem Kopf über die Theke reicht.

Geduldig wartet er, bis ich den Hörer nach zwei Minuten genervt auflege. Wieder nur der Anrufbeantworter. »Was kann ich denn für dich tun?« In diesem Moment öffnet sich die Tür zum Zimmer der Rektorin. »Frau Steinbeck!«, höre ich es brüllen. »Wie oft habe ich Ihnen eigentlich schon gesagt, dass …« Hildebrandt-Fricke bringt den Satz nicht zu Ende. Dafür stolpert sie über mein Ladekabel, das sich zwischen der Steckdose und meiner Handtasche spannt und landet mit lautem Zetern auf dem Boden, wo sie schließlich auf ihrem Allerwertesten sitzen bleibt und flucht.

Endgeil, Allerwerteste, denke ich und versuche nach Kräften, ein besorgtes Gesicht aufzusetzen. Davon bekommt Hildebrandt-Fricke nichts mehr mit. Die Direktorin steht fluchend auf, dreht sich auf dem Absatz um und verschwindet wieder in ihrer Höhle, meiner Hölle.

Ich will mich gerade dem kleinen Nils widmen, als sie noch einmal ins Sekretariat stürmt. »Ach ja, und mit ihrem ständigen Handy-Laden stehlen Sie mir Geld, Frau Steinbeck, hören Sie? Geld, das ich für diese Schule erkämpft habe!« Ich kämpfe mit der Wut in mir. Was sie eigentlich sagen wollte, weiß ich nicht. Nur, dass es wohl eine weise Entscheidung war, das iPhone in der Handtasche zu deponieren, die ich samt Schminkutensilien und dem Schulvorrat an Taschentüchern und Tampons zügig vom Boden aufsammele.

Da klingelt schon wieder das Telefon. Dirk-Keanus Mutter! »Frau Schalinski, schön, dass Sie zurückrufen. Dirk-Keanu war seit zwei Tagen nicht in der Schule. Ist alles in Ordnung?«

Die Antwort fällt faszinierend simpel aus: »Es war so heiß die letzten Tage. Das Wetter hat uns einfach fertiggemacht.«

Ich erspare ihr das Sommergewitter und schiebe das überfällige Donnerwetter lieber Richtung Carina weiter. »Seine Klassenlehrerin Frau Hartmann würde Sie gern sprechen. Wie kann sie Sie am besten erreichen?«

Ich notiere eine neue Handynummer und bin schon fast zum Lehrerzimmer unterwegs, als mir Nils wieder einfällt, den ich hinter der Theke völlig vergessen habe. »Entschuldige bitte, du siehst ja, es ist die Hölle hier«, höre ich mich Richtung Rektorat murmeln.

»Ich glaube, ich habe etwas Wichtiges zu sagen«, setzt Nils leise an.

»Ja?«

»Ich glaube, auf der Jungentoilette den Gang runter brennt es.«

»WAS?!«

Gefahrenabwehrkommando Marsch! Ich also eilig aus der Tür raus, den Jungen fast umgerannt, durch den langen Flur Richtung Klos. Das letzte Mal, dass ich ohne Anklopfen in eine Jungentoilette gestürmt bin, ist schon ein paar Jahre her. Das war während meines Abi-Balls. Damals vermutete ich, dass mein Freund Tobi in der letzten Kabine der Turnhallentoilette gerade stürmische Küsse mit Hanna aus meinem Englischkurs austauschte. Danach der bereits erwähnte Filmriss …

Mit nicht weniger Feuer unterm Hintern stürme ich heute in die Toilette. Gleich aus der ersten Kabine rechts steigt Rauch auf. Drin steht ein Karton mit Klopapierrollen. Ich renne auf den Flur zurück, kralle mir den Feuerlöscher und löse das Problem mit einem langen, lauten Zischen in Schall und Rauch auf.

Noch drei Anrufe bei der Schalinski und mir wäre das Klo abgebrannt! Eilig laufe ich zurück ins Sekretariat, um Marc zu informieren. Nils steht noch immer vor der Theke.

»Das Feuer ist gelöscht«, zwinkere ich ihm zu und wähle die Nummer des Hausmeisterhäuschens. »Auf der Jungentoilette im zweiten Stock war ein kleiner Feuerteufel am Werk, kannst du mal schauen?«

Nils schaut mir ruhig beim Telefonieren zu. »Musst du nicht in den Unterricht?«

»Ich wollte noch was sagen.«

»Was denn?«

»Ich bin hingefallen.«

»Brauchst du ein Coolpack?«

»Weiß nicht. Ich habe mir den Zahn abgebrochen.«

Spricht's, und hält mir ein Stück Schneidezahn hin. Erst jetzt bemerke ich das Blut in seinem rechten Mundwinkel. O Gott!

Also Nils' Mutter anrufen. Wieder ein Anrufbeantworter. »Wo arbeitet die Mama denn?«

Nils überlegt. »Bei Rewe am Kino.«

Ich überlege kurz, ob ich Nils einen Tampon in den Mund

schieben soll, entscheide mich dann aber dafür, ihm einfach ein paar Taschentücher zu geben. Für die Summe beider Hygieneartikel aus meinem Privatbestand könnte ich der Schule, sprich Frau Hildebrandt-Fricke, längst eine fette Rechnung schreiben. Oder einen Deal aushandeln: Strom zum Laden gegen Taschentücher und Tampons.

Ich bemühe Google. Natürlich bekomme ich nur die Nummer der Verwaltungsstelle der Lebensmittelkette in Köln. Eine Warteschleife später habe ich die direkte Nummer vom Rewe am Kino. »Nein, eine Frau Heckmann arbeitet hier nicht.«

»Sicher?«

»Ja, aber ich kann mal schauen, ob sie in einer anderen Filiale in der Stadt angestellt ist.«

Ist sie nicht - das weiß ich eine neue Warteschleife und fünf Minuten später. Vielleicht doch bei Penny? Ganz großes Kino! Ich starte noch einen Versuch, sie zu Hause zu erreichen. Nichts. Bevor mir während weiterer Anrufbeantworteransagen noch die Mädchenklos abbrennen, beschließe ich, selbst mit Nils zum Kinderzahnarzt Dr. Düpre zwei Straßen weiter zu gehen. »Frau Hildebrandt-Fricke, ich schließe das Sekretariat für einen Moment. Nils aus der 2a muss dringend zum Zahnarzt, und ich erreiche seine Mutter nicht.« Dann nichts wie weg.

VERSUCH'S MAL MIT GEMÜTLICHKEIT

Eine Kinderzahnarztpraxis ist eine Zahnarztpraxis, die darauf ausgerichtet ist, dass sich Kinder, die gerade zwischen Untersuchungslampen, Speichelabsaugern und Bohrern hängen, trotzdem wohl fühlen. Herr Dr. Düpre selbst scheint ein großer Liebhaber des Dschungelbuchs zu sein. Im Dschungel der Arztpraxen in dieser Stadt sticht seine vor allem durch ihren Urwald-Look heraus.

»Was kann ich denn für dich tun?« Die rassige Brasilianerin am Empfang begrüßt Nils strahlend und nickt mir freundlich zu. Sie trägt einen getigerten Schal. Natürlich. Verschüchtert schaut der Junge die Theke zu der bildhübschen Arzthelferin hoch. Ich dagegen schaue nervös auf meine Uhr. Länger als 45 Minuten möchte ich das Sekretariat ungern allein lassen.

»Nils ist in der Schule gefallen und hat sich ein Stück Schneidezahn abgebrochen. Ich bin die Schulsekretärin«, erkläre ich. Nils nickt und streckt ihr die Hand mit dem Schneidezahn entgegen.

»Ah, verstehe«, antwortet sie. »Dann brauchen Sie erst mal keine Krankenversicherungskarte.«

»Vielleicht möchten Sie versuchen, Nils' Mutter zu erreichen. Sie könnte ihn nach der Behandlung gleich abholen.«

Selbstredend möchte die Dame es versuchen, sofort nachdem sie uns den Weg ins Wartezimmer gewiesen hat. Wir folgen ihrem knackigen Hintern, der an der Hüfte von einem Gürtel in Krokodilleder-Optik umspielt wird, in einen großen Raum. Nils stürmt direkt auf die Spielecke zu, in der alle möglichen Dschungelbewohner als riesige Plüschtiere vorhanden sind, dazu ein Maltisch und diverse Jeeps in Kindergröße.

Ich nehme auf einem großen, grünen Sofa mit bunten Kissen Platz und rieche erwartungsvoll an den Orchideen, die auf einem der dunkelbraunen Tische neben dem Sofa stehen. Es sind Plastikblumen. Enttäuscht lasse ich mich in die Lehne zurückfallen und schaue auf mein Handy. Warten auf Max, beziehungsweise auf eine SMS desselben. Zwischen falschen Blumen und Plüschelefanten. Offensichtlich hat die Sprechstundenhilfe uns Musik angemacht. Leise schallt »Hakuna Matata« aus kleinen Lautsprechern, die sich irgendwo hinter den Yucca-Palmen verbergen müssen. Ich glaube ich bin im falschen Film.

Nils hat das Malen aufgegeben und läuft nervös im Wartezimmer hin und her. »Muss der Doktor bohren oder so?«, fragt er angstvoll.

»Ich glaube nicht. Du hast doch kein Loch im Zahn. Warte einfach mal ab.«

Doch die Vision eines Bohrers scheint ihm keine Ruhe mehr zu lassen. »Versuch's mal mit Gemütlichkeit. Alles andere wird sich gleich zeigen.«

Ich winke Nils auf die Kuschelkissen neben mir. Er setzt sich schweigend neben mich. Ich streichele ihm mütterlich über den Kopf. »Wird schon.«

Da steht die schöne Südamerikanerin wieder in der Tür. »Nils, du bist schon dran. Schau mal, du musst da drüben in den Raum mit der Giraffe.« Tatsächlich klebt auf jeder der drei Behandlungszimmertüren ein großes Tier. Ich stehe auf und folge Nils durch die zweite. Vor der Schlange und nach dem Affen treten wir ins »Giraffengehege« ein.

Dr. Düpre ist ein großer, durchtrainierter junger Arzt, vielleicht 30, 32, wie ihn das Fernsehen nicht besser casten könnte. Aufdringlich motiviert und mit einer noch aufdringlicheren Fröhlichkeit. Fast so motiviert wie Referendare, denke ich beim Beobachten der folgenden Szene. Gerade hat Dr. Düpre uns mit einem fröhlichen »Yabadabadoo« begrüßt. Immerhin ist der völlig irritierte Nils noch zu jung, um zu merken, dass es sich dabei nicht um einen Urwald-Urschrei, sondern um einen Ruf aus der Fernseh-Steinzeit handelt.

»Daniel Düpre«, streckt mir der aufgedrehte Möchtegern-Mogli seine Hand entgegen und drückt kräftig zu. Ich beiße mir auf die Zähne. Dr. Daniel Düpre. Diesen Namen lasse ich mir auf der Zunge zergehen und antworte: »Ich hatte ja gerade eher mit Fred gerechnet. Oder Wilma.«

Unwillkürlich wechselt Dr. Düpre seine Gesichtsfarbe von Windsurfer-Braun auf Winnetou-Rot. »Sind Sie seine Mutter?«

»Nein, Ihre Sprechstundenhilfe versucht gerade, Frau Heckmann zu erreichen. Ich bin nur die Schulsekretärin.«

»Aha«, sagt Dr. Düpre nun denkbar kurz angebunden, wischt sich eine dunkle Locke aus dem Gesicht und widmet sich Nils, der bereits im Behandlungsstuhl Platz genommen hat.

Was folgt, ist allerdings nicht das absehbare »Sag mal Aaaa«, sondern etwas Unvorhergesehenes. »Möchtest du eine Sonnenbrille?« Nils entscheidet sich wohl unbewusst stilbewusst für eine schwarz-weiß-gestreifte, da hat Dr. Düpre schon die Behandlungslampe über seinem Kopf in Position gebracht. Ein Pochen an der Tür unterbricht das Ritual des Medizinmanns. Die schöne Helferin lächelt mich an. »Frau Heckmann ist da!«

Aufgeregt betritt die junge Mutter den Raum. »Ist es schlimm?«

»Nur ein abgebrochener Zahn«, antworte ich. »Wir haben versucht, Sie bei Rewe am Kino zu erreichen, leider haben wir Sie nicht ans Telefon bekommen.«

»Warum bei Rewe?«

»Nils dachte, Sie arbeiten dort.«

»Nein.« Frau Heckmann lacht.

Ich bin verwirrt. »Wie kommt Ihr Sohn denn darauf?«

»Wir erledigen nur regelmäßig unsere Einkäufe dort. Nicht wahr, Nils? Vermutlich hat er da was durcheinandergebracht.« Der völlig im Stuhl versunkene Dreikäsehoch kann nicht antworten. Maulsperre. Dabei ist er der letzte, der eine bräuchte, denke ich und verabschiede mich. Schnell zurück zur Schule. Nicht, dass es wieder irgendwo brennt. Wie sich die Zeiten ändern. Ich suche noch kurz Blickkontakt zu Nils unter der dicken Sonnenbrille. Nicht nur Lehrer sind Alleinunterhalter. Ärzte offensichtlich auch.

WEINE NICHT UM MICH

Kurz vor Ende des Schuljahres stehen noch einmal Vorstellungsgespräche an. »Von Menschen, die der Meinung sind, ihr gesammeltes Weltwissen unbedingt an Schulen weitergeben zu müssen«, kommentiert Melitta die fein säuberlich ausgedruckten Bewerbungsunterlagen schmunzelnd. »Menschen, die nicht wissen, auf was sie sich einlassen.«

Ich lasse meinen Blick auf die Unterlagen von Benedikt

Bergmann fallen. Theaterregisseur, Künstler und »hochmotiviert, mich in Deutsch, Kunst und vor allem im Theater einzubringen«, wie ich lese. »Solche Vertretungskräfte sind noch motivierter als Referendare«, stöhnt Melitta. »Als ob wir hier nicht genug Theater hätten.« Heute zum Beispiel. Wir teilen uns die Montagmorgenwelt zumeist in Mails und Anrufe. Während ich die 17 Nachrichten auf dem AB abhöre, die bereits vor sieben Uhr eingegangen sind, öffnet Melitta das virtuelle Schulpostfach – und fängt an zu fluchen.

»Schau dir das an!«

»Was?«

»Sie hat am Wochenende wieder E-Mails geschrieben.«

»Na und? Das macht sie immer.«

»Jetzt komm schon, schau!«

Der Blick auf Outlook lässt mich stutzen. Bilanz: 47 E-Mails am Wochenende, davon 36 am Sonntagabend, alle von der Chefin. Bis auf zwei sind alle mit »Hohe Priorität« gekennzeichnet. Wir öffnen die erste. Freitag, 23.05 Uhr. Sie besteht nur aus einem Betreff: »Vorstellungsgespräch Bergmann um 10.30 Uhr. Frau Maggi, bitte bewirten!«

»Die war für dich«, sage ich schadenfroh und klicke auf die nächste. Freitag, 23.49 Uhr Betreff: »Requisiten.« Inhalt: »Frau Steinbeck, WICHTIG! Erörtern, wo wir historische Gewänder für die Schultheateraufführung leihen können. Gespielt wird Shakespeare.«

Aha, denke ich über den phänomenalen Unterschied nach, ob es nun darum geht, den Sommernachtstraum oder Hamlet in Kleidung zu übersetzen. Melitta übersetzt mir vorerst das Wort »wichtig«, wie es in Großbuchstaben vor mir steht. »Wenn es dir nicht gelingt, Kostüme zu organisieren, wirst du als Totenkopf enden, sollte es sich wirklich um Hamlet handeln.« Sein oder nicht sein scheint hier wirklich nicht die Frage zu sein. Es ist 7.25 Uhr, als die Tür auffliegt, und die Chefin sich mit hoch erhobenem Türgriff vor unserer Theke aufstellt.

»Warum hat Herr Lau meinen Türgriff noch nicht repariert?«

»Ihren Türgriff?!«

»Ich habe Ihnen gestern doch eine Mail dazu geschrieben. Lesen Sie meine Mails überhaupt?« Bevor Melitta antworten kann, ist Hildebrandt-Fricke auch schon wieder im Nebenzimmer verschwunden, wo sie den Türgriff wütend auf ihren Schreibtisch knallt. Da klingelt das Telefon. Ich klopfe Melitta auf die Schulter. »Viel Spaß mit der Post.«

Die nächsten zweieinhalb Stunden passiert nichts Nennenswertes. Aber auch nur, weil mir der alltägliche Wahnsinn im Sekretariat längst nicht mehr nennenswert erscheint, wohingegen jeder andere der Meinung ist, sein Problem in Drehbuchlänge vor uns ausbreiten zu müssen. Gerade hat mir eine offensichtlich unterbeschäftigte Mutter haarklein erzählt, wie und wo genau sich der Ausschlag ihrer Tochter äußert, als mein Telefondienst endlich unterbrochen wird.

Es ist halb zehn. Anderswo in Deutschland wird gerade Knoppers gegessen. Bei uns sind zwei Neuntklässler knapp dem Alkoholtod entgangen. Zumindest sehen sie so aus. »Große Pause gleich Schnapspause!« Musiklehrer Steven Baum baut sich entnervt vor der Theke auf. »Desi, kannst du bitte dafür sorgen, dass die beiden abgeholt werden? Ich werde ihre Eltern später selbst noch einmal anrufen.«

Kann ich. Mitleidig beobachte ich, wie die beiden Jungen leise vor sich hin leiden. »Was habt ihr gemacht?«, fragt Melitta, die gerade E-Mail 21 bearbeitet hat. Betreff: »Textmarker bestellen.« Inhalt: »Bitte auch pinkfarbene!«

Die Antwort bleibt aus. Total ausgeknocked. Sönkes Mutter sammelt ihren Sohn bereits zehn Minuten später ein. Tilmans Eltern lassen noch auf sich warten.

Inzwischen ist es Viertel nach zehn. Melitta füllt frischen Kaffee in die Kanne. In die gute Kanne, wohlgemerkt. Denn Benedikt Bergmann, der gleich zum Vorstellungsgespräch erscheinen soll, ist in der Region ein wirklich angesehener Regisseur. Unter anderem bekannt für monumentale Inszenierungen von Lessing. Oder lässiger: Lloyd-Webbers »Evita«.

»Wenn er unsere Theaterarbeit unterstützen würde, könnten wir die Ursulinen bereits bei den nächsten Schultheatertagen glanzvoll übertrumpfen«, hat Hildebrandt-Fricke mit Begeisterung geflötet. »Er will eine neue Aufgabe, wir wollen mehr Applaus. So einfach ist das.«

Melitta stellt die gute Kaffeekanne auf das Tablett. Nebst Keksen, Milch und Zucker, Orangensaft, einer Wasserflasche, Gläsern und Tassen, als Tilman aus seinem Koma erwacht: »Kann ich Wasser?« Melitta schenkt ihm einen großen Schluck ein. »Versuch, dich gerade hinzusetzen und trink langsam.« Tilman richtet sich auf – und entscheidet sich dann doch anders. Er drückt Melittas Hand mit dem Glas weg und übergibt sich. Auf ihre Bluse. Erschrocken denke ich an meinen ersten Tag als Sekretärin und sage: »Warte, ich hole Küchenrolle.«

Es ist 10.27 Uhr. Tilman ist wieder ins Koma gefallen, im Sekretariat stinkt es noch Kotze, und Melitta kommen fast die Tränen. »Herr Bergmann wird gleich hier sein. Was mache ich jetzt?« Die Frage wird sich sofort erübrigen.

»WO BLEIBT DER KAFFEE?!« Hildebrandt-Fricke steht zeternd hinter der Kollegin, als sich die Tür öffnet.

»Bergmann, mein Name, wo finde ich Henriette?«

Die Stimme der Rektorin verwandelt sich wieder von zickig in zuckersüß. »Benedikt, schön dich zu sehen.«

Ohne die vollgekotzte Melitta oder den volltrunkenen Schüler auch nur eines Blickes zu würdigen, schnappt sie sich das Bewirtungstablett von der Theke und winkt den Gast zu sich. Dann schließt sich die Tür zum Nebenraum. Melitta ist außer sich. »Guckt die eigentlich mal nach links und rechts?«

»Denk nicht drüber nach«, sage ich und reiche ihr meinen Blazer und Parfum.

Das Theater an der Theke, wird ein Nachspiel haben. 45 Minuten später, Tilman konnte gerade in die Obhut seiner Mutter übergeben werden, da fliegt die Tür zum Nebenzimmer erneut auf. Bergmann hat sich offensichtlich direkt durch die defekte Rektoratstür verabschiedet. Ich entscheide mich vorsichtshalber, mich zu setzen.

»Frau Maggi, ich habe den Eindruck, dass Ihnen alles egal ist. In meiner Mail stand eindeutig, dass der Kaffee um 10.20 Uhr auf meinem Schreibtisch stehen sollte!«

»Aber Sie haben so viele Mails geschrieben. Melitta hatte gerade die Textmarker nachbestellt ...«, will ich die Kollegin verteidigen, als mir die Chefin wütend ins Wort fällt.

»Ja, aber zwei waren gar nicht auf hohe Priorität gesetzt! Zum Beispiel die Textmarker!«

Da platzt es aus Melitta heraus - zum ersten Mal, seit sie unter der Fricke-Zicke arbeitet. »Haben Sie eigentlich einen

Knall?«, brüllt sie die Chefin an, pellt sich aus dem viel zu engen Blazer und gibt den Blick auf den nun leicht braunrötlichen Fleck auf Brusthöhe frei. »Auf meiner Bluse trocknet gerade Kotze alkoholisierter Neuntklässler. Aber nur, damit Sie beruhigt sind: Ich bin gerade dabei, die Mail von gestern Abend um 20.47 Uhr zu bearbeiten.« Ein kurzer Blick und die Chefin verschwindet wortlos in ihrem Büro.

»Was stand in der Mail von 20.47 Uhr?«, frage ich leise.

»Sekt kalt stellen. Morgen Abend findet doch die Vernissage von Frau Schmitz in der Cafeteria statt. Bilder aus ihrer Serie ›Blau‹, erinnerst du dich?«

»Wie originell ...«

Wir lachen. »Aber passend!«

»Und weißt du was, Desi, ich habe uns eine gesichert.« Triumphierend zieht sie eine große Flasche aus ihrer Schreibtischschublade hervor. »Ich glaube, die werden wir brauchen. Wir haben noch die ganze Woche vor uns!«

»Ist wirklich alles in Ordnung?«, frage ich besorgt. »Geh doch lieber nach Hause, dich umziehen.« Melitta winkt ab. »Ach, ich hab hier schon größere Katastrophen als befleckte Blusen erlebt. Also weine nicht um mich und meine Bluse. Die Wahrheit ist ja, ich werde dieses Sekretariat nie verlassen!« Ich lache bei dieser Anspielung auf den Evita-Erfolg unseres hoffentlich bald engagierten Regisseurs. »Es ist nicht immer leicht, und vielleicht findest du das seltsam, aber nach allem, was ich hier schon erlebt habe, liebe ich diese Schule!«

Habe ich das jemals über meinen Job in der Werbeagentur gesagt? Ich kann mich nicht erinnern.

Gegen Nachmittag sind alle Mails bearbeitet. Ja, wir sind die Besten. Überhaupt ist diese Schule toll, wie ich zuletzt immer wieder gedacht habe. Trotz all des Irrsinns – irgendwie fange ich wirklich an, meinen neuen Job zu lieben.

»Darauf Prost, Desi«, lacht Melitta, während wir zum Feierabend anstoßen.

»Wir sind die Besten, Melitta!« Tatsächlich ist die Geschwister-Scholl-Schule besser als ihr Ruf. Darüber öffentlich zu sprechen ist allerdings der Rektorin allein vorbehalten …

WIR SIND DIE BESTEN

Tu Gutes und sprich darüber. Wahrscheinlich beherrscht Henriette Hildebrandt-Fricke diese Kunst mindestens genauso gut wie einst Evita Perón, gefallener Engel der internationalen Diktatoren-Szene, die im kommenden Jahr im Mittelpunkt unseres Beitrags zu den Schultheatertagen stehen soll.

Nachdem klar ist, dass Bergmann das Lloyd-Webber-Stück mit unseren Schülern und Lehrern inszenieren soll, inszeniert sich die Chefin bereits in der Planungsphase unentwegt als Engel der Armen. Heute ruft sie dazu auf, die städtische Kleiderkammer zu unterstützen, vergangene Woche sah man sie in der Zeitung als ehrenamtliche Helferin in der Suppenküche. »Und morgen wird sie sich als Florence Nightingale verkleidet vielleicht endlich auch persönlich um die Alkoholleichen der Schule kümmern«, stöhnt Melitta, die den Tag der 47 Mails noch lange nicht vergessen hat.

Die PR-Maschine gerät ins Rollen. Zwei Wochen später

weiß die ganze Region, dass die Geschwister-Scholl-Schule sich das Musical »Evita« vornehmen wird. Unter der Regie von Benedikt Bergmann, Kulturpreis- und Brillenträger, Regisseur und Dramaturg – mit Hang zum ganz großen Drama. Zeit, die nächsten Kriegsschauplätze anzugehen. In Sachen diktatorischen Anspruchs steht die Chefin der Argentinierin ebenfalls in nichts nach.

Angespornt von der nahen Musical-Karriere unserer Schüler, sollen nun auch andere pädagogisch und vor allem marketingtechnisch wertvolle Angebote abseits des Unterrichts entstehen. Max wird angewiesen, eine Fußballmannschaft für »Jugend trainiert für Olympia« zu casten, Carina stampft auf Geheiß der Rektorin eine Debattier-AG aus dem Boden, und die Deutschlehrer der fünften Klassen werden daran erinnert, das Vorlesen nicht aus den Augen zu verlieren. Schließlich stünden die Stadtentscheide des Vorlesewettbewerbs des Börsenvereins des Deutschen Buchhandels in rund sechs Monaten an.

»Die wird sich wundern!«, murmelt die Chefin, während sie hektisch die Zeitung durchblättert und schließlich vorliest: »Hallo, Buenos Aires: Geschwister-Scholl-Schule greift nach den Musicalsternen.«

Im Gegensatz zu Wettbewerben sind die städtischen Schultheatertage eigentlich nur eine Zusammenkunft der Theater-AGs dieser Stadt. Dort geht es um Kunst, nicht um Konkurrenz. Hildebrandt-Fricke scheint das anders zu sehen. Sie ist wild entschlossen, den Kampf um den lautesten Applaus genauso hart und öffentlich auszutragen wie ihre Debatten im Stadtparlament, wo sie es inzwischen bis zur stellvertretenden Stadtverordnetenvorsteherin geschafft hat. Mit demokratischen Mitteln, wohlgemerkt.

Die Chefin lebt für den Applaus. Denn lauter Applaus bedeutet die Aussicht auf die Titelseite des Regionalteils der »Neuen Zeitung«. Ein Privileg, das die Ursulinenschule während der letzten drei ›Theatertage‹ für sich beanspruchte. Hildebrandt-Frickes Anspruch ist wie erwähnt klar formuliert: »Die wird sich wundern!«

»Wer ist ›die‹?«, will ich wissen, nachdem die Fricke-Zicke das Sekretariat verlassen hat.

»Schwester Martha Wiedemann! Wer sonst?«

KONKURRENZ AUS DEM KLOSTER

Schwester Martha Wiedemann ... Allein die bloße Erwähnung der frommen Leiterin der Ursulinenschule hat auf Hildebrandt-Fricke den Effekt, den Knoblauch auf Vampire hat oder Helene Fischer auf Melitta.

So wird die Zeitung jeden Morgen zu einer tickenden Zeitbombe, die zu explodieren droht, sobald sich die Fricke-Zicke den Lokalteil unter die frisch manikürten Nägel gerissen hat. Denn jedes Mal, wenn der Name Schwester Martha Wiedemann irgendwo Erwähnung findet, ist ein Wutanfall vor acht im Nebenzimmer so sicher wie das Amen in der Kirche.

»Na, spitze, es ist wieder so weit«, bemerkt Melitta, während um 7.40 Uhr das erste Keifen aus dem Nebenzimmer zu hören ist. »Ich hatte schon überlegt, ob ich den Lokalteil dezent im Papierwolf verschwinden lasse.«

»Warum, was steht denn drin?«

Die Antwort geht erst im Poltern der Tür, dann im Poltern

der Rektorin unter. »Himmlischer Segen für die ganze Stadt. Unterzeile: Schwester Martha Wiedemann erhält Ehrenplakette der Stadt!«

»Soll das ein Scherz sein?«, brüllt Hildebrandt-Fricke und hält Melitta zeternd die Zeitung unter die Nase. »Wenn Martha Wiedemann die Ehrenplakette für, Zitat, ›jahrelange Förderung der Kultur in unserer Stadt‹, bekommt, gebührt mir mindestens das Bundesverdienstkreuz. Nicht wahr, Frau Maggi? Schauen Sie, dieser Bericht hat vier Spalten und drei Bilder. Das ist völlig unverhältnismäßig.«

Nicken und lächeln, denke ich noch und sehe, dass Melitta genau das tut. Immer lächeln. Besonders im Vorzimmer zur Hölle. »Was zur Hölle, hat sie denn wirklich mit dieser Schwester Martha?«, frage ich Melitta, als sich die Chefin wieder verzogen hat – nicht ohne die Zeitung theatralisch in den Müll befördert zu haben. »Dieser Pascal Petry kann was erleben!«, grummelt es noch durch den Türspalt. »Schmierfink!«

»Schwester Martha Wiedemann ist die Leiterin der Ursulinenschule St. Benedikt, deren Gelände dort anfängt, wo unser Sportplatz endet – und eine andere Welt beginnt«, erklärt Melitta.

»Ich kenne die Schule, meine Freundin Julia ist dort Sekretärin«, erzähle ich.

»Ist nicht wahr? Lass das nicht die da drüben wissen. Denn diese Freundschaft ist ungefähr so verboten wie die von Ronja Räubertochter und Birk Borkasson!«

»Zum Donnergrummel aber auch!« Wir lachen. Da donnert es bereits wieder – im Rektorenzimmer. »Nein, Hildebrandt-Fricke ist mein Name. Wissen Sie denn gar nicht, wer ich bin?«

»Sie kann Schwester Martha auf den Tod nicht ausstehen, weil sie ihr trotz grauem Einheitslook jedes Mal die Show stiehlt«, erklärt Melitta. »Wenn Journalisten die Optionen haben, eine Dame im Habit oder eine Hexe in Dior zu fotografieren, entscheiden sie sich eben meistens für die liebenswertere Variante.«

Doch das ist nicht der einzige Grund, warum Hildebrandt-Fricke der Arsch auf Grundeis geht, sobald es zur direkten Konfrontation mit den Ursulinen kommt. Sie sind einfach besser als unsere Schüler: bei »Jugend forscht«, beim Mathematikwettbewerb, bei »Jugend trainiert für Olympia«. Und der olympische Gedanke, »Dabei sein ist alles« zählt für eine Frau mit Profilneurose eben nicht.

»Am Ende sieht sie immer Schwester Martha mit ihren Schülern in der Zeitung«, sagt Melitta. »Das ist für sie wie Folter!«

HOCHVERRAT

Drei Tage vor den Sommerferien werde ich die Gelegenheit haben, die Geheimnisse der Nachbarschule zu ergründen. Dieser freie Nachmittag ist perfekt, um Julia auf einen Kaffee zu treffen. Natürlich hole ich sie von der Schule ab. Allein aus Neugier.

St. Benedikt ist eine dieser Privatschulen, die sich unter anderem dadurch auszeichnen, dass auf dem Schülerparkplatz teurere Autos stehen als auf dem der Lehrer. Außerdem ist sie für ausgezeichnete Bildungsmöglichkeiten und ein hervorragendes Kulturangebot im AG-Bereich bekannt – und dafür, dass ihre Schülerinnen auch danach aussehen. Wie Werbemittel von Tommy Hilfiger oder Ralph Lauren.

»Dass Oberbürgermeister Zöller das nicht kapiert. Die spielen da ›Faust‹. Wir mühen uns jeden Tag mit der Integration von Schülern aus über 40 Nationen ab. Mit der Art Schülern, die es auch abseits der Bühne faustdick hinter den Ohren haben«, klingt mir Hildebrandt-Frickes Kommentar zur Verleihung der städtischen Ehrenplakette an Schulleiterin Schwester Martha noch in den Ohren, während ich den schmuckvoll gepflasterten Gang Richtung Eingang laufe. Durch einen wunderschönen Garten mit Springbrunnen und Rosenbeeten.

Auf der anderen Seite des Zauns ist das Gras wirklich grüner, denke ich, während sich mein Blick auf die Sportanlagen der Geschwister-Scholl-Schule richtet, die sich rechts hinter dem Hauptgebäude abzeichnen.

Die Anlage, auf der die Ursulinen unterrichtet werden, gleicht eher einem amerikanischen Uni-Campus, als einem deutschen Schulgebäude. Grünflächen statt Asphalt, ein schicker Backsteinbau statt Siebziger-Jahre-Abriss-Flair. Hier arbeitet also Julia.

Dank der Hilfe zweier höflicher Schülerinnen, die offensichtlich zu einem Hockey-Spiel unterwegs sind, bin ich bereits fünf Minuten später am Sekretariat angelangt. »Assistenz der Schulleitung« steht auf einem kupfernen Schild. Ich mache auf Durchschnittsbesucher und trete ohne Warnung polternd ein, baue mich demonstrativ vor der Theke auf und meckere: »Ich hätte gern eine Schulbescheinigung, einen Tampon und außerdem ist mir schlecht. Darf ich telefonieren? Sofort!«

Julia lacht. »Gib's doch zu, du willst eigentlich nur im Krankenzimmer chillen? Oder kann ich mit einem Coolpack helfen?« Ein drittes Lachen mischt sich unter unsere Albereien.

»Das sind aber eine ganze Menge Probleme, junge Dame.« Fragend blicke ich mich um. In diesem Moment kommt eine niedliche Nonne aus der offenen Tür zum Nebenzimmer getippelt. Oder ist das schon schweben? »Sie müssen Désirée Steinbeck sein«, sagt die kleine Frau mit warmer Stimme und nimmt meine Hand. »Ich bin Schwester Martha und sitze hier nebenan so rum«, fährt sie mit einem Augenzwinkern fort. »Julia hat mir schon so viel von Ihnen erzählt. Fast scheint es mir, wir kennen uns bereits!«

Ich verkneife mir das »Ich habe auch schon viel von Ihnen gehört« und sage einfach: »Die Freude ist ganz auf meiner Seite, liebe Schwester Martha.« Damit bin ich wohl zur Hochverräterin geworden. Wenn die Chefin das wüsste. »Ich bin gleich so weit!« Julia fährt ihren Computer runter. Ich nutzte die Zeit und schaue mich in ihrem Büro um. Vor der Sprechanlage liegt ein Stapel Zettel. »Ich schreibe mir meine Durchsagen immer auf, damit mir keine peinlichen Versprecher passieren«, erklärt sie. Ich lese den obersten laut vor:

»Liebe Schülerinnen, Schwester Martha bittet vorausschauend darum, euren Eltern mitzuteilen, dass im kommenden Winter spontane Ski-Trips übers Wochenende nach Möglichkeit zu vermeiden sind. Ein entsprechender Brief wird noch vor Schuljahresende an eure Eltern herausgehen.«

Hä? »Wir hatten im letzten Jahr so viele Probleme mit Jugendlichen, die montags regelmäßig nicht in der Schule waren, weil ein Flieger aus Aspen nicht starten konnte oder der Zug aus St. Moritz Verspätung hatte. Das geht natürlich nicht.«

Ich nicke. »Ja, klar.«

»Dann lass uns gehen. Ich brauche Kaffee. Dringend!« Ich lege den Zettel zurück.

»Tschüss, Schwester Martha, bis morgen«, ruft Julia.

»Auf Wiedersehen, Mädchen. Genießt den Nachmittag und esst ein Stückchen Kuchen für mich mit!«

HERMANN HESSES HEXE

Zeit für Kaffee und Kuchen ist derzeit die Ausnahme. Die letzten Wochen waren wirklich extrem anstrengend. Die Abschlussfeiern der Haupt und Realschüler vorbereiten, die Schulstatistik und den Haushaltsabschluss aufbereiten. Abiturzeugnisse ausdrucken, überprüfen und beglaubigen lassen. Nebenbei irgendwie die Planungen für das kommende Schuljahr vorantreiben. Das alles im Prüfungsstress, der die ganze Schule einzunehmen scheint. Ich glaube, ich habe nie härter gearbeitet. »Vor den Ferien muss alles vom Tisch sein«, hat Melitta immer wieder gesagt. »Das klingt unmöglich. Ist es auch. Aber wir schaffen das.«

Auch ich muss noch etwas schaffen! Das wäre mir im Schuljahresendstress fast entfallen: die Mission Max vorantreiben. Für mich geht es vor den Ferien nicht um Versetzungen, sondern um Verbindlichkeiten. Denn die einzige Antwort auf meine Einladung zur Lesenacht auf meinem

Sofa kam kurz per SMS in drei Wörtern. Ein knappes »Ich melde mich«. Ich frage mich langsam, ob ich einen Fehler gemacht und das alles ein bisschen überstürzt habe – und bereite mich lieber auf einen Korb vor. Wollte Max nur eine nette Nacht? Wütend greife ich mir einen Zettel und schreibe: »Zeugnis, Max Patzke. Betragen, 6. Sexiness, 1 – mit Sternchen. Beglaubigt von Désirée Steinbeck!«

Vorsätzlich bin ich Max in den letzten Tagen aus dem Weg gegangen. Die meisten Tage bin ich nach Feierabend sowieso völlig geschafft auf dieses Sofa gefallen – nachdem wir täglich mehrere Sitzenbleiber getröstet und Frau Imthor mehrmals vertröstet hatten. Frau Imthor ist die Sekretärin einer anderen Schule in unserem Umkreis. Melitta nennt sie die »Hexe von der Hermann-Hesse-Schule«. Kurz vor Schuljahresende hat sie uns ständig am Telefon – beziehungsweise wir sie. Denn weder Melitta noch ich würden auf die Idee kommen, Gertrud Imthors Nummer freiwillig zu wählen.

Problem: Zwischen der Geschwister-Scholl-Schule und der Hermann-Hesse-Schule herrscht ein reger Austausch von Schülern. »Da ist dieser Deal zwischen Hildebrandt-Fricke und Rektor Kaiser«, erklärt mir Melitta, »wenn ein Jugendlicher der Schule verwiesen werden muss, nimmt Kaiser sie auf, dafür nimmt Hildebrandt-Fricke regelmäßig seine bösen Buben.« Klar, denke ich. Irgendwelche Verbündeten braucht die Ziege ja. Und wen würde die selbsternannte Göttliche mit absolut absolutistischem Weltbild eher als Partner wählen als einen Kaiser?

Im Regelfall geht es bei den Tauschgeschäften mit Imthor allerdings um die üblichen Kuhhandel zum Schuljahresende: Drei unserer Schüler, darunter unser schlimmster Prügelknabe, wechseln nach den Sommerferien auf die Hermann-Hesse, dafür bekommen wir zwei Kiffer von den Kollegen überwiesen. Fünf gute Gründe für die Hexe, immer wieder anzurufen und auf uns einzuprügeln. »Haben Sie die Zeugnisse noch nicht verschickt?«, »Haben Sie die Akte noch immer nicht vervollständigt?«, »Haben Sie dies, haben Sie das?« Zumeist enden diese Gespräche mit dem Hinweis der Kollegin: »Ich verstehe Sie nicht! Ich erledige das immer alles zum Ersten des Monats!«

»Die muss wirklich Zeit haben«, stöhnt Melitta. Wir dagegen schlagen uns aktuell mit ganz anderen Problemen rum. Zum Beispiel mit verzweifelten Schülern.

»Ich muss die Elf wiederholen«, Véronique schaut mich aus tränenden Augen an.

»Das kommt in den besten Familien vor«, sage ich unsicher. Was soll ich auch sagen? »Dann musst du dich nächstes Jahr einfach mehr anstrengen.«

»Nein!«

»Was willst du dann machen?«

»Ich setze mich gleich ins Auto und fahre mit Vollgas gegen einen Baum, dann hat der ganze Stress endlich ein Ende!«

Melitta und ich schauen uns überfragt an.

Ein Totschlagargument, das nach einem Experten schreit. Glücklicherweise arbeiten an unserer Schule inzwischen fünf Sozialpädagogen, die wir in Notfällen wie dem Fall Véronique rufen. In diesem Fall Björn Heeger. Ob wir ihn auch mal auf die Hexe hetzen sollten?

BESTANDEN

Unterste Schublade. Da sind ja meine Baldriantropfen. Die bleiben hier. Ebenso wie Tampons, Tempos und Handcreme. Die beiden Müsliriegel nehme ich mit. Auch die Blasenpflaster. Ich räume meinen Schreibtisch. Aber nur für vier Wochen. Denn ich werde wiederkommen. Definitiv! Die letzten Monate waren meine persönliche Reifeprüfung, und ich glaube, ich habe bestanden. Mit Abstrichen vielleicht, aber bestanden.

»Mindestens mit Note 2+«, wie Melitta gerade verkündet hat. »Für eine Eins musst du nach dem kleinen jetzt noch das große Sekretärinnen-Einmaleins lernen!«

»Das da wäre?«

»Du musst endlich aufhören, ständig zu meckern, und nicht nur hinnehmen, dass zwei mal drei in Sekretariaten vier macht. Du musst es auch akzeptieren! In dieser Welt regiert nicht der Feinsinn. Hier regiert der Wahnsinn. Wenn du hier überleben willst, solltest du dir diese Welt ebenfalls machen, wie sie dir gefällt, anstatt ständig versuchen, dich von ihr zu distanzieren!«

Sie mustert mich durchdringend. »Deine Blasenpflaster solltest du übrigens mitnehmen und zum neuen Schuljahr lieber mit bequemen Turnschuhen zurückkommen.« Ich nicke leicht resigniert. Vielleicht hat sie sogar recht damit. »Keine Sorge, Desi. Du schaffst das. Glaub nicht, dass ich ohne Blessuren in meine ersten Sommerferien als Sekretärin gegangen bin. Ich wollte mich direkt in die Klapse einweisen lassen.« Dann gibt sie mir einen Klaps auf den Hintern, umarmt mich, leint Fanny an und geht aus der Tür.

»Schöne Ferien, Désirée. Eine bessere Vertretung für Ulli hätte ich mir nicht wünschen können.«

Ich verstaue die Müsliriegel in meiner Handtasche und werfe die Blasenpflaster in den Müll. Vom Fenster aus sehe ich Melitta und Fanny Richtung Parkplatz laufen. Die beiden haben mich an ihrer Seite akzeptiert. Darauf bin ich stolz. Ja, ich habe diesen Job unterschätzt, denke ich, während sich unten die Problemfälle die Klinke des Hauptgebäudes in die Hand geben und sich in die Ferien verabschieden.

Es kommt mir bereits wie eine halbe Ewigkeit vor, dass ich zum ersten Mal an diesem Fenster stand und auf den Hof starrte. Heute sehe ich Abschiedsszenen statt Abschlussfeierlichkeiten. Ich bin froh, dass ich am ersten Tag keinen Schlussstrich gezogen habe. Denn es gibt einen Unterschied zwischen Abschieden und Abschlüssen. Abschlüsse sind absolut, Abschiede lediglich ein aufgeschobenes Wiedersehen, oder zumindest das Versprechen darauf. Ich verspreche, mich zu bessern.

Gerade will ich das Sekretariat abschließen, als ich Hildebrandt-Frickes Stimme höre. »Frau Steinbeck, kommen Sie mal rein!« Ich drehe den Schlüssel und betrete das Zimmer der Rektorin durch den offiziellen Eingang vom Flur aus. Sie sitzt an ihrem vollgepackten Schreibtisch. »Können Sie die Bananenschalen mitnehmen und runter in die Tonne bringen? Ich muss mich beeilen, und bis die Putzfrauen heute Nachmittag kommen, werden die Fruchtfliegen mein Büro schon erobert haben.«

Die Bananenschalen liegen auf einem Stück Küchenrolle direkt vor ihr, unter einem angebissenen Apfel und verdorrten Trauben, die die Chefin offensichtlich zu erwähnen vergessen hat. Die ist doch völlig Banane, denke ich und sage: »Klar kann ich!« Ich rolle das Papiertuch zusammen und gehe Richtung Ausgang. »Ich wünsche einen tollen Urlaub unten in Italien. Gönnen Sie sich mal eine Pause.«

Die Chefin ist schon wieder mit sich selbst beschäftigt. Dann blickt sie doch noch kurz zu mir auf. »Jaja, die Tonne unten auf dem Pausenhof.«

Ich gehe achselzuckend, aber glücklich. Ferien, Falleri-Fallera-Faller-Hopsasa!

FERIEN!

Samstag. Ferien. Super, phantastisch! Zu den Dingen, die wir als Erwachsene allzu schnell vergessen, zählt definitiv, wie schön es sich anfühlt, Sommerferien zu haben. Die Kinder sind schon wach. Ich schlurfe in die Küche, mache mir einen Kaffee und lasse mich ausgeschlafen auf die Couch im Wohnzimmer fallen. Mein Blick fällt auf die getrocknete gelbe Rose auf dem Arbeitstisch. Ein Symbol der Freundschaft, vielleicht einer großen Freundschaft, die ich mit der Geschwister-Scholl-Schule geschlossen habe. Mir kommt »Der kleine Prinz« in den Sinn. Exupéry hat von ihm gelernt, die Welt wieder mit Kinderaugen zu sehen. Warum sollte mir das nicht auch gelingen?

Ich hole das Buch aus dem Regal. Seite 93 habe ich mir vor Jahren mit einem Lesezeichen markiert. »Die Zeit, die du für deine Rose verloren hast, sie macht deine Rose so wichtig.« Ich schmunzele. Ja, genauso ist es.

»Mama?«

»Hier im Wohnzimmer, Louisa.« Meine Tochter kuschelt sich neben mich aufs Sofa.

»Was liest du da?«

»Ein Buch über fremde Planeten, meine Prinzessin«, sage ich und denke unwillkürlich an all meine Erlebnisse der letzten Monate. Dann stehe ich auf. »Komm, wir müssen uns anziehen!«

Ich liebe den Juli, und den Sommer allgemein. Louisa, Lucas und ich sitzen auf einer Bank vor dem Einkaufszentrum und warten. Ich habe mich spontan mit Tante Auguste verabredet. Zum Shopping. Lucas ist aus seinen T-Shirts rausgewachsen, Louisa will unbedingt ein Pferdebuch haben, und ich bin auf der Suche nach schicken, aber bequemen Turnschuhen für die Arbeit.

»Deeeeeesi«, die Stimme meiner Tante hallt laut über den ganzen Platz. Auguste rennt im wallenden Blümchenkleid auf mich zu und nimmt uns gleich alle drei gleichzeitig in den Arm. »Schön, dass ihr Zeit für euer Tantchen habt.« Beim Spaziergang durch die Mall erzähle ich Auguste von meinem Abschied von Melitta. »Deine Kollegin hat recht«, sagt sie. »Es geht nicht immer alles den gewünschten Gang. Die Schule des Lebens hat mich gelehrt, dass wir Irrsinn und Wahnsinn nur mit Wahnwitz und einer gehörigen Portion Humor überleben!«

Das Pferdebuch ist schnell gefunden, auch die T-Shirts für Lucas. Die passenden Schuhe auszusuchen erweist sich dagegen als schwieriger, als ich dachte. Ich sitze auf einem Stuhl im Sportfachgeschäft und probiere gerade das fünfte Paar an, diesmal mit rosa Sohle, als ich einen großen, blonden Mann vor der Umkleidekabine in der benachbarten

Fußballabteilung bemerke. Ich mache große Augen. Ist das nicht Max?!

Ich springe auf und nähere mich unsicher. Die brünette Dame mit dem Hammerhintern ist schneller. Mich trifft der Schlag. Hat sie gerade den Arm um ihn gelegt? Ich will mich sofort auf der rosa Sohle umdrehen, aber es ist zu spät. »Hey, Frau Steinbeck!« Max winkt mich zu sich. »Was machst du denn hier?«

»Turnschuhe für die Schule besorgen. Und du?«

»Das neue HSV-Trikot. Sieht gut aus, oder?« Er stellt sich stolz direkt vor mich. Ach ja richtig, Max ist Hamburger. Das hat er mir nach dem Kino erzählt.

»Die Raute am Herzen. Das ist mein Verein!« Mein Herz schlägt schneller. Dieser Fünf-Sterne-Deluxe-Mann! »Darf ich dir meine Schwester Vanessa vorstellen?« Ich strahle erst Max, dann die Brünette mit dem Hammerhintern an. »Freut mich total, Désirée!«

»Vany, freut mich auch«, antwortet sie augenzwinkernd. »Bruderherz, ich bin mal drüben bei den Tennisschlägern.« Ich drehe mich kurz um. Auguste und die Kinder schauen gerade nach Badesachen. Ich nutze die Gunst der Stunde: »Hast du Lust, nächste Woche mal essen zu gehen?«

»Ich würde so gern. Aber Vanessa ist gerade aus Stuttgart angekommen. Nächste Woche fahren wir zusammen zu unseren Eltern hoch nach Hamburg, mal drei Wochen Heimat. Von dort aus geht's dann direkt in die Alpen. 14 Tage Kletterurlaub mit Kumpels. Aber wir holen das nach den Sommerferien nach, versprochen. Ich koche auch!«

Irgendwo in der Mitte Deutschlands will ich vor Glück schreien und sage dann doch nur: »Deal!« wir verabschieden uns. Fröhlich gehe ich zurück zum Turnschuhberg und entscheide mich spontan für die mit der rosa Sohle. »Wer war das, Mama?«, will Louisa wissen. »Ach, niemand, Prinzessin.« Auguste grinst. »Hat dieser Niemand auch einen Namen«, flüstert sie mir an der Kasse grinsend zu. »Max«, sage ich. »Max. Der schönste Sportlehrer der Welt!« Tante Auguste kann ich nicht hinters Licht führen.

Mit der Aussicht, Max bald auf ein Candle-Light-Dinner zu treffen, gehen die immer zu kurzen Sommerferien noch schneller vorüber. Meine dauern ohnehin nur vier Wochen. Kurz vor Beginn des Schuljahrs sitze ich wieder mit Melitta im Sekretariat, um die Ankunft der neuen und alten Schüler vorzubereiten. Als es am Montagmorgen zur ersten Stunde klingelt, bin ich bestens vorbereitet - und auf Sneakers unterwegs.

DER ERSTE SCHULTAG

In den letzten beiden Wochen habe ich die Geschwister-Scholl-Schule von einer völlig anderen Seite kennengelernt. Einer ruhigeren. Zumindest zeitweise. Denn die Ruhe vor dem Sturm hatten wir selbst während der unterrichtsfreien Zeit nicht. Seit vergangenem Mittwoch wirbelt die Fricke-Zicke wieder ohne Unterlass durch unser Sekretariat. Mit immer neuen Aufgaben: Klassenlisten ausdrucken, Raumpläne aktualisieren, Stundenpläne überprüfen.

So waren wir heilfroh, als die Schüler zurück ins Gebäude strömten. Zumindest für eine Stunde. Tatsächlich hat es noch nicht acht geschlagen, als die ersten Problemfälle eingelaufen sind. Der dicke Tobias aus der Profilklasse Musik in Jahrgangsstufe sechs will im Klassenorchester nicht länger die Tuba spielen. Schließlich habe der Tobias im letzten Jahr rund 20 Kilo abgenommen, so seine Mutter. Da passe die Tuba nicht mehr ins Bild.

Berit aus der Elften will unbedingt den Deutschkurs wechseln, weil sie es mit den »asozialen Freaks« keinen weiteren Tag mehr aushalte. Außerdem soll Kübra aus der Zehnten vom Schwimmunterricht befreit werden, »weil Tochter nix im Bikini mit junge Männer im Wasser«, wie ihr Vater schreibt.

Angesichts der vielen Ich-will-dies-nichts und Ich-kann-das-nichts möchte ich bereits um neun Uhr wahnsinnig werden. Doppelt belegte Kunsträume, verirrte Viertklässler und verschollene Beamer - ein Albtraum! »Tja, liebe Désirée, bis im neuen Schuljahr wirklich alles und jeder an seinem Platz ist, kann viel Zeit vergehen«, sagt Melitta. »Denkst du bitte dran, dass morgen die neuen fünften Klassen kommen? Wir müssen später noch die Cafeteria für ihre Eltern eindecken.«

»Ja, ja«, antworte ich, »ist notiert«. Ich habe kapiert: Schuljahresbeginn ist gleich scheiß viel Arbeit. »Müssen wir bei den Einschulungen an der Grundschule kommende Woche auch eindecken?«, frage ich genervt. »Müssen wir wohl, fürchte ich«, sagt Melitta.

Acht Tage später ist auch diese Aufgabe vollbracht. Vom Fenster aus habe ich den Einzug der ABC-Schützen mit übergroßen Ranzen und riesigen Zuckertüten auf den Schulhof aufmerksam beobachtet - und dabei angefangen, einen Teil meines Weltbilds nach kritischer Prüfung zu bestätigen: Die Damenwelt U 10 teilt sich in Pferdemädchen und

Katzenkinder. Die Pferdemädchen gehen reiten, lesen die »Wendy« und spielen auf der Straße Seilspringen. Sie tragen rosafarbene Haarspangen, Jeans und Stiefel mit schicken Gamaschen. Später werden sie Anwältinnen und/oder Kunstmäzenen, bzw. Kunstmäzenninen.

Die Katzenkinder reiten ganz schnell ganz andere Dinge, können schlecht lesen und spucken auf die Straße. Sie tragen pinkfarbene Hello-Kitty-Trainingsanzüge oder Miniröcke plus Strumpfhose mit Laufmaschen und halten Gamaschen für etwas zum Naschen. Bevor sie wenig später verfrüht schwanger werden, verlangen sie an meiner Theke regelmäßig Tampons.

Lange habe ich nicht Zeit, über das Glück der Erde nachzudenken, dass die Ursulinen-Mädchen vom Rücken ihrer Pferde mit in die Nachbarschule bringen. Es ist ein Dienstag, der sich wie ein Montag anfühlt. Mein erster Einschulungstag als Sekretärin also. Ich bin gespannt, ob die Neuen aus nächster Nähe genauso schlimm aussehen, wie es ihre Namen vermuten lassen.

Der Weg führt mich zur Turnhalle, wo die Einteilung der Kinder in Klassen bereits läuft. Unterwegs gehe ich die Klassenlisten noch einmal durch, die ich mir aus Spaß ausgedruckt habe. Einfach zum Realitätsabgleich – und die lässt Schlimmes ahnen:

Rihanna Renner und Shakira Galkowski werden heute eingeschult. Warum auch nicht? Irgendwann mussten sie ja an den Schulen landen. Die Shakiras und Rihannas. Warum nicht auch an unserer? Diese beiden Mädchen sind sechs Jahre alt und werden ab sofort die 1a bei Frau Bauer-Seelen und Lehrer Paul Eisert besuchen. Paul – ein wohlklingend klassischer Name.

»Rihanna und Shakira haben bereits zusammen gesungen, bevor die echte Rihanna und die echte Shakira ihr Duett aufgenommen haben«, höre ich Shakiras Mutter stolz berichten. Gemeinsam mit Rihannas Mutter, weniger blondiert, dafür umso auffälliger geschminkt, steht Frau Galkowski rauchend vor der Turnhalle, wo Hildebrandt-Fricke seit etwa zwanzig Minuten die Einschulung leitet.

Heimlich auf dem Schulhof rauchen. Zeitloser Klassiker. Während ich Shakiras Mutter bereits vom Eignungstest kenne, sehe ich Rihannas Mutter zum ersten Mal. Ich erkenne sie am Hello-Kitty-Regenmantel, der das Bild der Tochter komplettiert. Die hat neben der Hello-Kitty-Schultüte noch Hello-Kitty-Gummistiefel und einen Hello-Kitty-Schulranzen dabei. Pretty in pink!

Der Apfel fällt eben doch nicht weit vom Stamm. Ich muss an Louisa denken, die gerade mal ein paar Monate älter ist und Pferdebücher liebt. Warum habe ich meine Tochter nicht einfach Britney genannt? Oder Beyoncé? Oder besser: Britney-Beyoncé?

Vielleicht ist das einfach der Generationenkonflikt. Unsere Töchter mögen gleich alt sein - aber ich bin einfach zehn Jahre älter als die Ex-Teenager-Mütter des Pop-Prinzessinnen-Duos hier.

»Candys-Hope, kommst du bitte nach vorn«, höre ich die Hildebrandt-Fricke durchs Mikrofon rufen. »Damit wäre auch die 1b komplett!« Komplett verstört gehe ich, Désirée Steinbeck, ins Sekretariat zurück. Meine Eltern müssen Spießer gewesen sein. Oder war Désirée Nosbusch damals auch so angesagt wie Rihanna und Shakira heute?

Am Mittwochmorgen ist dann eine große Überraschung angesagt. Der neue Kühlschrank ist da. Also fast. Melitta traut ihren Ohren nicht. »Der Ersatzkühlschrank wird in zwei Wochen geliefert«, fasst sie mir das Telefonat mit Herrn Eilers zusammen. Ach, ja. Den Kühlschrank habe ich in den letzten Monaten fast vergessen. Nicht allerdings den Dienstweg. Zwei Wochen und drei Tage später bietet sich uns ein inzwischen altbekanntes Bild: Marc und Eilers hieven den neuen Koloss ins Lehrerzimmer.

Schließlich verladen sie die nun alte neue Maschine mit dem defekten Eisfach auf Eilers Anhänger. Halleluja, denke ich. Damit wäre mein bisher längstes Projekt an der Geschwister-Scholl-Schule geschafft: der Kühlschranktausch. Ich öffne mein Mail-Programm.

»Sehr geehrte Frau Dasche-Sandner, der defekte Kühlschrank ist ausgetauscht.« Ohne Smiley. Da fällt mir ein: Die ADS ist krank. Ich benachrichtige die Rektorin also selbst. »Fast vier Monate haben Sie für den Austausch des Kühlschranks gebraucht«, fasst die Fricke-Zicke zusammen. »In dieser Zeit kriegen andere Frauen fast schon ein Kind, hören Sie, Frau Steinbeck. Ein Kind, wenn auch eine Frühgeburt.«

Missgeburt! Mein Hass war nie größer. Diese Ungerechtigkeit stinkt wie der Schimmel im alten Kühlschrank. Ich ignoriere sie und gehe noch einmal runter ins Lehrerzimmer, lege André eine Eiswürfel-Memo ins Fach und hänge eine Post-it an die Tür des neusten neuen Kühlschranks: »Lebensmittel bitte vor Schimmelbefall entsorgen, wir sind hier ja nicht im Kindergarten!« Ohne Smiley.

Das Abendessen mit Max rettet mir die zweite Schulwoche. »Baby, es gibt Reis«, begrüßt er mich. Das Sushi ist himmlisch, und ich im siebten Himmel. Fortan treffen wir uns regelmäßig. Bis der August vorüber ist, habe ich Cremes,

Schminke und Parfüm in seinem Bad stehen – und ein Nachthemd in seinen Schrank gehängt.

MIT WEHENDEM NACHTHEMD

Konrektor Hornschuch sagt immer, dass es ihm völlig schleierhaft sei, wie wir den Stress und die Dauerbeschallung im Sekretariat überhaupt aushalten. Immer, wenn Henriette Hildebrandt-Fricke außer Haus ist, bietet er uns wohlwollend an, die Tür wenigstens für zwei Stunden zu schließen. Stets lehnen wir dankend ab. »Wir sind serviceorientiert«, betont Melitta gern.

Pech, dass Melitta heute Vormittag einen Termin beim Schulamt hat. Pech für mich. Es soll ein Vormittag mit Seltenheitswert werden. Der Vormittag, an dem ich mir wirklich wünsche, dass Henriette Hildebrandt-Fricke im Nebenzimmer sitzt – und nicht auf der Rektorenkonferenz bei den Ursulinen; der Vormittag, an dem das Sekretariat tatsächlich für eine Stunde geschlossen bleiben muss.

»Gleich wieder da!« Ich nehme das in Eile bekritzelte Post-it von der Tür. Zuletzt bin ich an Louisas sechstem Geburtstag derart ins Schwitzen gekommen. Erschöpft lasse ich mich in den Schreibtischstuhl fallen und schaue das Foto an, das links hinter meinem Telefon steht. Lucas und Louisa während unseres letzten Urlaubs vor zwei Jahren an der Nordsee. Ich lächele glücklich. Kinder können ein Segen sein.

Der Tag hat weniger gesegnet begonnen. Während sich der Raum langsam wieder mit Schülern, Lehrern und Menschen, die ich noch nie gesehen habe, füllt, lasse ich ihn noch einmal Revue passieren. Schulbescheinigungen fülle ich ohnehin schon im Schlaf aus. Und die Lehrer, das hat mich die Zeit an der Schule gelehrt, fragen sowieso nie, sondern bedienen sich einfach.

»Ich hab mir mal 'nen Edding mitgenommen, notierst du das?«

»Jaja.«

»Ist rote Kreide da?«

»Ganz hinten links, ja.«

»Desi, hast du zufällig ein Tampon dabei?«

Mein Blick wandert nach oben. Carina. »Ja, habe ich. Aber bevor du wieder weg bist, muss ich dir was erzählen. Du hast keine Ahnung, was hier heute Morgen abging!« Zuerst ging das Telefon:

»Alempijević.«

»Wer?«

Merke: Ohne Melitta macht »Wer bin ich – Ohne Zettel« immer nur halb so viel Spaß. Und es scheint angesichts des Genuschels, das durch den Hörer an meine Ohrmuschel gelangt, fast unlösbar.

»Alempijević. Baby. Schnell. Mein Sohn Taxi nach Hause. Jetzt!«

»Noch einmal langsam, bitte«, sage ich. »Wie schreibt sich das? Und ich soll Ihren Sohn mit dem Taxi nach Hause schicken, ja?«

»Ja!«

»Wie heißt Ihr Sohn denn?«

»Vecoslav.«

»Was?«

»Vecoslav.«

»Ach ... In welcher Klasse ist er denn?«

»Weiß nicht.«

»Wer ist denn der Klassenlehrer?«

»Krebs.«

»Und warum soll Ihr Sohn noch mal mit dem Taxi heimfahren?«

»Baby. Ich allein und bekommen Baby!«

»Okay ... Okay!«

Ich notiere die Adresse und lege auf. Wo ist die Rektorin, wenn man EINMAL ihren Rat braucht? Viel Zeit zum Überlegen bleibt nicht. Ich ordne die aktuelle Runde »Wer bin ich – ohne Zettel« schnell noch einmal in meinem Kopf und eile Richtung dritter Stock. Unterwegs ordere ich das Taxi von meinem Privathandy.

Zusammengefasst: Vecoslav Alempijević aus der Klasse von Herrn Krebs, es handelt sich damit definitiv um die 3c, soll sofort mit dem Taxi nach Hause kommen. Seine Mutter liegt in den Wehen und ist allein. Sie möchte dann mit dem Wagen weiterfahren. In die Klinik. Das Taxi dürfte in fünf Minuten hier sein. Der Taxifahrer hat extra noch einen Kindersitz besorgt. Hoffentlich ist die 3c auch in ihrem Klassenraum, nicht in der Sporthalle oder in den Kunsträumen.

Ohne zu klopfen, stürme ich in den Klassenraum. »Hallo, Herr Krebs. Vecoslav muss sofort nach Hause!« Dann wende ich mich an den Jungen, der mich verunsichert anschaut. »Deine Mama kriegt ihr Baby, und du sollst sie ins Krankenhaus begleiten!«

In der 3c bricht Jubel aus. Ich schnappe mir den Kleinen und eile ins Erdgeschoss. In Etage zwei bleibe ich stehen. »Ich kann dich nicht allein in ein Taxi setzen«, überlege ich laut. Vor dem Schultor hupt der Wagen bereits. Ich hüpfe schnell noch einmal ins Sekretariat. »Gleich wieder da«, schreibe ich auf besagtes Post-it, klebe es an die Tür, schließe diese ab und renne mit dem Jungen im Schlepptau die Treppe runter. »Das Baby, die Mama kriegt ihr Baby! Freust du dich?«

Sekretärinnen müssen sich manchmal sofort entscheiden. Gelegentlich auch gegen gängige Dienstwege. Aber was wäre hier der richtige Dienstweg? »Eiffestraße 14«, rufe ich dem Fahrer zu. Erst unterwegs wird mir klar, dass niemand an der Schule weiß, wo ich bin. 17 Minuten später an der Eiffestraße 14 – ich traue meinen Augen nicht. Frau Alempijević liegt gar nicht in den Wehen. Sie steht in den Wehen – in wehendem Nachthemd auf der Straße!

Sekretärin in neuen Turnschuhen raus, Hochschwangere in Pantoffeln rein. »Und was ist mit Ihnen?«, fragt der Fahrer. »Ich nehme den Bus zurück«, sage ich und winke Frau Alempijević aufmunternd zu. Dann ist der Wagen auch schon um die Ecke. Ich laufe zurück zur Schule und bin heute wirklich dankbar für die flachen rosa Sohlen. Endlich durchatmen.

WIR SIND OP

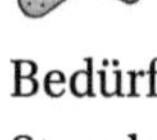

Yabadabbado! Die Schule steht noch. Einziges Ärgernis: Vor der Sekretariatstür stehen sich die Bedürftigen die Beine in den Bauch. Ich war knapp eine Stunde unterwegs. Müsste Melitta nicht längst von ihrem Termin beim Schulamt zurück sein? »Gut, dass Sie wieder da sind«, begrüßt mich dagegen Hildebrandt-Fricke – unerwartet freundlich. »Frau Maggi musste mit einer Schülerin schnell in die chirurgische Praxis in der Steinstraße. Sie kümmern sich hier, bitte. Das ständige Klopfen an die Sekretariatstür macht mich wahnsinnig.«

Da klingelt das Telefon. »Hallo, ich bin's!« Diesmal weiß ich sofort wer dran ist. Bevor ich antworten kann, wird die »Wer bin ich«-Frage auch schon geklärt: »Es ist ein Mädchen!«

Mir wird ganz warm ums Herz, und beschwingt widme ich mich die nächsten zwei Stunden wieder der Basisarbeit: Schulbescheinigungen für Scheinkranke und Dauerschwänzer, verschwundenen Zeugnissen, beziehungsweise deren Neubeschaffung und der Beschaffungskriminalität. Dorian aus der Zwölf hat es mal wieder geschafft, sich mit zwei Tüten Gras erwischen zu lassen – üblicher Routinebesuch der Polizei. Verbesserung unwahrscheinlich. Dazu noch vier rauchende Siebtklässler. Raucherbriefe an die Eltern. Taschengeldentzug wahrscheinlich.

Die Tür geht auf. »Wahrscheinlich wirst du nie drauf kommen, was ich gerade gemacht habe«, sagt Melitta genervt. »Du warst mit einer Schülerin beim Arzt?«, kontere ich gekonnt gelangweilt und will gerade meine Dr.-Daniel-Düpre-Geschichte wieder rausholen, als Melitta aufgeregt zu einem Redeschwall ausholt. »Unmöglich, dieser Dr. List. Einfach unmöglich. Und heute war wirklich der Gipfel, Desi. Der Gipfel! Sei froh, dass du noch nicht näher mit ihm zu tun hattest.«

Bin ich! Dr. Manfred List kenne ich vor allem aus Erzählungen von Melitta und den Lehrern. Er ist niedergelassener Arzt und betreibt eine chirurgische Praxis unweit der Geschwister-Scholl-Schule. Über die Jahre hat er unendlich viele Schüler mit Platzwunden genäht – und mindestens genauso viele Arzthelferinnen vergrault. »Weil er ein arroganter, schmieriger Sack ist. Ein Arschloch, das dir gern mal auf den Hintern klopft«, stellt Melitta kopfschüttelnd fest. »Halt dich fest: Ich musste ihm heute assistieren!«

»Wie bitte?«

»Genau das habe ich auch gedacht! Irgendwie hat er es geschafft, auch noch seine letzte Helferin in die Flucht zu schlagen. Also bat er mich, ihn zu unterstützen. Bei der Behandlung von Meltems Wunde!«

Ich wundere mich: »Du hast quasi im OP assistiert?«

»Richtig! Nadelhalter anreichen, Faden anreichen, Faden kürzen. Kannst du dir das vorstellen? Darf ich das überhaupt?«

»Hauptsache, Meltem geht es gut. Was hat sie denn?«

»Ach, sie ist beim Fangenspielen hingefallen – und zwar voll auf den Kopf. Platzwunde plus Gehirnerschütterung.«

»Und er hat dich einfach mitoperieren lassen?«

»Lassen ist gut … Ich musste. Dabei kann ich nicht einmal hinsehen, wenn sich jemand die Kontaktlinsen wechselt.«

Ich lache. »Sie hat bei jedem Stich gequietscht, und ich habe mitgelitten. Horror! Vor allem, weil ich diesem Typ nie näher kommen wollte als auf zwei Meter. Der stinkt immer nach Knoblauch. Außerdem ist er ein Sexist. Kein Wunder, dass dem die Damen weglaufen. Desi, wir sind nicht nur die Heilsarmee, wir sind jetzt auch OP!«

Da soll noch einmal einer sagen, Schule vermittele keine breite Bildung. Langsam verstehe ich wirklich, was Melitta meint, wenn sie sagt, dass unser Job jeden Tag ihren Horizont erweitere. Mal sehen, was da noch so kommt. Hildebrandt-Fricke kommt am späten Vormittag zurück. »Frau Steinbeck, wie oft habe ich Ihnen eigentlich schon gesagt, dass Sie täglich nach dem Kühlschrank im Lehrerzimmer schauen sollen? Als ich gerade einen Joghurt reinstellen wollte, ist mir lauter verschimmeltes Gemüse entgegengefallen.«

SCHIMMEL

Ich mache mich auf den Weg ins Lehrerzimmer. Deshalb ist sie heute Morgen so ausgerastet? Ich lasse meinen Arbeitstag nach dem Kindersegen noch einmal Revue passieren: Ein verschimmelter Apfel wäre mein geringstes Problem gewesen. Ich habe mich zwischendurch in den eklig schimmligen Aktenräumen im Kellergeschoss herumgetrieben, wo wir die Zeugnisse der Schüler aufbewahren. Streng nach Vorschrift 40 Jahre lang.

Zumeist wollen Ehemalige, die ihr Zeugnis verloren, oder nennen wir es besser: »verschlampt«, haben, die Kopie möglichst sofort. In diesen Momenten zeigt sich dann, ob Kolleginnen und Vorgängerinnen ordentlich oder schlampig waren. Melitta ist eine Ordentliche.

Den Ordner mit den Abschlusszeugnissen aus dem Schuljahr 1987/88 habe ich trotzdem nicht im Regal gefunden, wo er hingehört. Nach langem Stöbern zwischen Spinnweben und Staub fiel er mir auf der anderen Seite des Archivs in die Arme. Das Abitur-Zeugnis von Stefanie Deutz, die im fortgeschrittenen Alter nochmals eine Ausbildung zur Heilerziehungspflegerin machen möchte, lag schon fünf Minuten später auf dem Kopierer. Jeder hat eine zweite Chance verdient.

Jetzt betrete ich das Lehrerzimmer mit der leisen Ahnung, dass die Säuberung des neuen Kühlschranks länger als fünf Minuten in Anspruch nehmen wird. Allein beim Gedanken an die Fächer unter dem Gefrierfach wird mir leicht übel.

»Echt übel mit den Schalinskis«, begrüßt mich Carina, die offensichtlich gerade mit Dirk-Keanu Schalinskis Mutter telefoniert hat. »Diesmal war sie der Meinung, mir erzählen zu müssen, dass die Familienkatze gestorben sei. Und deshalb lässt sie den Jungen die halbe Woche aus der Schule. Ich muss mir da unbedingt was einfallen lassen.«

Carina gehört zu der Sorte Lehrerin, die wie eine Löwenmutter für jedes ihrer Kids kämpft. Egal, wie schwierig ihre Klassen auch sein mögen. Dirk-Keanu hat sie speziell ins Herz geschlossen. »Er ist wirklich begabt und kommt ganz gut im Unterricht mit. Am Ende wird er die Schule trotzdem ohne Abschluss verlassen, glaube ich. Nicht, weil er nicht lernen will, sondern weil seine Mutter ihn nicht unterstützen will oder kann.«

Carina seufzt. »Ich glaube, so langsam sollte ich da die Behörden einschalten. Und wenn nur, um wenigstens zu erreichen, dass sie ihrem Sohn mal Salbe gegen seine ständigen Hautausschläge kauft, anstatt alles Geld zu versaufen.« Dann schaltet sie um: »Wie läuft es denn mit Max?« Ich kräusele die Lippen. »Frag nicht. Er ist seit Montag mit einer Zehnten auf Klassenfahrt – und ich vermisse ihn. Allerdings bin ich mir gerade nicht so sicher, ob er mich auch vermisst. Auf SMS antwortet er auf jeden Fall nicht. Mal wieder.«

»Mit der 10a?«

»Ja, ich meine.«

»Das ist die Klasse von Liane. Na, dass das Blondchen einen starken Mann auf Klassenfahrt braucht, war klar!«

»Ach, Lianes Klasse? Na klasse! Hat er gar nicht erwähnt. Ist sie in der Abi-Zeitung nach Tatjana nicht zur zweitschönsten Lehrerin gewählt worden?«

Ich rolle die Augen und laufe Richtung Küchenecke, um einen Müllsack und einen Lappen zu holen, damit ich den Kühlschrank ausräumen und putzen kann. »Liane Wertmüller also«, zische ich, während ich den Putzlappen über dem Waschbecken extra langsam und fest auswringe. Dann zwinge ich mich, nicht aus Eifersucht auszurasten, suche mir Küchen- und Handtücher zusammen und widme mich dem Kühlschrank.

Die schlechte Nachricht: Er ist tatsächlich voller abgelaufener und abgeranzter Lebensmittel. Die gute ist, dass die Täter sich leicht identifizieren lassen. Für Angestellten-Kühlschränke in Schulen gelten zwei Dinge. Erstens: Es wird weit bis über die Schamgrenze hinaus geklaut. Zweitens: Es wird weit bis über die Schimmelgrenze hinaus gehortet.

Daraus ergeben sich folgende Phänomene: Gute Lebensmittel sind am nächsten Tag aus unerklärlichen Gründen verschwunden, schlechte Lebensmittel bleiben dafür bis zum Sankt Nimmerleinstag liegen – beziehungsweise bis ich oder Melitta mit Lappen und Mülltüten anrücken. Der Großteil der Lebensmittel ist zumeist in irgendeiner Form beschriftet oder etikettiert – um den diebischen Kollegen zumindest einen kleinen Riegel vor die spontane Lust auf Salatdressing, Joghurt oder Cola zu schieben.

»Bananen von Herrn Weinberg«, murmele ich, während ich die luftdicht verschlossene Tüte mit braunmatschigem

Inhalt naserümpfend in meinen Müllsack verfrachte. Die abgelaufenen Natur-Quarkpäckchen gehören Referendarin Josephine, ein verschrumpelter Apfel liegt gleich daneben. Rechts vertrocknete Stullen von Herrn Lindemann. Im Fach darunter ein Halbfett-Joghurt mit Erdbeere. Ablaufdatum erst in zwei Wochen. Auf einem kleinen Zettel, der mit Klebeband auf den Deckel gepappt ist, steht in großen Buchstaben »Lilly«. Das meint Liane. Ich rolle mit den Augen. Zwar ist ihr Snack noch nicht angelaufen, dafür die längste Zeit dieses Früchtchens mit Max auf Klassenfahrt. Übermorgen sollten sie gegen 17 Uhr wieder an der Schule ankommen.

Inzwischen bin ich beim Gemüsefach ganz unten links angekommen, das im Sekretariat auch als »Fach des Grauens« bekannt ist. Denn hier landen immer wieder Gurken, Möhren, Tomaten und andere Gemüsearten, die es dann doch nicht in den Mittagspausensalat schaffen. Ich schaffe es gerade so, das Fach mit zugehaltener Nase aus dem Kühlschrank zu ziehen und komplett in meinen schwarzen Sack auszuschütten. Schnell zurück in die Küchenecke, heißes Wasser und Spülmittel reinschütten und den Dreck aufweichen lassen.

Derweil prüfe ich das oberste und gleichzeitig wichtigste Fach des Kühlschranks: das Eisfach.

Neben den Reservefächern in der Cafeteria das Epizentrum unserer Coolpack-Produktion. Obwohl wir endlich den neuen Kühlschrank haben, fiel letzte Woche die Entscheidung, die hauseigene Eiswürfelproduktion einzustampfen und weiter auf die Coolpacks aus dem sanitären Handel zu setzen. Allein, um der gestiegenen Nachfrage Rechnung zu tragen.

An durchschnittlichen Tagen verteilen wir gern mal zehn bis zwanzig Coolpacks an Kinder, die sich irgendwo gestoßen haben, und Jugendliche, die einfach einen Grund suchen, mit simulierten Prellungen den Raum zu verlassen. Nach zwei Tagen und einer durchschnittlichen Rücklaufquote von weniger als 30 Prozent haben wir aber überlegt, die neuen, schicken Coolpacks wieder gegen die handgemachte Variante aus Eiswürfeln und Gefrierbeuteln umzutauschen. Weil das einfach uncooler aussieht. Und welcher Teenager möchte schon uncool aussehen?!

Besserung durch die Rückbesinnung auf archaische Kühlungsmethoden halte ich übrigens für wenig aussichtsreich. Denn das Bedürfnis der Schüler, einer Unterrichtsstunde so kurz wie nur irgendwie möglich beiwohnen zu müssen, überwiegt doch immer. Immerhin ist der Coolpack-Bestand heute noch recht akzeptabel.

Apropos Arzthelferin Melitta: Ob sie seit heute Morgen vielleicht auch ein Skalpell aus Dr. Lists Praxis in ihrer Tasche mit sich trägt? Ich hätte gern eins, um die Verbindungsstellen abzukratzen, die verrottetes Gemüse mit dem Gemüsefach aufgebaut hat. Wahrscheinlich über mehrere Wochen.

Skalpelle muss ich nicht lange suchen. Die gibt's einen Stock tiefer in den Biologieräumen, wo Herr Lindemann mit den Mittelstufenklassen regelmäßig Ochsenaugen und Schweinsohren seziert. Also runter in den ersten Stock. Lindemann steht in einem der Laborräume und bereitet die nächste Stunde vor. Ich verkneife mir, ihm für seine vergammelten Stullen die Lehrerohren langzuziehen und lasse mir einfach das Skalpell geben.

»Operierst du jetzt auch noch«, fragt er zwinkernd.

»Ach, nur am offenen Herzen. Am offenen Herzen dieser Schule.« Zwanzig Minuten später ist das Fach wieder sauber und wird fein säuberlich unten links im Kühlschrank eingeschoben. Das Skalpell geht gleich wieder einen Stock nach unten. Nicht, bevor ich Lianes Joghurt im oberen Fach einen kleinen, kaum sichtbaren Stich verpasst habe. Tür zu. Missionen erledigt.

HAND IN HAND

Krise abgewendet. Die nächste lässt nicht lang auf sich warten. »Das kann doch nicht wahr sein!«, rufe ich wie aus der Pistole geschossen, als die Kunde der verstopften Toiletten zu mir vordringt. »Was ist denn los heute?«

Der Tatort befindet sich im Nebenbau. Als ich ankomme, ist Marc bereits dabei, die Sauerei zu beseitigen. »Was machen die bloß?«, murmele ich und verteile trockene Klopapierrollen in den Kabinen.

»Na, die Abflüsse mit Klopapier verstopfen«, antwortet Marc entspannt. »Habt ihr das früher nicht gemacht?«

Ich überlege. »Nein, du etwa?«

Marc lacht. »Weißt du was? Wir brauchen hier eine Klofrau!«

In den letzten Monaten ist Marc einer meiner engsten Vertrauten an der Schule geworden. Wie es sein sollte, arbeiten wir quasi Hand in Hand. Er holt das nasse Klopapier aus der Kabine, ich trage das frische rein. Er greift in die Schüsseln, ich trockne ihm die Hände ab.

»Hand aufs Herz, Desi: Hast du wenigstens früher heimlich in der Schultoilette geraucht?« Marc winkt mich grinsend in die letzte Kabine links. Ich folge kichernd. Tür zu.

»Willste ’ne Kippe?«

Ich denke kurz nach. »Nein, sonst kriege ich noch einen Raucherbrief nach Hause.«

»Richtige Entscheidung. Darauf steht nämlich die Höchststrafe: Raucherbrief und Schulhofdienst am Freitagnachmittag! Drill vom Feinsten!«

Wir kichern. »Schau mal, hier sieht es sowieso schon aus wie im Knast.«

Ich blicke mich um. Die vollgekritzelte Tür, die alten Fliesen auf der Fensterseite. Mein Blick wandert über das dicke, milchige Glas Richtung Decke. »Das Gitter zur Nachbarkabine ist mir nie aufgefallen«, stelle ich fest.

»Und weißt du, warum es da ist?«

»Damit niemand von der einen Kabine in die andere klettern kann?«

»Vor allem, damit die Kids kein Klopapier von einer in die andere Kabine werfen können.« Ich habe verstanden. Das eigentlich große Thema sind gar nicht die Verstopfungen. Es ist das verflixte Klopapier. Bei der nächsten Bestellung beschließe ich also, das Problem im Kern anzugehen.

»Meinst du nicht, dass sie die Toiletten nicht mehr verstopfen würden, wenn die Hello-Kitty-Katze und Superhelden auf dem Klopapier sind?«, frage ich Melitta und klicke mich online durch die Angebote diverser Großhandelszentren.

»Definitiv: Nein!« Ihre Antwort fällt kurz und knapp aus. »Außerdem kennst du die goldene Regel.« Sie räuspert sich. »Wir müssen sparen, Frau Steinbeck, hören Sie, SPAREN!«

Ich erkenne die Rektorin in Melitta. »Billig ist uns recht – und billig!«

»Okay, dann doch wieder das kratzende Naturpapier?«

»Natürlich, Frau Steinbeck. NATÜRLICH! Was haben Sie denn gedacht?«, beendet Melitta ihre Parodie.

O SCHRECK, O SCHRECK, DAS KIND IST WEG

Ein Montag wie jeder andere: problematisch! Projekttag der vierten Klassen zum Thema Geschichte bedeutet nämlich, fünf vierte Klassen auf zehn Gruppen aufzuteilen, die sich mit der Stadtgeschichte befassen. Ein Problem, das vor allem die Lehrer haben. Ich stehe dagegen vor der Herausforderung, den Überblick zu behalten, welcher Schüler mit welchem Lehrer gerade wo ist. Nur für den Fall eines Notfalls, der natürlich eintritt.

»Hat sich Tamara Fährmann aus der 4a krankgemeldet?« Lehrerin Anna Tiberius steht mit der Liste ihrer Projektteilnehmer vor mir.

»Nicht, dass ich wüsste. Aber es ist doch auch erst Viertel nach acht. Vielleicht hat sie getrödelt.«

»Falls sie noch auftaucht, wir sind im Raum der 4c und basteln historischen Römerschmuck.«

Irritiert schaue ich auf meine Liste. »Ich dachte ihr seid im Kunstraum K1?«

»Ich habe den Raum spontan mit André getauscht. Wir brauchen nicht so viel Platz. Er kann sein Riesenmosaik aber im Kunstraum viel unkomplizierter aufbauen.«

»Gut zu wissen«, aktualisiere ich die Liste mit der Raumverteilung und schließe dann mit demonstrativ deutlichem Unterton: »Nur für den Fall eines Notfalls.«

Der Notfall ist quasi eine halbe Stunde später eingetreten. Denn Tamara ist immer noch nicht eingetroffen. Melitta und ich teilen uns die Spurensicherung auf. Ich laufe streng nach Liste die anderen fünf Projektkurse in der Schule ab, Melitta telefoniert den Lehrern hinterher, die mit ihren Gruppen auf Exkursion sind.

Fünfzehn Minuten später komme ich atemlos und kopfschüttelnd ins Sekretariat zurück. Auch Melitta hat keine guten Neuigkeiten: »Herr Kern im historischen Museum, Fehlanzeige. Frau Wentzel an der keltischen Ausgrabungsstätte am Klosterberg, nichts. Herr Lorenz an den Limes-Resten im Stadtwald, nada. Auch an Frau Daus' Gruppe, die gerade an einer Altstadtführung teilnimmt, hat sich Tamara nicht versehentlich drangehängt.«

Der nächste Anruf gilt Tamaras Vater. »Sie geht montags um zwanzig vor acht zur Schule«, überlegt er besorgt. »Ich kann gerade nicht aus dem Büro weg. Ich werde ihre Oma bitten, schnell rüberzugehen, um zu schauen, ob sie nicht zu Hause geblieben ist.« Vorsichtshalber benachrichtige ich die Polizei, die mich allerdings nicht wirklich ernst nehmen will. Dann setze ich zusätzlich eine Durchsage ab: »Tamara Fährmann aus der 4a, bitte ins Sekretariat kommen.« Nichts. Dafür klingelt nur fünf Minuten später das Telefon.

»Nicht da!«

»Wie bitte?«

»Das Bett ist leer!«

»Wer ist da, bitte?«

»Fiona Fährmann.«

»Ach, Sie sind die Großmutter von Tamara.«

»Ja. Und Tamara ist nicht in ihrem Bett.«

Fiona Fährmann und ich teilen uns den nächsten Arbeitsschritt. Sie informiert ihren Sohn und ihre Schwiegertochter, ich alarmiere noch einmal die Polizei. Vierzig Minuten später steht Herr Fährmann kreidebleich im Sekretariat, weitere fünf Minuten später auch die Polizei. Mit Tamara.

»Tamara, zum Glück ist dir nichts passiert! Wo warst du?«, ruft Herr Fährmann, dem ein großer Stein vom Herzen fällt.

»Im Bett.«

Mir fällt die Kinnlade runter. »Aber deine Oma sagte doch, dass dein Bett ...«

»Leer ist?«, fällt mir jetzt der Polizist mit demonstrativ deutlichem Unterton ins Wort. »Sie hat heute Morgen wohl das Zimmer gewechselt und sich in Ihr Ehebett gekuschelt, Herr Fährmann.« Tamara nickt.

»Himmel, das ist doch ein erfreuliches Suchergebnis«, versuche ich die Blamage vor der Polizei herunterzuspielen. Mal wieder ein Fehlalarm. »Bei denen sind wir bestimmt schon als die hysterischen Hühner aus der Geschwister-Scholl-Schule bekannt«, sage ich später zu Melitta.

»Ach, damit müssen die klarkommen«, beruhigt mich die Kollegin. »Was sollen wir denn machen? Wir müssen uns melden, sobald ein Kind nicht zur Schule kommt. Irgendwann ist es mal ernst ...«

Sie hat schon recht. Was sollen wir machen? Irgendjemand muss sich ja um die Kinder sorgen. Beziehungsweise sie ernst nehmen. Wenn weinende Drittklässler einen Mörder vor der Schule mutmaßen, muss ich diese Info weitergeben. Und handelt es sich am Ende um ein Hirngespinst, ist mir das lieber als ein Horrorszenario. Zugegeben, Tamara war nicht der einzige Fehlalarm des letzten Monats.

SUCH MICH!

Dejan ist weg. Weggelaufen. Irgendwann während der zweiten Stunde, die er auf dem Flur verbringen sollte, damit er nicht weiter den Unterricht stört. »Er hat mir mal wieder keine andere Wahl gelassen«, stöhnt Carina sichtlich nervös. Nach einem Wurf mit dem Schwamm und zwei, drei, vier Beleidigungen in ihre Richtung, habe sie den Rüpel heute bereits nach zehn Minuten gebeten, sich auf die Bank gegenüber des Musikraums zu setzen und nachzudenken, wie sie später berichten wird.

Dann ist etwas denkbar Unglückliches passiert. »Als ich wenig später zu ihm rausgehen wollte, um zu fragen, ob er sich wieder benehmen und am Unterricht teilnehmen möchte, war er verschwunden. Undenkbar, wenn ihm was passiert!« Nach einer erfolglosen Suchdurchsage, angestrengtem Suchen im ganzen Schulgebäude und der schlechten Nachricht, dass er sich nicht bei seiner Mutter gemeldet habe, schalten wir notgedrungen die Polizei ein.

»Dejan geht in die sechste Klasse, ist etwa 1,60 m groß, hat braune, kurze Haare, heute eine blaue Jeans, ein gelbes T-Shirt und weiße Turnschuhe an. Wir schicken Ihnen gleich ein Klassenfoto per E-Mail.« Ich bin genervt. »Immer dieser Dejan«, stöhne ich. »Hoffentlich kommt niemand auf die Idee, ihn demnächst bei uns Strafe sitzen zu lassen.«

Carina ist wieder in ihrer Klasse, Hausmeister Lau, zwei Lehrer und ich sind damit beauftragt, das Schulgelände weiter zu durchkämmen. Die Toiletten, die Turnhalle und die Sportanlagen, die Cafeteria, den Schulgarten und die Mensa-Baustelle. Das alles bei strömendem Regen. Nichts. Kurz bevor es zur großen Pause klingelt, sind wir wieder vor dem Musikraum angekommen, in dem Dejan zum letzten Mal gesichtet wurde.

»Warten wir kurz, die Stunde ist in fünf Minuten vorbei«, sagt Marc und setzt sich auf die Bank, auf der eigentlich der Störenfried sitzen sollte. Ich setze mich neben ihn und lasse mich nach hinten auf die Jacken fallen, die von den Haken der Bank-Garderoben-Konstruktion herunterhängen. »Was eine Anstrengung vor zehn!«

Ich lande hart und höre ein entrüstetes »Aua, Arschloch!« dicht hinter meinem Ohr. Ohne Mist: Da hat sich der kleine Penner hinter den Jacken versteckt und alle Rufe nach seiner Person ignoriert.

»Sag mal, spinnst du?«, fahre ich ihn entrüstet an, nachdem er hinter einer Regenjacke und einem Anorak hervorgekrochen ist. »Sogar die Polizei sucht schon nach dir!«

»Mir doch egal, Arschloch!«

Da klingelt es zur großen Pause. Ich packe Dejan am Arm und betrete Carinas Musikklasse. »Schau mal, ich habe einen ganz großen Fang gemacht!«

Vor allem Henriette Hildebrandt-Fricke wünscht sich manchmal, dass wir die Kinder während der Unterrichtszeit einsperren könnten. Denn nichts ist unangenehmer als schlechte Presse – oder die Buschtrommeln. »Nicht, dass noch jemand auf die Idee kommt, wir kämen unserer Aufsichtspflicht nicht nach«, wie die Rektorin betont, nachdem sie Carinas Erklärungsversuch im Nebenzimmer lautstark abschmettern lässt.

Einen Schritt Richtung totale Überwachung gelingt der Chefin innerhalb der nächsten drei Wochen. So lange dauert es nämlich, bis alle Türen der Geschwister-Scholl-Schule an das elektronische Schließsystem angeschlossen sind. Vorteil: Ab sofort ist stets nachvollziehbar, welcher Schlüsselinhaber wann wo rein-, und wann wieder rausgegangen ist. Nachteil: An der Diensttoilette auf unserem Stockwerk ist ein falsches Schloss eingesetzt worden. Beziehungsweise ist es nur halb funktionsfähig. Auf den Kontakt mit meinem Chip öffnet sich zwar die Tür, lässt sich aber von innen per Chipkontakt nicht sperren. Seither hänge ich auf dem Klo mit dem Oberkörper zur Tür und halte sie zu, um zu verhindern, dass ungebetene Gäste reinkommen.

Zur Sicherheit habe ich inzwischen ein großes Schild von außen an die Tür geklebt: »Bitte klopfen!« Seither kommt es durchaus vor, dass ich während der Verrichtung meines Geschäfts aus voller Kehle gegen die dicke neue Tür anbrülle, damit das »Besetzt« als Antwort auf das Klopfen auch bis auf den Flur gelangt. »Da kommt man sich echt bescheuert vor.« Melitta nickt. »Ich habe heute Morgen noch mal bei der Firma angerufen und den Chef gebeten, das Schloss endlich auszutauschen.«

Die Fachleute kommen dann auch – mit einer riesigen Flex. Doch statt das elektronische Schloss auszutauschen, bohren sie einfach ein weiteres Loch in die Tür und setzen ein klassisches Drehschloss ein. Vorteil: Wir können die Diensttoilette wieder abschließen. Nachteil: Die Schriftzüge »Frei« und »Besetzt« auf der viel zu kleinen Drehscheibe der

Konstruktion sind erst zu erkennen, wenn man mit der Nase richtig nah an das Schloss kommt.

Seither habe ich immer etwas Angst, die Tür unerwartet an den Kopf geknallt zu bekommen, wenn ich gebückt prüfe, in welchem Zustand sich das WC gerade befindet. Allerdings finde ich, dass das immer noch besser ist, als halbnackt auf der Toilette angetroffen zu werden. Endlich wieder Frieden im Häuschen.

Übrigens sind wenige Tage später auch die alten Pissoirs im ersten Stock des Hauptgebäudes ausgetauscht worden, wo vor allem die Grundschulklassen untergebracht sind. Entsetzt stehen Marc und ich vor dem Ergebnis. »Auf Mannshöhe«, stellt er fest. »Aber durchschnittlich große Zweitklässler können die sicherlich als fest installierte Kotzschüsseln benutzen.«

Die Lösung: Marc, Max und André holen ein schwarzes Bühnenpodest aus dem Keller und montieren es direkt vor die Becken. Zwei Stunden später präsentiert Marc mir das Ergebnis: »Einmal aufsteigen auf unserem ganz besonderen Donnerbalken, Frau Steinbeck. Das große Geschäft bitte trotzdem in den Kabinen erledigen!« Ich überlege: »Vielleicht sollten wir genau diesen Satz hier irgendwo hinschreiben, bevor sich hier wirklich noch jemand auf die Pissoirs setzt«, sage ich halb im Spaß, halb ernst. Man weiß hier ja nie.

ARSCHLOCH

Irgendetwas bringt das Haus immer zum Beben. Weil durch Türen potentiell immer Menschen und Dinge gelangen, die besser draußen geblieben wären. Diese Wahrheit bewährt sich nicht nur auf Toiletten, sondern auch am Haupteingang der Schule. Ich habe Briefträger Finn Hochscherff schon vom Fenster aus gesehen. Drei Minuten später klopft es zweimal laut an der Tür.

»Ich hätte ja zweimal geklingelt, aber Sie haben mir noch immer kein Glöckchen vor die Tür gestellt«, betritt der Postmann den Raum gewohnt gut gelaunt. Ich liebe den älteren Herrn mit der blauen Baskenkappe. Mindestens zweimal pro Woche muss er mir massiv die Stimmung retten. »Ist sie da?«, zischt er mit einem vorsichtigen Blick Richtung Rektorat. »Ja«, hauche ich zurück. »Also lassen Sie die heiße Ware hier und verschwinden Sie schnell, bevor sie rauskommt und Sie frisst!«

Hochscherff verabschiedet sich mit einem Augenzwinkern. Ich gehe die Post durch. Ein Brief fällt mir besonders ins Auge, auf dem die Anschrift der Schule aus bunten Buchstaben zusammengeklebt wurde. »Schau mal, Melitta!« Neugierig öffnen wir das Kuvert und falten das Stück Papier auseinander, das es freigibt. Der komplette Inhalt des Briefs ist aus einzelnen Buchstaben und Wörtern zusammengesetzt, die jemand sorgfältig aus einer Zeitschrift ausgeschnitten hat. Ich lese laut vor:

»Sind Sie einfach brav Frau Hartmann. Sonst bringe wir Sie um, Arschloch!«

»Für was die Bravo nicht alles gut ist«, sage ich, während

ich das Logo der Zeitschrift im »brav« wiedererkenne. Das O hat es immerhin noch ins »Arschloch« geschafft. Nach einem Gespräch mit Carina und Hildebrandt-Fricke stehen zwei Dinge fest:

Erstens: Es handelt sich um einen bösen Schülerstreich, der zwar halb ernst gemeint sein wird, aber keine Gefahr darstellt. Wir werden die Polizei also nicht benachrichtigen. Zweitens: Die Wahrscheinlichkeit, dass es sich beim Verfasser um Dejan handelt, liegt quasi bei 99,9 Prozent. »Ich unterrichte keinen anderen Schüler, der jeden grammatikalisch falschen Satz mit einem ›Arschloch‹ beendet«, regt sich Carina auf. Wir benachrichtigen Dejans Mutter.

Eine Stunde später sitzen Hildebrandt-Fricke, Carina, Dejan Dieckmeier und seine schockierte Mutter im Rektorat. Zwecks erzieherischer Maßnahmen muss er nur noch überführt werden. Frau Dieckmeier und Carina, die nach vielen Elterngesprächen fast schon Freundinnen sind, haben eine Strategie für das Verhör in der Hölle nebenan abgesprochen. Wir belauschen das Gespräch durch die angelehnte Tür.

Hildebrandt-Fricke: »Dejan, hast du diesen Brief verfasst?«

Dejan: »Nein, Arschloch!«

Frau Dieckmeier: »Dejan!«

Dejan: »Hab ich halt nicht!«

Frau Dieckmeier: »Ganz sicher nicht?«

Dejan: »NEIN!«

Frau Dieckmeier: »Okay. Frau Hartmann hat ein Haar in dem Brief gefunden. Das haben wir jetzt der Polizei geschickt. Die kann im Labor rausfinden, zu welchem Schüler das Haar gehört.«

Dejan: »Na und?«

Frau Dieckmeier: »Das Labor ist teuer. Wenn die Polizei rausfindet, dass du das warst, muss ich das Labor bezahlen. Das kostet 1000 Euro. Dann bekommst du so lange kein Taschengeld mehr, bis das Geld abbezahlt ist.«

Nach Dejans Berechnungen ist die Zeit für ein Geständnis offensichtlich früher gekommen als gedacht. Er habe das auch nur gemacht, weil Carina ein richtiges Arschloch sei. Was folgt ist der Schulverweis. Die junge Freundschaft zwischen Carina und Frau Dieckmeier liegt seither wieder auf Eis. Auch wir sind erleichtert. Soll sich die Hexe von der Hermann-Hesse-Schule doch mit dem Jungen ärgern. Genüsslich rufe ich Gertrud Imthor an: »Ich habe Ihnen gerade die komplette Schülerakte geschickt!«

FAMILIENUNTERNEHMEN

Für Melitta Maggi ist die Geschwister-Scholl-Schule so etwas wie ein zweites Zuhause. Ein ziemlich cooles zweites Zuhause. Mit Spielplatz, Sportanlagen und Springbrunnen. Eigentlich mit allem, was nicht in ihr kleines Reihenhaus mit Vorgarten gepasst hat, das etwa 2000 Meter Luftlinie vom Eingangstor entfernt liegt. Sie liebt diese Schule. »Warum Feierabend machen?«, beginnt sie die erste Überstunde des Tages, die, auf die gesamte Woche gerechnet, bereits die siebte ist.

Tatsächlich hat Melitta hier fast alles, was ihr lieb und teuer ist, untergebracht. Denn die Maggis haben die Schule unterwandert, quasi ein Familienunternehmen aus ihr gemacht. Undercover. Nicht nur, weil Melittas Sohn Dominik hier bald sein Abitur ablegen wird. »Hoffentlich«, wie sie lachend feststellt. Im Grunde hat Dominik lediglich den Platz seiner großen Schwester Hanna eingenommen, die ihre Reifeprüfung an der Geschwister-Scholl-Schule vor sieben Jahren ablegte.

Heute arbeitet Hanna als Sozialarbeiterin in einer der integrativen Klassen. Doch damit nicht genug. Selbst Melittas Mann Marek ist um das Wohlergehen unserer Schüler bemüht. Besonders um das der Problemkinder. Als Kontaktpolizist für den Stadtteil – mit festen Stunden an der Schule. Die beiden kennen sich fast noch aus Jugendtagen. An der Schule ist die Verbindung weniger bekannt. Und das, obwohl sie seit über 30 Jahren verbindlich ist. Geheiratet haben die beiden nie. »Das war nichts für mich!« Melitta schüttelt sich. Sie nennt ihn trotzdem »mein Mann Marek«. Immerhin habe sie für ihn ihre Freiheit aufgegeben.

Für keinen Mann der Welt dagegen hätte Melitta ihren Namen aufgegeben. »Melitta Maggi«, klingt doch herrlich höfisch! Melitta Kolakovsky dagegen – das wäre einer Maggi nie in die Tüte gekommen! »Klingt ja wie ein Suppenkasper!«

Melitta schwärmt, wenn sie von ihrer ersten Begegnung auf einer Uni-Party erzählt. »Er war ein toller Hecht. Mit breiten Schultern und einem umwerfenden Lächeln wie dein Max. Ich war eine Tussi. Blondiert, ein bisschen überdreht und hatte leider noch nicht kapiert, um was es geht im Leben.« Zwinkernd fügt sie hinzu: »So wie du!«

Ich lache und stelle mir Melitta Maggi mit blonden Haaren und einem Kleidchen in Größe 32 vor. Vorzugsweise in Violett. Ein Klopfen reißt mich aus meinen Gedanken. Geschichtslehrerin Mandy Lehmann-Kurzer betritt das Sekretariat. »Ich brauche einen Antrag auf Zuschuss zur Schulverpflegung«, sagt sie. »Wo finde ich den?«

Ich meine ja, dass Mandy Lehmann-Kurzer ein ziemlich lahmes Kurzzeitgedächtnis hat. Zumindest scheint sich ihr Gehirn nicht weit genug ausdehnen zu können, um die Information »Antrag auf Zuschuss zur Schulverpflegung – rechtes Regal links neben der Eingangstür, vom Tresen aus gesehen« speichern zu können. Denn sie braucht dieses Formular öfter, was weniger komisch ist als die Arbeitsweise ihrer Gehirnwindungen. Es ist ein wichtiges Formular, denn nicht jede Familie kann sich das Cafeteria-Essen für ihre Kinder leisten.

»Schau mal nach links«, sage ich und zeige auf die beiden parallel angeordneten Regale. Noch bevor ich den Satz ändern kann, sprudelt es fröhlich aus ihr heraus: »Ja, ich erinnere mich!« Wenn ich genauer darüber nachdenke, macht es mich traurig, wie viele Kinder hier täglich ohne Frühstück auftauchen oder Geld für Essenmarken, die in der Cafeteria gegen heiße Waren wie Wiener Würstchen mit Kartoffelsalat eingetauscht werden können. Aber auch nicht gegen viel mehr.

Hier warten alle auf die Fertigstellung der Mensa. Vor allem wegen des Essens, aber auch, »damit wir endlich eine Ganztagsschule werden können«, wie mir Rektorin Hildebrandt-Fricke gleich am ersten Tag erzählt hat. Doch das wird noch dauern. Bisher ist der zukünftige Essentempel nicht mehr als ein großes Loch links hinter dem Hauptgebäude.

»Mir tut das wirklich im Herzen weh«, sagt Melitta, während sie einen Haufen Essenmarken zurück in die Schublade packt. An manchen Tagen meine ich, sie spielt hier heimlich Brot für die Welt. Fatou aus dem Senegal schenkt sie einen Teil ihrer Käsestulle, Abbad aus Marokko kriegt zwei Stunden später die andere Hälfte. Der Apfel ging heute Morgen an Colleen. »Ich mag gar keine Äpfel«, hat die Zweitklässlerin Melitta traurig erzählt, »aber besser als gar nichts zu essen.« Melitta hat geantwortet: »Es wird gegessen, was auf den Tisch kommt – oder auf den Tresen!« Sie meint das nicht so. Bittenden Kinderaugen kann sie einfach nichts abschlagen. Auch nicht ihren Pausensnack!

Die Bedürfnisse knurriger Lehrer, die im Sekretariat landen, sind zumeist anders geartet. Allerdings sind sie im Nehmen genauso wahllos wie Schüler mit Magenknurren. Inzwischen hat sich Mathelehrer Tom Breth zu Mandy zwischen die Regale gesellt.

»Wir sind kein Selbstbedienungsladen«, schreit Melitta in seine Richtung. »Aber was darf's denn sein?«

»Ich brauch 'nen Whiteboard-Marker«, schallt es genervt zurück. Melitta bleibt die Ruhe selbst. »Wie heißt das Zauberwort?«

»Bitte! Ich brauche BITTE einen Whiteboard-Marker!«

Melitta lächelt glücklich in sich hinein. In ihrem Sekretariat sind alle Menschen gleich. Ob Hildebrandt-Fricke, ihre Lehrerschar oder die Schüler. Das heißt: Höflichkeit erwartet sie von allen – und fordert diese auch von allen ein. Egal, ob Erstklässler oder Lehrer. Und wenn ein Erstklässler den Raum vor dem Lehrer betreten hat, kommt der Erstklässler auch zuerst dran. Ihr bei der Arbeit zuzusehen ist eine erstklassige Lehrstunde in Gleichberechtigung.

Ich bin ganz glücklich, dass sie den ewig nörgelnden

Breth heute selbst abhandeln wird. »Die Whiteboard-Marker sind besonders gefragte Ware und gehen deshalb nur auf Bitten über die Ladentheke«, sagt Melitta trocken. »Sie sind auch nicht im Regal bei Mandy, sondern in meinem Safe.« Demonstrativ stellt sie eine kleine Kiste auf den Tresen und beginnt, darin herumzustöbern. »Blau, grün oder rot - welche Farbe darf es denn sein, Tom?«

»Schwarz!«

»Wie bitte?«

»Schwarz, bitte.«

»Schwarz ist leider aus. Also blau, grün oder rot?«

»Dann nehme ich beide - bitte!«

Während Melitta neben mir »Eine Frau sieht rot und bringt dem Mathematiklehrer erst das Bitte, dann das Zählen bei« spielt, fällt mir Mandy wieder ein, die noch immer zwischen mit Papier gefüllten Ordnern hin und her rotiert.

»Hast du das Formular?«, frage ich irritiert.

»Nein, ich kann es nicht finden«, antwortet Mandy und schaut mich durch das vordere der beiden parallel gestellten Regale hilflos an. Ich entscheide mich, wie Melitta bei Tom ein Spiel draus zu machen. Eine Schnitzeljagd.

»Du bist schon ganz nah dran!«

»Wirklich!?«

»Ja, ganz heiß. Bleib genau wo du bist und dreh dich jetzt um genau 180 Grad!«

»In welche Richtung?«

Ich stehe lachend auf, schnappe meine Handtasche und verlasse die Schutzzone hinter dem Tresen. Auf dem Weg zur Tür mache ich an den Regalen halt, öffne einen Ordner und drücke Mandy das Formular in die Hand. »Bitte schön!«

Melitta hat sich wieder beruhigt. Sie lächelt. »Meine Vorgängerin, Frau Hagen, war eine graue Eminenz, ein furchtbarer Drache in grauenvollen Oma-Blusen«, erzählt sie, »so, wie die Imthor von der Hesse-Schule.« Den Liebreiz einer Großmutter habe sie allerdings ganz und gar nicht ausgestrahlt. »Während sie mich einarbeitete, kam hier kein Kind freiwillig rein. Weil sie jeden nur angeschnauzt und vorgeführt hat.« Sie zeigt auf das große Bonbon-Glas auf der rechten Seite des Tresens. »Das habe ich in meiner ersten Minute der Alleinherrschaft genau an diesen Platz gestellt, um die Kinder anzulocken, genau in dem Moment, als die herrische Hagen durch diese Tür da vorne ging.«

Ich muss an das Märchen von »Hänsel und Gretel« denken. Und ewig lockt die Nascherei! Ja, Melitta muss die Kinder wirklich zum Fressen gern haben. Fakt ist: Sie füllt das Glas mindestens zweimal pro Woche auf und kurbelt damit kräftig die Süßwaren-Wirtschaft an. Sein Stammplatz ist übrigens gut gewählt. Kinder sehen das Glas bereits, wenn die Sekretariatstür nur einen Spalt geöffnet ist, besonders, wenn es mit rot leuchtenden Bonbons gefüllt ist.

»Ich kann nicht nachvollziehen, wie sie in einem Schulsekretariat arbeiten und gleichzeitig Kinder nicht leiden konnte.« Ich nicke. »Wie in der freien Wirtschaft geht es hier im Grunde doch um Angebot und Nachfrage. Ohne diese Kinder hätte sie den Job nicht gehabt. Ich nicht nach ihr und du jetzt nicht. Die Kinder sind der Grund, warum wir hier sind.«

Ich habe inzwischen viel von Melitta gelernt. Sie sieht es vor allem als ihre Berufung an, im Sekretariat gute Laune zu verbreiten. Sie ist Dienstleisterin im besten Sinne – auch der guten Laune. Bei mir wirkt das. Jeden Tag. Ich schaue auf die

Uhr. Es ist kurz vor vier. Zeit für den gewerkschaftlich verordneten Feierabend, Zeit sich aus dem Staub zu machen. Genauer gesagt zu den Maggis. Melitta und ihr Mann haben mich auf ein Stück selbstgebackene Himbeertorte eingeladen. Als Appetizer nehme ich mir einen Drops aus dem Glas auf dem Tresen. »Gib Gas«, rufe ich Melitta zu. »Heute wird es Torte geben!«

DIE QUEEN DES QUARTIERS

Wir treffen Marek am Schultor, er hat Fanny an der Leine. Marek hat in der Mittelstufe gerade eine Stunde zum Thema »Gewaltfreie Kommunikation« abgehalten. »Die 9a, eine mittlere Katastrophe«, begrüßt er seine Frau mit einem Kuss auf die Backe. Melitta lächelt mitfühlend. »Ja, mehr Kiffen, Krawall und Chaos geht gar nicht!«

Wir schlendern an der Hauptstraße entlang Richtung Neubaugebiet. Vorbei an einem Farben-Fachhandel, einem Feinkostladen und der weniger feinen, dafür sehr frequentierten Döner-Bude »Antalya«, an der sich wie immer unzählige Menschen tummeln. Mehr als am Strand von Antalya vermute ich. Vor allem Schüler. Während der Pausen, während der Unterrichtszeiten und auch nach Schulschluss.

Wo wir auch auftauchen, winken und grüßen die Passanten. »Salutieren«, möchte man fast meinen. Die Aufmerksamkeit gilt, natürlich, Fanny und vor allem Melitta, die ihre Brust stolz zum Schwellen bringt wie Königin Maxima und weltgewandt zurückwinkt wie die Queen herself. »Alles ehemalige Schüler oder ihre Eltern«, flüstert sie mir zu. »Wenn mir Schüler von früher über den Weg laufen, muss ich immer daran denken, wie sie an ihrem ersten Schultag mit ihren Klassenlehrern ins Sekretariat kamen und kaum über den Tresen schauen konnten. Heute bringen sie die eigenen Kinder vorbei.«

Melittas mütterliche Masche hat sich ausgezahlt. Im Umkreis von zehn Kilometern ist Miss Maggi wirklich so etwas wie eine Queen. Eine Prominente. Gefühlt Weinkönigin, Schützenkönigin und Königin der Herzen in Personalunion. »Ich kann mir das Leben ohne die Schule gar nicht mehr vorstellen. Bei allen Schwierigkeiten: Ohne die menschlichen Herausforderungen dieses Jobs würde ich wieder auf Kleidergröße 32 zusammenwelken!«

Marek reißt her mighty Majesty Melitta aus ihrer Alltagsphilosophie. »Wartet ihr kurz hier? Ich hole schnell noch Briefmarken!« Da ist er auch schon in der Post verschwunden. Ich zünde mir eine Zigarette an, wir setzen uns zwecks Entspannung auf eine Bank. Bis Melitta ohne Vorwarnung kreischend aufspringt. »Sebastian«, ruft sie, »Sebastiaaaaan!«

Der junge, hübsche Mann, der gerade aus dem getunten A4 gestiegen ist, dreht sich irritiert um. Ich sehe in seinen Augen, dass er gerade in sich geht. Dann beginnt er zu strahlen – über das ganze Gesicht. »Frau Maggi!«

Ich nutze die Zeit, um Max eine SMS zu schreiben. Eine lange SMS. An der Straße höre ich Melitta kichern und kommentieren – Sebastians Auto, Sebastians gutes Aussehen, auch seine Ausbildung. Später wird sie mir die Geschichte bei Himbeertorte und Kaffee so erzählen: »Er ist tatsächlich Automechaniker geworden, obwohl ihn seine Eltern zwingen wollten, nach dem Abitur BWL zu studieren, um die

Firma seines Vaters zu übernehmen. Er war total gerührt, dass ich mich noch so genau an ihn erinnern kann. Ich habe ihm quasi aus seiner Jugend erzählt. Das ist der Grund, warum ich es liebe, hier zu leben: einmal Schulfamilie, immer Schulfamilie.«

BEZIEHUNGEN

Im Gegensatz zu Sekretärinnen würden Lehrer nie auf die Idee kommen, möglichst nahe an ihren Arbeitsplatz zu ziehen. Besonders nicht, wenn es sich um die Geschwister-Scholl-Schule handelt. Lehrer sind überhaupt seltsame Menschen. Das war mir schon vor meinem ersten Date mit Max klar. Denn er und ich sind eine kuriose Ausnahme von der Regel, die da heißt: einmal Lehrerzimmer, immer Lehrerzimmer – egal, um was es geht. Immer.

Tatsächlich sind Lehrer Teil einer eigenen eigenartigen Subkultur. Wie Veganer, Star-Trek-Fans oder Menschen, die meinen, dass wir die deutsche Wiedervereinigung einzig David Hasselhoffs Auftritt an der Berliner Mauer zu verdanken haben. Wenn es um ihr Privatleben geht, mauern sich Lehrer gern mit ihresgleichen ein – und vereinigen sich in Windeseile. Lehrer fahren mit anderen Lehrern in den Urlaub, treiben mit anderen Lehrern Sport und treiben es mit anderen Lehrern, manchmal auf der Schultoilette – bis eine weitere lausige Lehrerehe entsteht. Nach der Maxime: »Keep out! Hier kopuliert das Bildungsbürgertum.«

Paradebeispiel: Formularsuchkönigin Mandy Lehmann-Kurzer und ihr Mann Sören Lehmann. Wir nennen sie: MS.

Immer, wenn die beiden Händchen haltend ins Sekretariat schweben, bin ich kurz davor zu kotzen. Ich bin mir sicher, dass das auf kurz oder lang auch passieren wird. Auf ihrer Seite des Tresens. »Ich persönlich halte Lehrer ja für komplett lebensunfähig«, flüstert Melitta, nachdem sie 20 Minuten damit verbracht hat, den Lehmanns, beziehungsweise Lehrer Lehmann und Lehrerin Lehmann-Kurzer, klarzumachen, dass eine zerbrochene Glasscheibe des Kopierers eben kein Kavaliersdelikt ist, sondern eine mittlere Katastrophe.

»Ich will gar nicht wissen, wie die das hinbekommen haben«, zischt sie mir zu und zeigt auf Mandys kurzen Rock, aus dem lange, spindeldürre Beine kommen. »Skandalös!« Ich lache.

»Vielleicht wollte Mandy den Antrag auf Zuschuss zur Schulverpflegung vorsichtshalber 100-mal kopieren, um morgen nicht schon wieder dumm zwischen den Regalen durchschauen zu müssen«, meine ich. »Dabei hat Sören versehentlich sie selbst auf der Glasplatte flachgelegt.«

Fakt ist, dass keine Behörde einen größeren Kopierer-Verschleiß hat als die durchschnittliche Schule. Das bestätigen uns auch die Servicemitarbeiter, die eine Stunde später anrollen, um sich um Kopierer III zu kümmern. »Diese Lehrer«, stöhnt Melitta auf dem Weg Richtung Kopierraum im ersten Stock, »kommen von der Schule über die Uni zurück an die Schule und wissen weder, wie das wahre Leben noch der Schwarz-Weiß-Kopierer funktioniert.«

Beziehungen sind überhaupt eines der großen Themen an Schulen. Nicht nur im Lehrerzimmer, vor allem in den Klassenräumen. Gepflegt werden sie inzwischen vor allem mit dem Handy, beziehungsweise Smartphone. Das hat zur Folge, dass wir spätestens ab dem Eintritt in die Pubertät selbst den letzten Schüler persönlich kennenlernen. »Mein Anspruch ist es, alle Kinder und Jugendlichen mit Namen zu kennen«, sagt Melitta. »Sie sehen das als Wertschätzung und freuen sich darüber. Und genauso ist es auch gemeint, egal, wie schwierig der eine oder andere manchmal sein kann.«

Wie bereits erwähnt ist die Geschwister-Scholl-Schule Handy-freie Zone – was verliebte Schüler zweifelsohne nicht interessiert. Laut Beschluss von Henriette Hildebrandt-Fricke ist das Telefonieren für den Normalsterblichen einzig und allein im Sekretariat erlaubt. Sogar mit dem eigenen iPhone. Praktisch, weil die meisten Handys früher oder später sowieso bei uns landen. Die einen mehr, die anderen weniger häufig.

An Kiara-Charlene scheint das allgemeine Handy-Verbot irgendwie vorbeigegangen zu sein. »Mag sein, dass Sie mir mein Handy erst heute Nachmittag wiedergeben dürfen«, baut sie sich selbstbewusst vor meinem Tresen auf. »Aber ich brauche es jetzt!«

Persönlich kann ich zwar verstehen, dass das Schlimmste, was einer jungen Frau neben dem verfrühten Verlust der Jungfräulichkeit inklusive einer ungewollten Schwangerschaft passieren kann, der frühe Verlust des iPhones inklusive aller Nachrichten von gewollten Männern ist. Aber ich bin hier nicht privat. Also bleibe ich hart.

»Das Handy gibt es erst um 15 Uhr.« Da ist Kiara-Charlene bereits beim Diskutieren angekommen. Denn wenn es um ihre Handys geht, werden selbst die im Unterricht als weniger wortgewandt bekannten Schüler reif für den Debattierwettbewerb.

»Ich brauch Handy, Frau Steinbeck.«

»Ich darf es dir erst um drei geben, das weißt du!«

»Aber es ist wichtig!«

»Wen willst du denn erreichen?«

»Meinen Freund! Und es ist gaaanz wichtig.«

»Dann ruf ihn doch schnell von unserem Telefon hier an!«, schlage ich vor und halte ihr den Hörer hin. Sie winkt ab. In meiner Hosentasche spüre ich mein eigenes iPhone kurz vibrieren. Ob Max geschrieben hat? Ich verkneife mir, nachzusehen, und hoffe einfach, dass Kiara-Charlene einfach schnell aufgibt. Aber davon kann keine Rede sein. Dafür hält die Schülerin jetzt eine flammende Rede für – nennen wir es mal – die Informationsfreiheit. Zumindest auf dem Level, dass sie gern komplette Einsicht in ihre iMessages hätte. Und zwar sofort!

Ich bleibe unbeeindruckt und mache auf Mann: Ignoranz! Doch plötzlich schlägt Kiara-Charlene zurück. Mit den Waffen einer Frau.

»Frau Steinbeck, ich brauch mein Handy unbedingt«, kontert sie meine Coolness mit Schluchzen und gekonnt platzierten Tränen.

»Nein!«, gebe ich jetzt bestimmter zurück. Da rückt Kiara-Charlene endlich vom Tresen ab. Allerdings anders, als ich mir das gewünscht hätte. Sie sinkt in sich zusammen. Eine Ohnmacht, eine Ohne-Handy-Ohnmacht!

»Hilfe!«

Jetzt gilt es, schnell zu handeln: Kiara-Charlene in die stabile Seitenlage bringen und die 112 anrufen. »Krankenwagen unterwegs«, ruft Melitta.

Ohne Frage: Die Ohnmacht als Allzweckwaffe muss sich diese junge Dame schon vor Jahren ausgedacht und fortan derart oft angewendet haben, dass sie längst ins erlernte Verhalten übergegangen ist.

»Diese Ohnmachten sind wirklich echt?«, frage ich den Rettungssanitäter.

»Ja, deshalb rufen Sie uns immer an, auch wenn Sie meinen, dass es nur gespielt ist.« Offensichtlich kann schon Hysterie zur Ohnmacht führen – und dann wird aus Spiel ganz schnell Ernst!

»Schlimmer sind nur die ganz ehrgeizigen Kinder, die ihre Luft aus Trotz so lange anhalten, bis sie ebenfalls umkippen«, sagt Melitta. »Davon haben wir auch ein paar Kandidaten mit extrem gut erlerntem Verhalten!«

DER KRANK-TAG

Typisch Montag, denke ich, nachdem wir mal wieder einen Kandidaten im Krankenzimmer gegenüber dem Sekretariat untergebracht haben. Denn Montag ist Krank-Tag. Motto: »Was, noch fünf Tage Schule? Da muss ich mir schnell irgendwas einfallen lassen.«

Gerade montags lassen Schüler ihrer Kreativität freien Lauf, wenn es um Ausreden geht, die Schule möglichst schon nach der zweiten Stunde wieder verlassen zu dürfen. Heißt: Ab 8.15 Uhr sind die Telefone von Schülern belegt, die mit mehr oder weniger überzeugend belegter Stimme einen Abhol-Anruf tätigen. Wir bringen sie dann in besagten Krankenraum, den wir auch Meeting-Raum nennen.

Der früheste Vogel kriegt die Liege, wer zu spät kommt, sitzt in der Holzklasse. Auf Stühlen, die beim Umbau der

Kunsträume übrig geblieben sind. Die hohe Kunst einer Sekretärin ist es nun, aufzupassen, dass die eingebildeten Kranken die Liege nicht auseinandernehmen, was nebenbei bedeutet, Simulanten von Nicht-Simulanten zu unterscheiden.

Inzwischen gelingt mir das Entlarven sogar am Telefon. Nicht nur im Fall der Heranwachsenden. Selbst die Damen und Herren Lehrer kommen regelmäßig auf Bühnenreife, wenn es darum geht, ihr Wochenende um ein, zwei Tage zu verlängern. Aber nur fast. Trotzdem wachsen die Listen der Krankheitsfälle gerade montags ins Unermessliche. »Montägliches Massensterben« nennt Melitta dieses Phänomen, das uns am Telefon die phänomenalsten Husten-Erscheinungen und Hangover-Stimmen garantiert. Ein Schauspiel, das den Kettenrauchern und Alkoholikern unter den Kollegen durchaus leichterfällt.

»Da fragst du dich wirklich, warum es die Lehrer-Theater-AG nicht mehr gibt«, meint Melitta, nachdem sie den dritten Pseudo-Patienten notiert und an Konrektor Hornschuch weitergegeben hat. »Andererseits waren die Darbietungen gerade wieder wenig Oscar-reif.«

Französischlehrerin Tanja Kotte hat sich mit tierischen Halsschmerzen entschuldigt, Biolehrerin Ute Scheffer-Weitzmann mit Magen-Darm und Daniel Weitz, Lehrer für Physik, Chemie und Mathematik »mit dem längsten Hustenanfall, seit ich die Zeit nehme«. Laut Melitta habe Daniel ganze zehn Sekunden lang demonstrativ in den Hörer gehustet. Beim ersten Mal! »Beim zweiten und dritten Akt hat er sich auf etwa vier bis fünf Sekunden beschränkt.«

Wir fragen uns gerade montags, für wie beschränkt uns der Rest der Schulgemeinde eigentlich hält. Beziehungsweise, wie beschränkt man sich beim Simulieren einer Krankheit überhaupt anstellen kann. Besonders bei den regelmäßigen Kandidaten. »Melden sich jeden Montag krank, und machen es immer gleich schlecht!«

Apropos schlecht. »Mir ist voll schlecht«, in Abwandlungen auch »Mir schlecht« oder einfach nur »Schlecht!« ist neben »Kann ich mein Handy!« und »Kann ich Coolpack!« oder »Ich brauch noch so'nen Zettel« der meistgesagte Satz an der Geschwister-Scholl-Schule. Während es sich in den meisten Fällen lediglich um eine elendige Ausrede handelt, dem Unterricht fernzubleiben, liegt es mir in anderen extrem fern, den Wahrheitsgehalt dieses Satzes anzuzweifeln. Solange mir die Betroffenen fernbleiben.

Als die Tür aufgeht, sehe ich Tarek sofort an, dass es ihm wirklich nicht gutgeht. Bevor er überhaupt irgendetwas sagen kann, hat er sich bereits übergeben. Vor den Tresen. »Das soll's geben«, kommentiert Melitta das Malheur achselzuckend. Im Schnitt alle vier Wochen. Mal ehrlich? Muss das sein? Kann Kind zum Kotzen nicht einfach die Kloschüssel nehmen oder wenigstens eine Tüte? So wie Gianna aus der 4c. Die kam gestern noch vor der ersten Stunde ins Sekretariat, um mir eine Tüte zu überreichen. Keinen Joint, den tragen Schüler hier erst ab der achten Klasse mit sich rum. Eine transparente Frühstückstüte. Mit Brot - und brühwarmem Erbrochenem obendrauf. »Ich hab gekotzt«, sagt sie. »Das sehe ich. Ich rufe gleich die Mama an.«

Das Problem an Erbrochenem auf dem Flur, auf der Theke oder davor ist, dass sich zumeist niemand verantwortlich fühlt. Der Hausmeister nicht, die Reinigungskräfte erst abends, die Rektorin in Designerkleidung nie. Melitta übernimmt die Reinigung mit Putzeimer und Lappen meistens selbst. Wir haben immer einen Sack Katzenstreu im Schrank stehen, das den Geruch von Magensäure schnell verduften lässt. Also Streu auf Giannas Tüte und dann schnell runter in die Tonne damit!

Mamma Mia … Glücklicherweise gehen bei uns manchmal auch Dinge über die Theke, die weder stinken noch illegal sind. Zum Beispiel Kopfschmerztabletten – und Tampons. Melittas Kopfschmerztabletten und meine Tampons. »Was wird hier passieren, wenn ich auch in die Wechseljahre komme?«, frage ich die Kollegin, nachdem ich bereits den dritten Tampon an die Frau unter 18 gebracht habe. Die Kollegin lacht. »Dann muss Mandys Handtasche dran glauben!«

Gelegentlich tut es übrigens schon eine Binde. Zum Beispiel letzten Mittwoch. Konrektor Hornschuch steht gerade im Sekretariat und hält sein morgendliches Schwätzchen mit Melitta, als es zaghaft an der Tür klopft. Die 13-jährige Daria stellt sich schüchtern vor den Tresen.

»Wie kann ich dir denn helfen?«

Schweigen und ein verschämter Blick auf die rechte Seite der Theke, wo sich Hornschuch und Melitta gerade herzlich amüsieren. Ich höre den beiden mit einem halben Ohr zu: »Sie wollte telefonieren und hat so komisch genuschelt, dass ich sie kaum verstanden habe. Ich meine, sie nuschelt immer. Sie spielt ja immer mit ihrer Zahnspange rum. Aber diesmal war es schlimmer als sonst. Ich höre also nur: ›Mama, wir müssen Kieferorthopäde.‹ Und dann: ›Ja, jetzt!‹ Und schließlich: ›Ja, dringend!‹ Da hatte sie es wohl endlich geschafft, eine Spangen-Schraube zu lockern und zu verschlucken!«

»Also gleich zwei Schrauben locker, Melitta.« Hornschuch kommt nicht mehr aus dem Lachen raus.

Daria wirkt plötzlich noch verschüchterter. Aber gehen will sie nicht. Sie öffnet ihren Hello-Kitty-Rucksack und setzt einen kleinen Teddybär auf den Tresen. »Frau Steinbeck«, sagt sie leise und zeigt auf den Schambereich des Kuscheltiers. »Bärli hat sich da verletzt. Sie braucht dringend ein großes Pflaster.«

Nach einem gekonnten Griff in meine Handtasche bin ich um eine Binde ärmer und eine Einsicht reicher: Wir sind wirklich die Heilsarmee! Und manchmal braucht es hier mehr als eine Binde. Seit letzter Woche horte ich ein paar alte Klamotten meiner Kinder im Sekretariat. Nur für den Fall, dass sich wieder ein Grundschüler in die Hosen macht. Denn Kinder sind gelegentlich nicht nur inkontinent, sondern oft auch grausam. Wenn erst einer die Hosen voll hat, aus Angst, aus Aufregung oder weil er nicht allein auf die Schultoiletten will, dann zerreißen ihn die anderen in der Luft. Leichter als das billige Klopapier, das wir hier haben. In diesen Fällen wird das Krankenzimmer zum Wickelraum umfunktioniert. Schnell Hosen wechseln, fertig. Uff.

AUF DER SEITE DER SCHWACHEN

»Ich richte mich ganz nach dir«, sagt Melitta. »Dann mache ich jetzt Pause, damit du später in Max' Freistunde gehen kannst. Dafür darfst du jetzt nach den E-Mails sehen.« Sie grinst. E-Mails. Wir hassen E-Mails. Auf den ersten Blick sieht diese Mail nicht wirklich problematisch aus. »An Frau Hildebrandt-Fricke persönlich« steht im Betreff. Ich öffne sie trotzdem. Ich bin dazu autorisiert. Schließlich soll ich möglichst jeden Mist von der Rektorin fernhalten.

»An einer Schule ist nichts geheim genug, dass Sie mich nicht davor bewahren müssten«, hat Sie an meinem ersten Tag zu mir gesagt, »zumindest nicht auf diesem Kanal. Den dürfen Sie abhören. Stellen Sie sich einfach vor, ich wäre die Queen und Sie so etwas wie James Bond. Ein Geheimagent, der mich beschützen soll. Und ja, ich habe noch eine persönliche, geheime Mail-Adresse.«

Die Mail ist von Dorothea Richter-Eisbein, wie ich im Adressfeld lese – und geht über das CC-Feld offensichtlich noch an 25 weitere Adressaten:

»Sehr geehrte Frau Hildebrandt-Fricke, in der Zeitung haben wir gelesen, dass Sie wirklich grünes Licht für den Bau eines Flüchtlingsheims auf den Grünflächen rechts hinter der Geschwister-Scholl-Schule gegeben haben. Als Anwohner würden wir gern mit Ihnen über dieses Vorhaben sprechen. Rufen Sie mich bitte zwecks Vereinbarung an. Hochachtungsvoll, Dorothea Richter-Eisbein.«

»Kennst du eine Dorothea Richter-Eisbein?«, frage ich Melitta, als sie wenige Minuten später ins Sekretariat zurückkommt.

»Gott, bewahre!«, ruft sie aus. »Dorothea Richter-Eisbein!«

Da öffnet sich die Tür zum Zimmer der Rektorin. »Habe ich Dorothea Richter-Eisbein gehört?«, fragt Hildebrandt-Fricke. »Bitte nicht schon wieder!«

Dorothea Richter-Eisbein, so erfahre ich, nachdem sie die Mail gelesen hat, wohnt direkt gegenüber der Schule – und ist eine beinharte Persönlichkeit, wenn es um die Verteidigung ihrer Grundstückswerte geht. Der Schule gegenüber hat sie eine Anti-Haltung eingenommen. »Spätestens seit wir den vorderen Teil des Schulhofs Richtung Tor umgestaltet haben«, wie mir die Rektorin erzählt. »Seither zählt sie Dezibel. Sobald sie der Meinung ist, dass das Geschrei auf dem Spielplatz zu laut ist, fängt Sie mich nachmittags am Parkplatz ab, um sich zu beschweren. Eine überaus anstrengende Person.«

Ein bisschen muss ich schon schmunzeln. Richter-Eisbein gegen Hildebrandt-Fricke. Klingt nach einem Kampf der Giganten. Wie Mechthild und Brunhild in der Nibelungen-Sage. Oder nach Samira und Charisma aus der 10b. Einfach nach dem Motto: Krallen raus und kratzen. Hildebrandt-Fricke mag eine Kratzbürste sein, wenn es um ihre Mitarbeiter oder die Schüler geht. Was allerdings ihre politischen Entscheidungen betrifft, mutiert sie regelmäßig zum Menschenfreund. Mit Kalkül vielleicht, aber immerhin. So folgt auf die Regel »Die Schulleiterin ist unfehlbar« direkt »Sogar außerhalb der Schule!« Nur, dass das nicht jeder akzeptieren will. »Dorothea Richter-Eisbein sollte lieber die Bälle flachhalten«, brüllt sie jetzt durch das Sekretariat – derart laut, dass mir fast das Trommelfell platzt. Eine Kampfansage.

In der Öffentlichkeit hat Henriette Hildebrandt-Fricke, wie bereits erwähnt als stellvertretende Vorsitzende im Stadtparlament bekannt, persistent für das Flüchtlingsheim getrommelt. Zwei Jahre lang. »Auf jeden Fall lang genug, um jede Woche mit einer anderen Handtasche in der Zeitung abgebildet zu sein!«, raunt Melitta. Als ein Gelände in Waldnähe aus Gründen des Naturschutzes kurzfristig als Bauplatz ausschied, warf sie die Wiese hinter der Schule ins

Feld. Mit Erfolg. Seither ist sie jede Woche in der Zeitung abgebildet, denn ihr Bauvorhaben ist ein brandheißes Eisen.

Denn: Was für Schüler das Selfie auf Facebook ist, ist für die Schulleiterin das Foto auf der ersten Seite des Regionalteils der Tageszeitung, der »Neuen Zeitung«, der Rundschau und des Anzeigers. Unkenrufen zufolge ist sie überhaupt nur in die Politik eingetreten, um sich zu inszenieren. Zum Beispiel als Engel der Armen, wie einst Evita, denke ich, während ich nebenbei eine Mail von Benedikt Bergmann überfliege. Betreff: »Evita.« Inhalt: »Meinetwegen können die Proben nach den Osterferien des kommenden Jahres beginnen.«

Evita Perón – mit weniger Tango, aber mit gleichem Tamtam, steht schon wieder im Sekretariat. »Frau Steinbeck, ich diktiere Ihnen die Antwort«, beginnt die Chefin.

»Sehr geehrte Frau Richter-Eisbein. Als Einrichtung, die multikulturell ausgerichtet ist und demnächst mit dem Zertifikat ›Schule ohne Rassismus‹ ausgezeichnet werden wird, freuen wir uns, unsere Infrastruktur bald den Bewohnern des Flüchtlingsheims zur Verfügung stellen zu dürfen, das hier entstehen soll. Für die Anlieger wird sich nichts ändern. Bei Fragen wenden Sie sich bitte an den Sozialausschuss der Stadt. Hochachtungsvoll – und dann mein Name.«

»Mit oder ohne Rektorin, Frau Hildebrandt-Fricke?«

»Oberstudienrätin Henriette Hildebrandt-Fricke, Rektorin!«

ALLERGISCHE REAKTION

Der Oktober ist da! Mit ihm die dicken Jacken, die Regenmäntel und die Nachricht, dass Dorothea Richter-Eisbein eine Initiative gegen den Bau des Flüchtlingsheims gegründet hat. Ansonsten ist es derzeit vergleichsweise ruhig. Zahlreiche Klassen nutzten die Woche vor den Herbstferien für Wandertage. Störenfriede gibt es trotzdem.

Das Telefon klingelt heute zum ersten Mal um 7.45 Uhr. »Geschwister-Scholl-Schule, Sekretariat, Steinbeck.«

»Hallo, hier Michaela Niemann.«

»Hallo Frau Niemann, was kann ich für Sie tun?«

»Der Andi hat sein Frühstück vergessen.«

»Oh, das ist ja blöd.«

»Können Sie ihm eine Brezel kaufen? Sie gehen doch gleich auf eine Wanderung.«

»In welcher Klasse ist der Andreas denn?«

»Er heißt André! In der 6c.«

»Ich kann jetzt nicht aus dem Sekretariat weg.«

»Aber er muss doch frühstücken. Kaufen Sie ihm bitte eine Brezel.«

»O.k., ausnahmsweise.«

»Das Geld bringe ich demnächst vorbei.«

»Kein Problem.«

»Danke. Und noch etwas: Pulen Sie bitte ALLES Salz ab. Der Andi ist gegen Salz allergisch.«

Angesichts der anstrengenden Selbstverständlichkeit, mit der Frau Niemann ihre Bitte vorträgt, möchte ich selbst rote Pusteln bekommen. Dennoch lasse ich Melitta für einen

Moment allein und eile zum Hausmeisterglaskasten, wo Marc in der großen Pause Backwaren verkauft.

»War der Bäcker schon hier?«, frage ich. Marc lacht und zeigt auf ein paar Tabletts voll Brötchen, Teilchen und Brezeln, die er in den großen Pausen verkauft. »Ich nehme eine Brezel«, sage ich und lege einen Euro auf seinen Schreibtisch. Dann eile ich zur 6c, die gegen acht Uhr zu einem Spaziergang durch den Wildpark Neue Fasanerie aufbrechen möchte, wo es Wildschweine, Wölfe oder Wisente zu bestaunen gibt.

Auf dem langen Weg durch die Gänge pule ich schnell die großen Salzkörner von der Brezel und verstaue sie in der Tasche meiner Strickjacke. Als ich das Klassenzimmer erreiche, warten die Kinder bereits in Zweierreihen aufgestellt auf den Marschbefehl. Klassenlehrer Kai Westmann schaut mich fragend an.

»Wer ist André?«, frage ich. Ein kleiner Junge mit bunter Strickmütze meldet sich.

»Die Mama hat gerade angerufen, du hast dein Frühstück vergessen.« Unter dem Lachen seiner Mitschüler nimmt der Kleine seinen großen Rucksack von den Schultern und fängt an zu kramen. Wenig später guckt er mich mit großen Augen an.

»Und, was gefunden?« Kopfschütteln.

Ich lächele ihn an. »Schau mal, ich habe hier eine frische Brezel für dich, extra vom Hausmeister. Und das Salz habe ich auch schon abgemacht.«

»Darfst du kein Salz?«, fragt eine Schülerin.

»Nein«, sagt André, »da bekomme ich Ausschlag.«

Wieder lautes Lachen. »Der André darf kein Salz, der André darf kein Salz!«

Das ist Salz in seiner Wunde. Der Junge weint. Der Klasse soll das Lachen noch vergehen. Vorerst machen sie sich auf den Weg zur Neuen Fasanerie. Ich zwinkere Kai zu. »Pass auf, dass keiner von den Wölfen gefressen wird.«

»Wenn, dann wird der Notruf zuerst im Sekretariat eingehen!«

Ich soll genau vier Stunden später wieder von Kai hören. Gerade bin ich dabei, Kaffee für die Chefin zu kochen, als das Telefon klingelt. »Sag mal Desi, wie viele der Kinder aus der 6c sind krankenversichert?«

Ich stutze. »Das muss ich nachschauen. Warum?«

»Wir sind gerade auf dem Weg ins Krankenhaus. Die bulgarischen Kids haben den anderen Beeren gepflückt, die sie zu Hause angeblich immer essen. Jetzt haben alle Kinder tierische Bauchschmerzen.«

»Welche Beeren?«

»Keine Ahnung, ich bin Sport-, kein Biolehrer!«

»Ich muss nachschauen, ich rufe gleich zurück.«

Erst mal bin ich genervt. Kai lässt die Kinder von den verbotenen Früchten kosten – die Folgen darf ich jetzt bis ins Detail auskosten. Ich kämpfe mich durch die Akte der 6c. Was eine unnötige Sucharbeit! Ergebnis: sechs von 24 Kindern sind nicht krankenversichert, zwei davon gehören den bulgarischen Familien an, die die Stadt für wenig Geld in den runtergekommenen Hotels am Bahnhof untergebracht hat. Ich informiere Kai, dessen Klasse gerade in die Ambulanz der Uni-Klinik einläuft. Währenddessen läuft im Nebenzimmer die Rektorin Amok. »Ich hatte doch um Kaffee gebeten, Frau Steinbeck. Hören Sie!«

Während ich Milch in ihre private Tasse schütte, widerstehe ich der Versuchung, die groben Salzkörner aus meiner

Jackentasche nicht auch noch dazu zu kippen. »Bitte schön«, übergebe ich Hildebrandt-Fricke die Tasse schließlich mit breitem Lächeln. Ein Nicken. Ich will gerade wieder zur Tür raus, als sie doch noch die passenden Worte findet. Kein »Danke«, wohlgemerkt, sondern ein »Bitte«. Vielmehr eine Bitte:

»Frau Steinbeck, bitte sorgen Sie dafür, dass mein Türgriff endlich repariert wird. Seit Wochen bitte ich Sie und Frau Maggi, sich zu kümmern.«

»Aber Herr Lau hat den alten doch schon ausgetauscht.«

»Dann ist jetzt der neue kaputt.« Sie drückt mir das Stück Metall in die Hand. »Als Erinnerungsstütze!«

Ich informiere Marc und lege den alten Türgriff auf die Post, die sich auf unsere Theke sammelt. Vorerst als Briefbeschwerer. »Und der nächste, der nervt, kriegt ihn an den Kopf geschmissen«, schwöre ich mir mit einem Blick Richtung Rektorat.

Plötzlich bereue ich, dass ich der Fricke-Zicke den Kaffee nicht versalzen habe. Aber vielleicht finde ich ja raus, welche Beeren die 6c in der Neuen Fasanerie gegessen hat. Zurück an meinem Schreibtisch schließe ich die Augen und stelle mir vor, wie Hildebrandt-Fricke sich mit Pusteln und Bauchweh auf der Liege im Sanitätsraum windet und um ein Wunder bettelt.

EIN WUNDER

Manchmal habe ich den Eindruck, dass Lehrer ihre Schüler lieber auf die Liege im Sanitätsraum schicken, als sich weiter von ihnen ärgern zu lassen – und die Akademiker verhalten sich dabei sogar super effizient. Warum nur eine Nervensäge absägen, wenn man gleich zwei loswerden kann?

Zwar sind die Wehwehchen so manchen Schülers nach fünf Minuten hinter verschlossenen Türen wie weggeblasen, doch spätestens seit zwei Neuntklässler auf der Liege beim Oralverkehr erwischt wurden, achten wir ganz genau drauf, den Verkehr im Sanitätsraum möglichst gering zu halten – und selektieren gnadenlos aus. Labradordame Fanny hilft dabei.

»Frau Maggi, ich habe krass Kopfschmerzen. Kann ich Sanitätsraum?«

»Schon wieder, Muriel? Schüler müssen heute auch so viel denken. Warte, ich hole den Schlüssel. Kannst du Fanny so lange ein Leckerli geben?«

Auf dem Weg zum Schlüsselbord an der Wand grinst mich Melitta verheißungsvoll an. Was folgt, lässt mich alles vergessen, was ich bisher über Migräne wusste, über Schwule und über Piranhas. Endlich kommen wir zu unserer Vorführung.

»Fanny ist so süß!«

»Weißt du, was Fanny kann?«

»Nein ...«

»Willst du es sehen?«

»Ja!«

»Fanny, mach mal den Frosch.«

Irritiert beobachte ich, wie Fanny aufsteht, sich vor Melitta auf den Boden legt und die Hinterbeine weit von sich streckt. Auch Migräne-Muriel begutachtet die Szene abwartend.

»Jetzt mach mal schwul!«

Während Fanny die Vorderpfoten fast theatralisch abknickt und über Kreuz schlägt, entweicht mir trotz der Überdosis Stress ein kleines Schmunzeln.

»So, und jetzt mach den Piranha, Puppe!«

Fanny schaut nach oben und fängt an, wie wild mit den Zähnen zu klappern. Muriel und ich sind platt wie ein totgefahrener Frosch.

»Was ist das?«, fragt die Schülerin lachend.

»Das ist der schwule Piranha-Frosch!«, antwortet Melitta. »Kennst du keine schwulen Piranha-Frösche?«

Muriel schüttelt den Kopf.

»Na, dann wurde es aber höchste Zeit! Magst du Fanny nicht noch ein Leckerli geben?« Sie hält der Schülerin ein eingeschweißtes Stück Rinderkopfhaut unter die Nase.

»Ihhhhh! Das stinkt ja!«, kreischt Muriel und geht trotzdem zur Fütterung über. Statt Jammern höre ich schnell nur noch zufriedenes Schmatzen und fröhliches Kichern. Fünf Minuten und viele Streicheleinheiten später geht es Muriel schon viel besser. Sie kann zurück in den Unterricht. »So viel zum Thema«, meint Melitta. »Die Migräne ist wie weggeblasen, und heute bleibt die Liege trotzdem sauber. Gut gemacht, Fanny. Lachen ist eben doch die beste Medizin.«

So bekommt an diesem Morgen jeder, was er wirklich will: Muriel die 15 Minuten unterrichtsfrei, Melitta ihren Auftritt als coolste Hundetrainerin der Stadt und ich fünf

Minuten Ablenkung von meinem Max-Vermissen, das immer einsetzt, wenn ich mal einen Tag nichts von ihm höre. Win-Win-Win-Situation im Sekretariat. Zum Glück habe ich am Wochenende kinderfrei. Dann kann der Mann kommen.

Leider ist nicht jeder Bemitleidenswerte so leicht zu befriedigen wie Muriel. Die Härtefälle erkenne ich am Auftreten in Kleingruppen. Aus der kurzen Erfahrung kann ich bereits sicher sagen, dass vor allem Quasselstrippen liebend gern im Doppelpack in den Sanitätsraum abbestellt werden. So nach dem Motto: Die eine hat Herzrasen, die beste Freundin muss mit – zum Händchenhalten. Bestes Beispiel: Isabel und Isabella aus der 7a, die hier quasi dreimal monatlich im Doppelpack auftauchen.

»Ich habe Bauchweh!«

»Und ich soll auf sie aufpassen!«

»Durchschaubar und richtig dämlich«, ärgert sich Melitta, nachdem sie Isa zurück in den Unterricht geschickt hat. Schließlich sei ihrer Freundin Bella unwohl, nicht ihr. Und Melitta fühle sich durchaus im Stande, sich allein um die Kranke zu kümmern. Das scheint allerdings nicht mehr nötig zu sein, denn schon acht Minuten nach Isas Abgang ist Bella wieder gesund und kann die Liege verlassen. »Ich glaube, es geht wieder. Ich gehe zurück in den Unterricht.« Alleinsein kann heilsam sein ... Es handelt sich in diesem Schuljahr um die erste Wunderheilung ohne Fanny.

»Ja, so gehen Wunder«, stöhnt Melitta. »Trenne die Untrennbaren und schon kommt es zu wunderbaren Genesungen. Freundschaft ist eben doch dicker als jede Verstopfung, Herzchen!«

OBEN OHNE

Nicht jeder darf auf Wunder hoffen. Bei Hildebrandt-Frickes Sportwagen zumindest geht heute gar nichts mehr. »Er will nicht mehr«, stürmt sie ins Rektorat. Sie ist klatschnass, vollgepackt und wütend. »Er?«, frage ich irritiert. »Von wem reden Sie?«

»Von meinem Wagen!«

»Von Ihrem neuen Auto?«

»Jaaaa!«

»Können wir Ihnen da helfen?«

»Sie müssen!«

»Und wie?!«

»Rufen Sie beim Autohaus Wenzel in der Ludwigstraße an, und fragen Sie, wann mein Leihwagen hier ist! Schließlich ist der Neue nicht mal ein halbes Jahr alt!«

Melittas Bemerkung, »Sind Sie sicher, dass Sie die Handbremse gelöst haben?«, geht im Knall der Tür zum Rektorat runter. Ich schaue auf die Uhr. Es ist kurz nach vier, draußen tobt ein Herbststurm, und ich will einfach nur meine Arbeit fertig machen und schnell nach Hause zu Max unter die Kuscheldecke.

»Du beeilst dich lieber, bevor eine von uns sie noch nach Hause fahren muss«, stöhnt Melitta. Ich hänge bereits am Hörer. Wenig später die erlösende Nachricht – für uns alle: »Frau Hildebrandt-Fricke, Herr Wenzel hat einen Autoverleih beauftragt, Ihnen sofort ein Ersatzfahrzeug zu schicken. Ihren Wagen will er morgen früh abholen lassen.«

Tatsächlich ist das Ersatzauto 30 Minuten später am Schultor. »Frau Hildebrandt-Fricke, schauen Sie mal aus dem

Fenster. Sie können wohl runtergehen.« Von oben beobachten wir, wie die vollbepackte Chefin sich erst tippelnd dem Auto nähert, dann ihre Taschen auf den nassen Boden stellt und schließlich wild zu gestikulieren beginnt.

Zehn Minuten später steigt sie ein und fährt mit quietschenden Reifen davon. Der Mitarbeiter der Leihwagenfirma bleibt kopfschüttelnd auf der Straße zurück, bevor er zu seinem Kollegen in den Wagen steigt. »Auf diese Geschichte bin ich gespannt«, sagt Melitta argwöhnisch.

Normalerweise versuchen wir, jedes Gespräch mit Henriette Hildebrandt-Fricke tunlichst zu vermeiden. Am nächsten Morgen ist Melittas Neugierde aber größer als ihr grenzenloses Bedürfnis, die Fricke-Zicke auszublenden und einfach ihren Job zu machen. »Und, wie fährt sich der Ersatz-Neue?«, fragt sie beiläufig als Hildebrandt-Fricke um halb acht an der Sekretariatstür vorbeihetzt – und schon steht der, meiner Meinung nach, ungebetene Gast mitten im Raum.

»Eine Unverschämtheit, Frau Maggi, eine Unverschämtheit!«

»Warum?«

»Ich habe Anspruch auf einen gleichwertigen Ersatzwagen.«

Ich denke an die dunkle Großraumlimousine, die gestern vor dem Schultor stand und bin gespannt, wie der Satz weitergeht.

»Ich bin Cabrio-Fahrerin! Und was bekomme ich? Eine Limousine!«

»Aber es hat doch geregnet, sie konnten doch …«

»Hier geht es nicht um Regen oder nicht Regen«, wird sie unterbrochen, »hier geht es um mein Recht und ums Prinzip, Frau Maggi, hören Sie!«

In den übrigen Wust aus Anrufen mischt sich an diesem Mittwochvormittag wieder eine erfreuliche Meldung für Hildebrandt-Fricke. »Das Autohaus hat gerade angerufen. Ihr Wagen wird übermorgen gebracht. Den Leihwagen können Sie dann einfach auf dem Parkplatz stehen lassen. Der Mitarbeiter bat nur darum, dass Sie ihn vollgetankt abstellen.«

Neben dem Cabrio der Rektorin kehrt am folgenden Freitag auch noch ein Bus auf den Parkplatz zurück. Mit weinenden Mädchen und einem wahnsinnig gestressten André.

»Nie wieder Klassenfahrt«, stöhnt er.

Ich klopfe ihm auf die Schulter. »Du hast es ja jetzt geschafft.«

»Genau genommen haben mich die Schüler geschafft«, gibt er zurück. Die Reise nach Tirol sei eine Totalkatastrophe gewesen. »Eigentlich hätte ich mindestens fünf Schüler nach Hause schicken können. Gestern stand zum Abschluss unsere große Hahnenkamm-Wanderung an – da hatten bereits drei Schülerinnen keine Augenbrauen mehr«, erklärt er mir die Tränen um den tragischen Haarverlust, die noch die gesamte Rückfahrt flossen.

Der alte Witz mit der Enthaarungscreme – die Mädchen fanden das gar nicht witzig. Von den Jungs im Schlaf auf dem Zimmer überrascht werden, ja. Aber nicht so. »Eine blöde Geschichte, denn auch Kübra hat Haare lassen müssen«, sagt André.

Ich erinnere mich: Kübras Vater hatte seiner Tochter eigentlich verbieten wollen, mitzufahren. Mit den Jungs im gleichen Schullandheim übernachten? Geht gar nicht! »Nix, nix!« Mit Engelszungen haben wir ihn dazu überreden können, das Mädchen doch an der Klassenfahrt teilnehmen zu lassen. Beziehungsweise haben André und Konrektor Hornschuch die Überzeugungsarbeit geleistet. Denn mit Frauen diskutiert Kübras Vater nicht. Er spricht nicht einmal mit ihnen. Und jetzt das …

»Hattet ihr wenigstens gutes Wetter?«, frage ich.

»Auf jeden Fall besser als hier! Hat es eigentlich mal aufgehört zu regnen, seit wir weggefahren sind?« Wir vertagen Andrés Wetterbericht, als es an der Tür klopft.

»Teckmeier vom Autohaus Wenzel. Ist Frau Hildebrandt-Fricke zu sprechen?«

»Ah, wir hatten am Montag telefoniert. Sie ist gerade in einer Besprechung.«

»Okay, wenn Sie hier unterschreiben, können Sie auch den Schlüssel ihres Wagens annehmen. Er steht jetzt auf dem Lehrerparkplatz. Der Rest ist in den Unterlagen erklärt.«

»Gern. Den Schlüssel des Ersatzwagens hat sie uns schon hinterlassen. Sie bringen ihn zum Verleih zurück, nicht wahr?«

Nickend verabschiedet sich der junge Mann. Fünf Minuten später steht er wieder in der Tür. »Stimmt irgendetwas nicht?«

»Der Ersatzwagen …«

»Ja?«

»Haben Sie Frau Hildebrandt-Fricke nicht ausgerichtet, dass sie ihn vollgetankt abstellen soll?«

Ich denke kurz nach. »Doch, habe ich!«

»Ist er aber nicht.«

»Dann verbleiben wir so: Lassen Sie den Wagen hier stehen, ich kümmere mich.«

»Aber ich muss mit dem Wagen zurückfahren.«

Ich überlege. In dem Moment fliegt die Tür des Sekretariats auf. »Frau Maggi, ich brauche sofort einen Tee, hören Sie? Sofort. Die paar Meter vom Oberstufenbau hier rüber und ich bin klatschnass. Ich darf mich nicht erkälten, hören Sie!«

»Hier ist Besuch für Sie«, sage ich, während Melitta den Wasserkocher anwirft. »Herr Teckmeier vom Autohaus Wenzel.«

»Ah«, sagt die Rektorin. »Der Motor! Ihr Chef hat mir schon eine Mail geschrieben. Zum Glück ist alles wieder in Ordnung. Haben Ihnen meine Sekretärinnen den Schlüssel für den Ersatzwagen nicht übergeben?«

»Haben sie.«

»Was kann ich dann noch für Sie tun?«

»Der Wagen ist nicht vollgetankt.«

Da rastet die Chefin aus. »Schauen Sie mal aus dem Fenster. Was sehen Sie?«

»Regen?« Teckmeiers Stimme klingt irritiert.

»Richtig! Regen – und Wind! Und Sie verlangen von mir, dass ich mich bei diesem Wetter an die Tankstelle stelle? Haben Sie mal an meine Haare gedacht?«

Die Fricke-Zicke verlässt den Raum. Melitta fällt fast der Wasserkocher aus der Hand, André fehlen die Worte, und ich zucke beschämt mit den Achseln. »Vielleicht sollte Ihr Chef noch einmal anrufen«, flüstere ich. »Wo bleibt mein Tee?«, schallt es da schon aus dem Nebenzimmer. Teckmeier verabschiedet sich. »Die hat echt nicht mehr alle Tassen im Schrank, Melitta«, sage ich noch immer peinlich berührt. »Aber Hauptsache mit offenem Verdeck fahren wollen. So aus Prinzip, weißt du.«

ERWISCHT

Es gibt einige Prinzipien an der Geschwister-Scholl-Schule. Zum Beispiel, dass nur volljährige Schüler rauchen dürfen - und das auch nur vor dem Schultor auf der Straße. Leider wird regelmäßig gegen beide Prinzipien verstoßen. Besonders an kalten Herbsttagen, an denen es sowohl Sechst-, als auch Zwölftklässlern viel attraktiver erscheint, auf Toiletten oder anderen stillen Örtchen zu qualmen.

»Schüler denken glücklicherweise, dass wir doof sind und sowieso nix mitkriegen«, sagt Carina, während sie mir eine lange Liste mit Schülern überreicht, die sie in der großen Pause irgendwo beim illegalen Rauchen erwischt hat.

»Sieben auf einen Streich«, bemerke ich beeindruckt. »Ich glaube, du hast dir ein Stück Pflaumenkuchen verdient!« Großzügig gebe ich ihr ein besonders saftiges Stück vom großen Blech, das Melitta anlässlich ihres Geburtstags gebacken hat.

»Wo ist denn das Geburtstagskind?«

»Ist kurz beim Supermarkt, Sekt kaufen.«

Da steht Melitta bereits strahlend in der Tür. Mit vollen Tüten. »Alles Gute, Melitta!«

»Danke! Kommt ihr beiden, wir schaffen die frische Ware ins Lehrerzimmer.«

Viele gierige Blicke und Glückwünsche später, und wir sitzen wieder im Sekretariat. »Und wo ist unser Sekt?«, frage ich.

»Für uns habe ich etwas viel Besseres«, sagt Melitta. »Aber erst wenn die Pflicht erledigt ist!«

Die Pflicht heißt heute vor allem wieder Coolpacks zu verteilen, trotz kalten Oktoberwetters, Schulbescheinigungen auszustellen und den Papierstau in einem Kopierer zu beseitigen. Es ist fast 14 Uhr, als wir schlussendlich dazu kommen, die Raucherbriefe an die Eltern auszudrucken, die unter Schülern auch als »Petz-Post« bekannt sind.

Vier Mittelstufenschüler, die gar nicht rauchen dürfen vor der Tür, ein Mittelstufenschüler auf der Toilette im Erdgeschoss, dazu Cornelius und Rocco aus der Zwölf, die ebenfalls das stille Örtchen wählten, um dem Regen in der Raucherpause zu entkommen.

»Sieben an einem Tag ist eine ganze Menge«, murmele ich, während ich Name und Klassen eintrage. Schon wieder ein Brief an Cornelius Graupners Eltern. Cornelius – obercooler Oberstufenschüler und brandheißer Dauerkandidat für Raucherbriefe. Cornelius, der auch heute nicht leer ausgehen soll. »Ja, der qualmt wie ein Kohlekraftwerk«, sagt Melitta. »Ist übrigens ein Freund von Dominik. Vielleicht sollte ich ihn mal ins Gebet nehmen, wenn er wieder bei uns zu Hause auftaucht.« Damit ist das Thema Raucherbriefe für heute vom Tisch.

»Jetzt zu deiner Überraschung, Melitta!« Die Kollegin schaut auf die Uhr. Gleich halb drei. »Ich glaube, wir haben uns eine kleine Vorfeierabendpause verdient. Jetzt dürften sowieso nur noch die diversen AGs im Gebäude sein«, sagt Melitta und geht an ihre Tasche. »Zeit für Schampus!« Strahlend hält sie mir eine Flasche besten Schaumwein entgegen. »Und entgegen meiner guten Vorsätze will ich unbedingt eine Zigarette dazu rauchen!«

»Du rauchst?«

»Nur an ganz besonderen Tagen!«

»Heißt das jetzt, mit Kippen und Schampus runter auf die Straße?«

»Quatsch«, winkt Melitta ab. »Schau mal, wie es regnet!« Und ergänzt mit ironischem Unterton. »Frau Steinbeck, sind Sie denn wahnsinnig geworden? Ich will mir doch nicht die Frisur zerstören, hören Sie?«

Nein, Melitta hat einen besseren Plan. Und der führt uns in den Keller. Genauer gesagt in jenen Raum, in dem das Equipment für Schulaufführungen jeglicher Art verstaut wird. Mikrofone, Lautsprecher und Rednerpulte aus der Aula, kleine Bühnenpodeste, Pavillons und Bierbänke für Sommerfeste sowie alle Requisiten und selbstgezimmerten Kulissen der Theater-AG.

»Hier rauche ich manchmal heimlich eine, wenn ich dem Stress entkommen muss«, flüstert Melitta. »Einen ruhigeren Ort gibt es an der ganzen Schule nicht.«

Ich folge Melitta die Kellertreppe runter und einen langen, dunklen Korridor entlang. Vor der letzten Tür rechts bleibt sie stehen und dreht strahlend den Schlüssel im Schloss. »Ich hab da mal was vorbereitet!« Ich staune nicht schlecht. Auf einem kleinen Tisch vor einem Sofa hat Melitta Muffins und zwei Sektgläser aufgebaut. »Setzen Sie sich, Frau Steinbeck!«

Erschöpft lasse ich mich auf die weichen Polster fallen und zünde mir eine Zigarette an. Melitta schenkt ein und zieht nach. »Auf uns und die ewige Herausforderung, Raucheroasen zu finden, auf die kein Lehrer kommen würde. Nicht einmal Carina.« Melitta nimmt einen großen Schluck Champagner und zieht genüsslich an ihrer Zigarette, als sich plötzlich die Tür öffnet. Vor Schreck fällt mir das Glas aus der Hand. Mit einem lauten Klirren landet es auf dem Steinboden.

In der Tür steht Kohlekraftwerk-Cornelius und schaut uns entgeistert an. »Was machst du denn hier?«, fragt Melitta und lässt ihre Zigarette unauffällig neben das Sofa aus seinem Blickfeld fallen. »Wir proben gerade für ›Othello‹. Ich soll nachschauen, ob die Theaterdegen hier unten rumfliegen.«

Ich habe meine Zigarette ebenfalls unauffällig entsorgt und zeige auf zwei Waffen, die neben großen Lautsprecherboxen an einer langen Reihe zusammengeklappter Bierbänke lehnen. »Meinst du etwa die da?« Wenig später ist Cornelius wieder verschwunden. Wir beschließen trotzdem, unsere kleine Privatparty zu verschieben, räumen die Kammer auf und machen beschämt Feierabend.

Das Nachspiel folgt schon am Abend. »Deine Mutter, die hab ich heute mit Kippen und Alk im Keller erwischt!«

»Das hat er wirklich zu deinem Sohn gesagt?«

»Ja!« Melittas Lachen schallt laut durch den Telefonhörer.

»Und was hast du gemacht?«

»Einen Deal.«

»Der da wäre?«

»Er wird niemandem von unserer Party erzählen, und du lässt morgen früh die Raucherbriefe an seine und Roccos Eltern verschwinden!«

»Melitta, das geht doch nicht!«

»Ach, komm schon, Frau Steinbeck, ich habe Geburtstag!«

Unsere Autorität als Bewahrerinnen der sauberen Schülerlunge hat somit einen jähen Knacks erlitten, zumindest vor Cornelius, Rocco und Melittas Sohn. Was soll's. Ich kann trotzdem mit bestem Gewissen sagen, dass mir die Gesundheit unserer Schäfchen am Herzen liegt. Manchmal auch aus Eigennutz. Zum Beispiel, wenn Schüler mit den Fingergelenken knacken.

Allein das Geräusch knackender Knochen erwischt mich normalerweise genauso kalt wie der aktuelle Frost draußen. Ich kriege Gänsehaut! Während ich meinem Sohn zu Hause das räudige Geräusch abgewöhnen konnte, herrscht an der Sekretariatstheke stets Knackalarmbereitschaft. Denn egal, wie cool Schüler manchmal auch tun, wenn sie erst mal vor uns stehen, um ein Anliegen vorzutragen, packt viele irgendeine Nervositätserscheinung. Zum Beispiel Haare drehen, popeln - oder eben Fingerknacken.

Loona ist die Nervosität bereits auf fünf Meter durch die geöffnete Tür anzusehen. Nervös stellt sich die Siebtklässlerin in die Schlange vor der Theke, wo vor ihr noch zwei weitere Schüler bedient werden müssen. Gerade bin ich dabei, Essenmarken für Malte aus der Zweiten abzuzählen, als mir das grausame Knacken zu Ohren kommt. Ich kann mich kaum mehr konzentrieren. »Kannst du das lassen?«, bitte ich Loona, der, jetzt auch noch eingeschüchtert, erst recht die Muffe geht, barsch. Ihr neuer Angstschub äußert sich wiederum in unterbewusstem Knacken. Natürlich! Mir läuft ein Schauer über den Rücken. Fünf Minuten später ist sie endlich dran.

»Was kann ich für dich tun?«

»Ich habe meinen Turnbeutel verloren. Ist er hier abgegeben worden?«

»Warte, ich schaue nach«, sage ich und öffne die Kiste, in der wir alle Fundstücke sammeln, die bei uns auflaufen. Währenddessen wird das Knacken immer lauter.

»Wie sieht er denn aus?«, frage ich.

»Rot«, antwortet das Mädchen leise - aber gerade noch

laut genug, dass ihre Stimme das nervöse Fingerknacken übertönt. Mir dreht sich der Magen um. »Rot also«, höre ich mich noch sagen, dann sehe ich rot. »Hör sofort damit auf!«, brülle ich plötzlich. »Das kann ja nicht gesund sein. Ganz bestimmt nicht!«

Nicht, dass ich gern Kinder anschreie. In diesem Fall war es allerdings nötig. Denn auch ich habe Ekelgrenzen, obgleich sich diese bei jedem Betreten einer Schülertoilette nach unten verschoben haben. Kacke im Gang, von mir aus. Knacken im Gehörgang, nein! Ich entschuldige mich trotzdem mit einer Erklärung und extra vielen Bonbons aus Melittas Glas. Den Turnbeutel hat leider noch niemand abgegeben. Hoffentlich steht sie jetzt nicht jeden Tag hier, denke ich.

Loona wird sich wenige Tage später rächen. Als sie an Halloween mit ihren Freundinnen vor unserer Theke steht, scheint mir ihr »Süßes oder Saures« noch um einiges schriller vorgetragen als alle anderen Drohungen, die ich an diesem Tag aus dem Nebenzimmer gehört habe. Ich entscheide mich für Süßes – weil die andere Option in ihrem Fall sicherlich in furchterregendes Fingerknacken ausarten würde. »Und jetzt raus hier!«

LATERNE, LATERNE

Während Halloween zu den adaptierten amerikanischen Bräuchen zählt, die ich für ebenso unnötig halte wie Kindergeburtstage in Fast-Food-Läden, freue ich mich riesig auf den Martinszug unserer Grundschule. Seit Wochen sind die Kleinen mit dem Basteln ihrer

Laternen beschäftigt. Überhaupt wird bei uns im Herbst richtig viel gebastelt. Die Klassenräume sind voll von kleinen Skulpturen, die die Schüler aus Kastanien und Streichhölzern zusammengesteckt haben; an den Wänden hängen Collagen aus bunten Herbstblättern; an den Fenstern kleben kleine Drachen aus Transparentpapier.

Der Preis für diese Pracht: bergeweise Pflaster für Verletzungen, die sich die Kleinen beim Materialiensammeln im Wald oder später in den Werkräumen zugezogen haben. Tatsächlich vergeht kein Montag, an dem wir kein neues Päckchen Heftpflaster öffnen. Beziehungsweise Melitta. Denn wir haben uns die medizinische Versorgung der Schule sinnvoll untereinander aufgeteilt. Ich die Tampons und die Taschentücher, sie die Pflaster und die Kopfschmerztabletten.

In der allgemeinen Wahrnehmung, so scheint es mir, ist es trotzdem eher die Kollegin, die von der Schulgemeinde für voll genommen wird. Vor allem als vollwertige Ärztin – spätestens seit bekannt wurde, dass sie in der chirurgischen Praxis von Dr. List neuerdings auch am Nähen von Platzwunden beteiligt ist.

Ich wundere mich also nicht, dass Zweitklässler Marvin Gerber seine vermeintlich letzten Worte vor dem nahenden Tod an Melitta richtet, die im Gegensatz zu mir gerade am Telefonhörer hängt. »Frau Maggi, Frau Maggi, ich muss vielleicht sterben«, ruft er in einem Anfall von Panik und Tränen. »Mein einer Finger ist schon leergeblutet. Verblute ich jetzt ganz?«

Melitta beendet ihr Gespräch sofort. »Setz dich mal auf den Behandlungsstuhl da drüben«, sagt sie und zeigt auf einen der kleinen Holzstühle, neben der Tür. »Was hast du denn gemacht?«

»Ich habe mich beim Laternenbasteln mit der Scherenspitze gepikst«, schreit Marvin hysterisch weinend und streckt Melitta seinen rechten Zeigefinger entgegen, den er mit einem Taschentuch umwickelt hat.

»Darf ich mal schauen?«

»Ja, aber ganz vorsichtig!«

Dem Jungen steht die Angst ins Gesicht geschrieben. Er zittert. Langsam wickelt Melitta das Taschentuch von Marvins Finger. »Oh«, sagt sie schließlich fachmännisch. »Ich weiß, was da hilft!«

»Was denn?«

»Dreimal pusten, ein Bonbon und eines von meinen magischen Pflastern. Warte mal.« Melitta geht zu ihrer Schublade und öffnet ein Päckchen mit kleinen, runden Pflastern in verschiedenen Farben. »Rote, gelbe, grüne, blaue«, summt sie. Und sagt schließlich: »Lieber Marvin, was ist deine Lieblingsfarbe?«

»Blau.«

»Okay, aber erst dreimal pusten.«

Wenig später hat Marvin ein blaues Pflaster auf dem Finger, ein Bonbon im Mund und eine Frage auf den Lippen. »Du, Frau Maggi, wir machen doch nächste Woche den Laternenumzug. Magst du nicht mitkommen?« Doch bevor Melitta antworten kann, ist sie quasi schon wieder ausgeladen. »Aber nein, du musst sicher hier in deiner Praxis bleiben, oder?«

»Muss ich wohl. Aber jetzt bringe ich dich erst mal zurück in den Unterricht. So viel Zeit muss sein.«

DRAMA, BABY, DRAMA

Die Zeit vor Weihnachten ist wie im Fluge vergangen. Noch drei Wochen bis zum Fest – und die Stimmung im Sekretariat ist mäßig, gelinde gesagt, was vor allem an den ständigen Stimmungsschwankungen der Rektorin liegt. Ihre Laune pendelt täglich zwischen scheiße und oberscheiße – mit Tendenz zu oberscheiße. »Unter uns gesagt«, flüstert mir Melitta nach einem weiteren Hyperventilieren wegen Lappalien zu, »ihre Ehe ist am Ende. Ich habe letzte Woche ein Telefonat belauscht. Da war von Ausziehen die Rede …«

In der allgemeinen Sensibilität, die der Duft von Zimt, Anis und Nelken im Advent bei mir auslösen, tut mir Hildebrandt-Fricke plötzlich leid. »Vielleicht war es auch der Glühwein in der Mittagspause, aber ja, ich entwickele wirklich Mitgefühl«, sage ich. »Aber ist es nicht jedes Jahr das Gleiche? Kurz vor Weihnachten kommen die ganz großen Gefühle zutage. Manchmal die guten, manchmal die schlechten. Aber immer irgendwelche.«

Während ich mich in einem kleinen Anfall neuer Bosheit frage, wer bitte so bescheuert war, das Versprechen abzugeben, Henriette Hildebrandt-Fricke in guten wie in schlechten Zeiten zu lieben und zu ehren, denke ich an meine Ehe mit Felix zurück. Ebenfalls eine Achterbahnfahrt der Gefühle, eine Seifenoper, die ich beendete, bevor der Tod es tun konnte. »Ob ich mit Max mehr Glück habe?«, frage ich mich, als eine todunglückliche Schülerin in der Tür steht. Wie gerade Hildebrandt-Fricke, gleichermaßen vor Gefühlswallungen hyperventilierend, im Gegensatz zur Rektorin glücklicherweise weniger wütend. Eher verzweifelt.

»Kann ich Herrn Heeger sprechen?«, bringt die 13-jährige Nikita aus der 7e schließlich japsend hervor. »Natürlich«, sage ich, während ich versuche, den Sozialpädagogen auf seinem Handy zu erreichen, »aber was ist denn passiert?« Das Mädchen schüttelt den Kopf und bricht wieder in Tränen aus. Bei Björn Heeger geht nur die Mailbox an. Ich schnappe mir ein Päckchen Taschentücher und wechsele die Thekenseite. »Jetzt putz dir erst mal die Nase und dann erzähl mir der Reihe nach, was passiert ist.«

»Sie redet nicht mehr mit mir!«

»Wer redet nicht mehr mit dir?«

»Loredana.«

»Loredana Messig?«

»Ja, meine beste Freundin.«

»Und warum redet sie nicht mehr mit dir?«

»Na, wegen Stayko!«

»Hat dich Stayko bei ihr schlechtgemacht?«

Nikita sieht mich fragend an. »Sie verstehen auch gar nichts«, sagt sie und will weinend den Raum verlassen. »Nein, was ist los?«, frage ich noch einmal. »Na gut«, sagt sie und setzt sich auf einen von Melittas »Behandlungsstühlen«, die heute sozusagen für eine halbe Paartherapie herhalten müssen.

Die Geschichte kurz zusammengefasst: Loredana aus der 7e ist seit der fünften Klasse in Stayko aus der 8a verknallt. Stayko ist aber mit Cleo aus der 8c zusammen, beziehungsweise war er es. Bis zu den Herbstferien. »Cleo ist im Urlaub in Italien fremdgegangen«, erzählt mir Nikita. »Deshalb hat er mit ihr Schluss gemacht.« Da habe Loredana ihre Chance gewittert und angefangen, bei Facebook mit ihm zu schreiben.

»Sie haben sich auch öfter getroffen, aber gelaufen ist nichts, weil Stayko es nach seiner Trennung langsam angehen wollte«, betont Nikita. »Vor zwei Wochen, auf Loredanas Geburtstagsparty, hat mich Stayko ständig zum Tanzen aufgefordert. Klar, habe ich mit ihm getanzt. Da ist ja nix dabei.« Ich nicke. »Gar nichts!« Das Mädchen seufzt. »Und gestern dann hat sich Loredana endlich getraut, Stayko zu fragen, ob er mit ihr gehen will – obwohl sie das Mädchen ist!«

»Aber das ist doch toll!«

»Nein, gar nicht!«

»Warum, bist du auch in Stayko verliebt?«

»Nein, das ist ja das Ding«, erhitzt sich Nikita und fängt wieder an zu weinen.

»Aber er ist in mich verknallt!«

»Woher weißt du das?«

»Weil er Loredana einen Korb gegeben und gesagt hat, dass sie nur Freunde sind – und er lieber mit mir gehen will.« Nikita bricht wieder in Tränen aus. »Loredana meint jetzt, dass der sich in mich verschossen hat, weil ich mich auf ihrem Geburtstag an ihn rangeschmissen hätte.« Ich verstehe. Ein Liebesdrama zwischen einer 13-jährigen, ihrer 14-jährigen ehemals besten Freundin und dem 15-jährigen Checker aus der Achten. Vier weitere Taschentücher sollen noch von Tränen benetzt werden, bis Björn zurückruft. Ich schildere ihm die Lage. »Alles klar, ich bin gleich da!«

Wenig später sitzt der junge Sozialpädagoge neben Nikita auf einem Stuhl. Nachdem er sich das Party-Drama und seine Folgen geduldig angehört hat, entwirft er einen

Notfallplan: »Ich gehe mit Nikita in den Meditationsraum und versuche, sie zu beruhigen. Du gehst zur 7e und holst Loredana dazu.«

Auf dem Weg ins Erdgeschoss wird mir das eigentliche Ausmaß der Katastrophe erst bewusst. Im Grunde gibt es nichts Schlimmeres als Streit mit der besten Freundin. »Beef«, wie man heute so sagt – passenderweise, denn Loredana wird sich gleich wie ein stures Rindvieh aufführen. »Ich rede nicht mehr mit der Schlampe«, keift sie, nachdem ich sie aus der Klasse geholt und Klassenlehrer Lauer beruhigt habe. »Mit Nikita ist alles gut. Sie wollte nur kurz Björn sprechen.«

»Nichts ist gut«, kreischt Loredana durch den Gang. »Ich komme nicht mit. Sagen Sie ihr, dass sie für mich gestorben ist.« Es kostet mich all meine Überredungskünste, Loredana doch noch zum Einlenken zu bringen. Zehn Minuten später folgt sie mir zumindest zum Meditationsraum. »Aber nur, weil ich keinen Bock auf Mathe habe!« Ich gebe sie an der Tür ab. Alles Weitere soll Björn regeln.

Den Rest des Tages nutzen Melitta und ich jede ungestörte Minute, um unser Büro mit einer kleinen Krippe, Strohsternen und weihnachtlichen Deko-Artikeln zu schmücken. Als es zum Ende der sechsten Stunde klingelt, klebe ich gerade noch zwei Schneeflocken-Scherenschnitte meiner Kinder an das Fenster, da sehe ich Loredana und Nikita unten aus dem Hauptgebäude kommen. »Schau mal«, rufe ich Melitta zu und zeige Richtung Schultor. »Da laufen die beiden schon wieder Hand in Hand, als sei nichts gewesen.«

Heute mache ich mit warmem Herzen Feierabend. Das Teenie-Drama innerhalb weniger Stunden komplett aus der Welt zu schaffen gleicht einem Wunder. Und das so kurz vor Weihnachten. »An solchen Tagen gehst du mit einem tollen

Gefühl nach Hause«, erzähle ich Max am Abend. »Geholfen zu haben, die Welt zweier bester Freundinnen zu retten, das ist schon was. Diese kleinen Wunder gibt es eben nur im Sekretariat.«

DIE PÜMPEL-PARTY

Ich wundere mich über gar nichts mehr. »Wann kam es eigentlich in Mode, Toiletten mit Klopapier zu verstopfen, Melitta?«, motze ich und mache mich mit einem großen Karton mehr oder minder weicher, aber trockener Ware auf den Weg in den dritten Stock. »Was ein Scheiß!«

Marc erwartet mich bereits am Tatort. Zum Glück sind wir als Klopapier-Kommando längst ein eingespieltes Team. »Pümpel-Party reloaded!«, begrüßt mich der Hausmeister grinsend. »Aber keine Angst. Heute sind es nur acht von zehn. Vier auf der linken, vier auf der rechten Seite.«

»Ich nehme die vier rechts«, sage ich, »komm wir haben noch 20 Minuten Zeit, bis es zur Pause klingelt. Ich nehme an, wir machen auch gleich sauber?«

Marc überreicht mir feierlich Pümpel und Eimer. »Moment noch. Der Party fehlt noch etwas Musik.« Ich ziehe mein iPhone aus der Tasche und starte meine Achtziger-Jahre-Playlist. Die Kiste mit dem Klopapier stelle ich auf die Fensterbank am Ende des Gangs, das iPhone lege ich auf den Waschbeckenrand. Als die ersten Töne von »I wanna dance with somebody« erklingen, sind wir bereit. »Wenn das die olle Whitney wüsste«, sagt Marc mit künstlichem

Husten. »Die würde vor Schreck gleich noch einmal sterben.«

Wir ziehen uns Handschuhe an, stellen uns in die Mitte des Raums und kreuzen die Pümpel wie Schwerter. »Möge der Tanz um die Schüsseln beginnen«, sagt Marc feierlich. »Verstopfung beseitigen, Schüssel sauber bürsten und drei Rollen ablegen. Das nasse Papier in den Eimer. Der Langsamere zahlt das Feierabendbier!«

1, 2, 3 – Pümpel frei!

Mit Disco-Sound und der Motivation, mir nach der Drecksarbeit wenigstens das Geld für mein Feierabend-Becks zu ersparen, schreite ich zur Tat. Zum Glück hat der Schnupfen meine Geruchsnerven getötet, denke ich, während ich mir die erste Toilette auf der rechten Seite vornehme. Wie ist so viel Sauerei vor Ende der vierten Stunde überhaupt möglich?

Im zweiten Klo dauert das Pümpeln etwas länger. Dafür bekomme ich das nasse Klopapier schnell zu fassen. Ab in den Eimer damit und zurück in den Gang, die frischen Rollen holen. Rollentausch, Eimer schnappen – und zurück in den Gang. So ist zumindest der Plan. Auf dem Weg aus der Kabine rutsche ich allerdings samt Eimer aus und lande auf dem Allerwertesten. Den Eimer mit dem nassen Klopapier leere ich dabei über meinem Schoß. Unfreiwillig natürlich.

Wir brechen gerade in lautes Lachen aus, als sich die Tür öffnet. »Natürlich, wer auch sonst!« Ich blicke auf und schaue in das Gesicht der kopfschüttelnden Rektorin. »Wissen Sie, dass Sie durch den ganzen Gang zu hören sind?«, fragt sie betont empört. »Was ist hier überhaupt los?!«

»Wir kämpfen gegen die Verstopfungen an der Schule – mit Gegenmitteln, Musik und guter Laune«, antwortet Marc unerschrocken. »Wollen Sie nicht mitmachen? Das ist eine Pümpel-Party!« Hildebrandt-Fricke lässt ihren Blick durch den Raum schweifen und blickt dann wieder abfällig auf mich. »Dann ist das wohl die gefallene Party-Queen.«

Ich schaue beschämt zu Boden und pule das nasse Klopapier von meiner Jeans. »Die Party ist zu Ende!« Im Hintergrund erklingt gerade der Refrain von Michael Jacksons Hit »Bad« - »Because I'm bad, I'm bad. Really, really bad!« Hildebrandt-Fricke dreht sich auf dem Absatz um - und bleibt dann noch einmal stehen. »Und machen Sie die Musik aus, hören Sie, Frau Steinbeck. Sofort!«

Beschämt stehe ich auf und laufe zum Waschbecken. Ton aus. Als die Tür hinter uns zufällt, fangen wir bereits wieder an zu grinsen, nach 30 langen Sekunden vorsichtigen Lauschens geht das große Gelächter los. »Vielleicht war ›Bad‹ gerade ein bisschen too much«, sagt Marc. Ich drehe mich Richtung Tür und strecke die Zunge raus. »Who's bad?!«

Die restlichen fünf Toiletten reinigen wir leise und unauffällig. Die Party ist zu Ende. Aber wie jede dreckige Party soll auch diese ein Nachspiel haben. Beziehungsweise zwei. Das erste lässt nicht lange auf sich warten. Genauer gesagt exakt 15 Minuten. Marc und ich sind gerade unterwegs in den Keller, die Putzutensilien zurückbringen, als die betont liebliche Stimme der Rektorin durch die Schullautsprecher erklingt:

»Liebe Schülerinnen und Schüler, liebe Kolleginnen und Kollegen. Um das ständige Verstopfen der Toiletten durch Klopapierrollen zu beenden, werden wir das Toilettenpapier während der Weihnachtsferien aus den Kabinen entfernen. Ausnahme sind die Toiletten in der Sporthalle und in der Cafeteria sowie die Personaltoiletten. Klopapier kann im Bedarfsfall bei Frau Steinbeck im Sekretariat oder Herrn Lau am Hausmeisterhäuschen geholt werden.«

»Auf sowas kommt nur die Hildebrandt-Fricke«, bemerkt Marc, dem die Verärgerung ins Gesicht geschrieben ist. »Dann geht die Party wohl erst los.« Vor der Sekretariats-Tür trennen sich unsere Wege. Drinnen erwartet mich eine hämische Melitta. »Du hast es gehört«, sagt sie mit einem breiten Grinsen. »Die Scheißarbeiten sind ab sofort komplett in deiner Hand.« Ich winke ab. »Wie lange hast du darauf gewartet, diesen Satz zu sagen?«, antworte ich, schaue auf meine nasse Hose und kreuze die Arme gegen die Tür zum Rektorat.

DAS ERBSTÜCK

Hildebrandt-Fricke ist vor dem Fest, wie gesagt, alles andere als ein Segen, was vielleicht an der emotional aufgeladenen Adventszeit liegen mag. Jeden Morgen, wenn die Rektorin in unser Sekretariat stöckelt, möchte ich ihr am liebsten ein Bein stellen, sie an ihrer Perlenkette am Garderobenständer erhängen – oder ihr einfach den Mund zutackern. »Wo ist der Toner? Warum ist kein Toilettenpapier auf der Lehrertoilette? Wie kann es sein, dass Tom aus der 7a immer 20 Minuten zu spät zum Unterricht erscheint. Können Sie da mal anrufen!«

Am letzten Schultag vor den Weihnachtsferien wirkt sie trotzdem lieblicher als an anderen. Süßer klang ihre Stimme nie. Fast so süß wie die Fahne Chanel No. 5, die sich über die Rückstände der fünf Zigaretten legt, die sie für gewöhnlich bereits geraucht hat, bevor es zur ersten Stunde läutet. Ein Weihnachtswunder, möchte man meinen. Ich meine, dass sie einfach irgendetwas von mir will.

»Frau Steinbeck, wir müssen direkt nach der dritten Stunde den Weihnachtsbaum abschmücken. Ich kann ihn nicht mehr sehen. Gab schon genug Ärger mit dem Ding dieses Jahr.« Ich schiebe die Feierabend-Marke in meinem Kopf vorsichtshalber zwei Stunden nach hinten. Der Weihnachtsbaum ist ein Reizthema. Eigentlich dürfte er gar nicht im Eingangsbereich der Schule stehen. Die Brandschutzvorschriften verbieten es, wie wir seit Montag wissen. Dazu noch die Debatte um christliche Symbole an einer multikulturellen Schule ...

Sie hat ihn trotzdem stehen lassen. Aus Trotz. Einem ihrer großen Prinzipien. »Irgendetwas Erbauliches müssen wir uns in diesem Horrorladen ja erhalten. Nicht wahr, Frau Steinbeck?«

11.30 Uhr. Außer den Reinigungskräften sind nur noch die Rektorin, Marc und ich in der Schule. Melitta hat sich bereits in den Urlaub verabschiedet. Nach den Schülern muss jetzt der Schmuck raus, beziehungsweise runter. Kurz überlege ich, ob ich Hildebrandt-Fricke nicht einfach von der kleinen Leiter schubsen soll, während sie die von den achten Klassen aus Pappmaché gebastelten Weihnachtskugeln vom Baum nimmt. Soweit sie es wagt, sich auf Pumps von der obersten Stufe der Leiter in den Nadelwald hineinzulehnen.

»Kommen Sie bitte runter, ich mache das«, rufe ich. Vor allem aus Angst, dass das Im-Baum-Pulen zum Verlust einer der akkurat aufgeklebten Acryl-Fingernägel der Schulleiterin führen könnte. Das wäre dann das Ende des unverhofften Weihnachtsfriedens am Baum. »Wissen Sie, Frau Steinbeck«, sagt sie, während sie die Leiter langsam Sprosse um Sprosse heruntersteigt, »Sie machen hier einen guten Job. Ich war anfangs unsicher. Aber ja, Sie machen das super.«

Unten angekommen, lächelt sie mich fast gütig an. Ich schwebe engelsgleich die Leiter nach oben. Sie hat mich gelobt! Sie hat mich wirklich gelobt! Steht sie jetzt unter Drogeneinfluss oder ich? Vielleicht gibt es ja doch eine Möglichkeit, im Frühjahr an der Schule zu bleiben. Denn ich habe den Sekretärinnenalltag lieben gelernt. Mit all seinen Fallstricken und Stolperfallen – wie der alten Holzleiter, von deren Ende ich nun die Pappkugeln einsammele, um sie der Rektorin nach unten zu reichen. »Was machen Sie über die Feiertage?«, wage ich eine private Frage, während ich den gläsernen Stern von der Spitze der Tanne nehme.

»Ausziehen. Ja, ich ziehe aus. Er will nicht mehr. Nach den Ferien will ich meine Sachen aus dem Haus haben.« Mit einer derart privaten Antwort hätte ich nicht gerechnet. Auch nicht mit Tränen in den Augen der Rektorin. Ich will irgendetwas Tröstliches sagen. Stattdessen reiße ich die Hände zum Himmel und sage, was ich nach der Jahresabschlussfeier in der Aula – bewusst ohne christliche Symbole – vielleicht ein bisschen zu laut über Sören Lehmann gesagt habe, nachdem er mir eine Tasse heißen Kinderglühwein auf die Bluse gekippt hatte: »Männer sind doch Vollidioten!«

In meiner Erregung segelt mir dabei die gläserne Weihnachtsbaumspitze aus den Händen und landet dreigeteilt vor den Füßen der Rektorin. Heilige Dreifaltigkeit! Es dauert keine drei Sekunden, bis Hildebrandt-Frickes Tränen getrocknet sind. Entsetzt starrt sie auf den zersplitterten Weihnachtsschmuck, der sich über den ganzen Boden verteilt hat. Dann schaut sich mich an, als hätte ich gerade ihre Großmutter erstochen.

»Der Weihnachtsstern war ein Erbstück meiner Oma«, presst sie bitter hervor, und ich habe Angst, dass sie sich gleich zu Boden stürzt, um die Glasscherben einzeln aufzusammeln. Doch dann fasst sie sich wieder, und die Fricke-Zicke ist zurück.

»Irgendwann fällt eben alles in Stücke«, sagt sie mit einer abschätziger Handbewegung Richtung Boden, dann trifft ihr Blick mich. »Schuld daran sind meistens Idioten. Aber das haben Sie ja bereits erkannt, Frau Steinbeck.«

FROHE WEIHNACHT

Noch ein, dann zwei, dann drei, dann vier Kaffee, dann steht das Christkind vor der Tür. Nur nicht bei mir. Felix ist mit den Kindern und seinen Eltern in den Ski-Urlaub in die Schweiz gefahren und wird dort bis nach Neujahr bleiben. Max ist über die Feiertage bei seinen Eltern in Hamburg. Also habe ich mir Halleluja und Lametta komplett erspart und mich bei Tante Auguste und ihrem Mann Felipe angesagt. Ohne Stress und Geschenke. Einfach zum Erholen.

Es ist Heiligabend, 17 Uhr. Ich will gerade losfahren, als mein Handy klingelt. »Hallo, Desi, ich wollte dir schöne Feiertage wünschen.« Plötzlich wird mir warm – trotz Minusgraden im Auto. »Schatz, das wünsche ich dir auch. Du meldest dich sofort, wenn du wieder in der Stadt bist, versprochen?«

»Na, klar!«

»Kommst du denn an Silvester zu mir?«

»Leider nicht, ich werde in Hamburg bleiben müssen. Mein Vater will den ersten Stock meines Elternhauses renovieren. Und ich habe versprochen, den Rest der Ferien hier zu bleiben, um zu helfen. Er ist nicht mehr so fit, weißt du.«

»Na klar, verstehe«, antworte ich und will das Gespräch sofort beenden, bevor ich zu enttäuscht klinge.

»Wir hören uns, schöne Feiertage!«, sage ich schnell.

»Hey, hey, Desi, nicht so schnell!«

»Ja?«

»Da wäre noch was.«

»Ja?«

»Denkst du daran, übermorgen meine Fische zu füttern?«

»Ja.«

»Und noch etwas!«

»Ja?«

»Meine Eltern fragen, ob du am Dreißigsten nicht nach Hamburg kommen willst, um hier mit uns zu feiern.«

»Ja! Ja, klar! Klar, will ich!«

»Das hatte ich gehofft.«

»Ich liebe dich. Ich rufe heute Abend noch mal an, okay?«

»Ja, aber da ist noch etwas.«

»Ja?«

»Das Fischfutter steht auf dem Wohnzimmertisch. Daneben liegt ein ICE-Ticket nach Hamburg.«

»Alles klar, super!«

»Und noch etwas.«

»Ja?«

»Ich liebe dich.«

Den Silvesterabend verbringe ich mit Max und seiner Familie im Süden Hamburgs. Um Mitternacht stehen wir an der Binnenalster und bestaunen das Feuerwerk. Auf dem Weg zur U-Bahn-Station Jungfernstieg kommen wir später am berühmten Hotel Vier-Jahreszeiten vorbei. Frühling, Sommer, Herbst und Winter – inzwischen habe ich alle vier Jahreszeiten an der Geschwister-Scholl-Schule erlebt. Ich lächele. »Du, Max? Bevor der Frühling kommt, möchte ich, dass du endlich meine Kinder kennenlernst.«

Am Sonntag vor Schulbeginn ist es so weit. Wir sind mit unseren Schlitten am Stadtrand unterwegs, als wir Max treffen, der ebenfalls einen Schlitten hinter sich herzieht. Rein »zufällig« natürlich – wie die ganze Begegnung. Ich zwinkere ihm zu. »Louisa, Lucas, das ist Max.«

»Der bin ich!« Die beiden geben ihm schüchtern die Hand. Erst Lucas, dann Louisa. Im Laufe des Nachmittags tauen die beiden dann immer mehr auf, spätestens während des Abendessens beim Mexikaner um die Ecke haben sie nur noch Augen für Max.

»Mama«, fragt Louisa, als wir gegen halb zehn nach Hause gehen, »liebst du den Max?«

»Warum fragst du?«

»Du hast ihn die ganze Zeit so komisch angeguckt.«

»Wäre das denn schlimm?«

»Nein, nein, Mama. Du bist doch immer so allein.« Es ist der schönste letzte Ferientag ever!

SHITSTORM

Ferien vorüber. Montagmorgen. Ich kann es kaum erwarten, endlich in der Schule anzukommen, wegen akuten Schneegestöbers habe ich das Haus vorsichtshalber eine halbe Stunde früher verlassen. Es ist kurz vor halb sieben. Zwischen mir und dem Haupteingang liegen ein Tor und etwa 300 Meter. Ich düse, düse, düse im Sauseschritt und bring den Durchfall mit, von meinem Abend mit Max und den Kindern beim Mexikaner. Unbefleckt bis zu den Personaltoiletten im zweiten Stock zu gelangen scheint mir unmöglich. »Möglicherweise wäre es den Weg wert gewesen«, fluche ich, nachdem ich mich auf den Schülerklos im ersten Stock erleichtert habe.

Plötzlich habe ich die letzte Durchsage der Rektorin wieder im Ohr: »Um das ständige Verstopfen der Toiletten durch Klopapierrollen zu beenden, werden wir das Toilettenpapier während der Weihnachtsferien aus den Kabinen entfernen. Ausnahme sind die Personaltoiletten. Klopapier kann im Bedarfsfall bei Frau Steinbeck im Sekretariat oder Herrn Lau am Hausmeisterhäuschen geholt werden.«

SCHEISSE!

Hier braucht es einen Freund. Marc also. Aber der geht nicht ran. Nicht an sein Diensthandy, auch nicht an sein privates. Ob er noch zu Hause ist? Glücklicherweise wohnt Marc wie viele Hausmeister in einer Dienstwohnung direkt an der Schule. Die Telefonnummer ist dank Internet schnell herausgefunden. In der wenig netten Situation hat mein iPhone glücklicherweise Netz, wenn auch extrem schlechtes. Nach dem dritten Klingeln höre ich ein leises »Hallo« und lege sofort los: »Schatzi, komm sofort ins Hauptgebäude, Toilette erster Stock! Es eilt!«

»Was?«

»Wie?«

»Wer sind Sie denn?«

Ich ahne Schlimmes. Das ist nicht Marc. Und am anderen Ende der Leitung spielt gerade irgendjemand »Wer bin ich – ohne Zettel.« Ich atme durch.

»Ich bin Désirée, wer sind Sie?«

»Ich bin Sabrina. Marcs Freundin. Und warum wollen Sie ihn auf dem Klo treffen. Sind Sie die Putzfrau?«

»Nein. Ich bin die Sekretärin. Entschuldigen Sie vielmals die Störung.« Da habe ich bereits Marc dran. »Was kann ich für dich tun?«

»Sorry, ich hatte gar nicht auf dem Zettel, dass du eine Freundin hast. Ist sie nett?«

»Deshalb rufst du an?«

»Nein, ich habe Scheiße gebaut, beziehungsweise gemacht ... Ach, Scheiße!«

»Hä?«

»Hör zu. Ich sitze mit Durchfall auf der Mädchentoilette im ersten Stock und bin in einer ziemlich misslichen Lage.«

»Aber dir fehlt nichts?«

»Doch!«

»Was denn?«

»Klopapieeeeer!«

Zwanzig Minuten später, nachdem mich Marc mit Klopapier und seine Freundin mit einer Erklärung beglückt hat, düse ich ins Sekretariat. Weitere zehn Minuten – und wir sind bereits komplett im Alltag angekommen. »Haben wir an alles gedacht?« Fragend blicke ich Melitta an. »Beruhige dich, Schätzchen«, gibt diese lachend zurück. »Auch der erste Schultag nach den Weihnachtsferien ist ein ganz normaler Wahnsinnstag wie jeder andere hier!«

Ich will gerade noch einmal kurz Richtung Toilette rennen, als es an der Tür klopft. »Ja, bitte«, rufe ich so fröhlich, wie es nur am ersten Tag nach den Ferien möglich ist. Herein treten eine junge Frau, ein Junge und ein Mädchen, vielleicht sechs oder sieben Jahre alt, beide sehr dünn und schlecht gekleidet. Angstvoll schweigend.

»Das müssen die beiden Flüchtlingskinder sein«, flüstert mir Melitta zu. »Warte, ich kümmere mich.« Melitta verlässt den Schutzbereich hinter der Theke und reicht den beiden Neuen die Hand. »Hallo, ich bin Melitta. Wenn euch etwas drückt oder bedrückt, dürft ihr immer zu mir kommen!« Ich beobachte die Szene von meinem Schreibtisch aus. Rührend, wie Melitta versucht, das Vertrauen der kleinen Familie zu gewinnen. Erst mal gibt es Bonbons auch für die Mama. Die Fragezeichen im Gesicht der drei verschwinden trotzdem nicht. »Wer seid ihr denn«, fragt Melitta und streckt den beiden ihre Hand entgegen. »Melitta«, sagt sie und zeigt wieder auf sich. »Yascha«, antwortet der Junge und stupst dann seine kleine Schwester an. »Natascha.«

»Ich glaube, wir brauchen hier einen Dolmetscher«, stellt Melitta fest, »Sie kommen aus der Ukraine nicht wahr? Ukrajina?!« Die junge, bildschöne Frau nickt. Melitta bittet per Handzeichen, doch bitte Platz zu nehmen. Glücklicherweise haben wir 21 verschiedene Muttersprachler im Kollegium. Einen Russischübersetzer zu finden dürfte nicht das

Problem sein. »Ich schaue schnell, ob Anna oder Sergej gerade im Lehrerzimmer sind.«

Wenn sich eine Tür schließt, öffnet sich eine andere. Gerade hat Melitta den Raum verlassen, als die Tür des Rektorats auffliegt und Hildebrandt-Fricke in den Raum stürmt. Betriebsblind wie immer. »Frau Steinbeck, ich suche einen Brief des Schulamtsleiters«, poltert sie los. »Wir sind noch am Sortieren, Frau Hildebrandt-Fricke«, antworte ich ruhig. »Schauen Sie doch bitte auf dem Tresen, da liegt noch ein Stapel unter dem Türgriff.«

Die Chefin bemüht sich mürrisch zur Theke und blättert die Post durch. Nichts. »Warum beschweren Sie die Post eigentlich mit meinem alten Türgriff?«, beendet sie ihre Suche schließlich genervt. »Ach, der liegt da als Erinnerungsstütze, damit wir jeden Tag dran denken, zu überprüfen, ob bei Ihnen nichts locker ist – an der Tür.«

Die Fricke-Zicke hat den Wink mit dem Zaunpfahl verstanden. »Machen Sie sich etwa über mich lustig?« Ich schaue Richtung Theke. Die Chefin hält ihren alten Türgriff auf Brusthöhe in der zur Faust geballten Hand in die Luft, als wolle sie mich gleich damit erschlagen. Dahinter die ukrainische Mutter mit ihren beiden Kindern, die Hildebrandt-Fricke vor lauter Briefpanik gar nicht wahrgenommen hat. »Nein, ich meinte nur, dass …«

Ein lauter Knall unterbricht mich. Hildebrandt-Fricke hat den Türgriff mit voller Wucht auf die Theke geknallt. Als Nächstes höre ich angstvolle Schreie hinter mir. Yasha und Natascha drängen sich ängstlich an die Seiten ihrer Mutter, die beide schützend umklammert.

»Was ist denn hier los!« Melitta, die mit Russisch-Lehrerin Anna im Schlepptau erschienen ist, schlägt die Hände über dem Kopf zusammen. Ich zucke mit den Schultern, Hildebrandt-Fricke steht noch immer wie angewurzelt an der Theke. Nach einem kurzen Gespräch zwischen Anna und Alissa Sokolowa, so der Name der Mutter, können wir uns einen Reim auf die panische Reaktion der drei machen.

»Sie sind traumatisiert, sie haben im Krieg gelebt und sind deswegen besonders schreckhaft«, sagt Anna mit einem vorwurfsvollen Blick Richtung Rektorin. »Bitte vermeiden Sie in Gegenwart der Kinder laute Geräusche und hektische Bewegungen!«

Leiser und beschämter habe ich Hildebrandt-Fricke noch nie aus unserem Sekretariat schleichen sehen. Ein Bombenstart für das neue Jahr an der Geschwister-Scholl-Schule. »Ich kümmere mich um die beiden«, sagt Melitta. »Ich glaube sie sollen erst einmal in die Klasse von Frau Hartmann.« Gemeinsam mit Anna und den Sokolowas verschwindet sie auf dem Gang.

Eine Woche später hat die Rationierung des Klopapiers im Sekretariat fast einen Nervenzusammenbruch und in den Toiletten einen handfesten Shitstorm ausgelöst. An den Kabinenwänden. »Das Papier ist unser!« ist dort zu lesen, »Keine Macht der kommunistischen Klopapier-Politik«, oder einfach: »Ich scheiß auf dein Papier! Leck mich!« Unter #klopapierfueralle macht sich die Empörung jetzt auch noch auf Twitter breit. Schlimmer: Auf Instagram posten die Schüler Bilder ihrer Hinterteile in den Toilettenräumen. Zwar mit Hosen an, dafür aber mit dem Kommentar: »Wir sind nicht ganz sauber. #klopapierfueralle.«

»Wenn jetzt noch die YouTuber kommen, könnte es unappetitlich werden«, lacht Melitta. »Stell dir mal vor. Der Selbsttest: Kacken ohne Klopapier.«

»Wenn sie kein Papier haben, sollen sie sich doch mit Abschminktüchern sauber machen«, murmele ich, nachdem wir grob überschlagen haben, wie viel mehr Durchgangsverkehr uns die Pümpel-Party gekostet hat. »Nicht wahr, Melitta-Antoinette?!«

Die Antwort wird von einer Revolte übertönt, wie sie die Welt wahrscheinlich seit der Französischen Revolution nicht mehr erlebt hat, zumindest nicht in einem Schulsekretariat. »Gebt uns das Papier zurück!« Redeführer Stobi und rund zehn weitere Zehntklässler stehen mit verschränkten Armen vor der Theke. Leckt mich doch, denke ich. Und sage stattdessen scheißfreundlich: »Gibt es hier irgendein Problem?!«

»Klopapier in die Kabinen«, rufen die Schüler im Chor. »Papier zurück, Papier zurück!« Wie viele Demonstrationen, halte ich auch diese lediglich für einen guten Grund, irgendetwas anderes zu schwänzen. Zum Beispiel Kunst bei André. Die hohe Kunst der Diplomatie ist hier zumindest kein Thema – ebenso wenig wie im Nebenzimmer. Als sich die Tür des Rektorats öffnet, erwarte ich das Schlimmste. »Was ist das denn für ein Lärm?«, brüllt Hildebrandt-Fricke lauter, als alle elf Schüler zusammen es jemals könnten. Selbstbewusst dreht sich Stobi nach rechts.

»Wir wollen wieder Klopapier in den Kabinen.«

»Auf keinen Fall!«

»Das ist doch scheiße! Warum nicht?«

»Weil das Papier teuer ist. Zu teuer, um damit Abflüsse zu verstopfen.«

»Aber das geht doch nicht!«

»Warum, ihr bekommt doch hier euer Papier!«

»Aber man weiß doch vorher nie, wie viel man braucht!«

Ich möchte vor Lachen explodieren wie mein Darm am ersten Schultag. Irgendwie gelingt es mir, ruhig zu bleiben. Bis die metaphorische Antwort der Rektorin kommt. »Wer ein Geschäft abzuwickeln hat, überlegt sich vorher ja auch ganz genau, wie hoch sein Einsatz ist – und was er dafür bekommt!«

Gerade so schaffe ich es noch vor die Tür, wo ich leise kichere. Zuvor habe ich mir schnell fünf Blätter Klopapier von der Rolle auf meinem Schreibtisch abgewickelt. »Wo willst du hin?«, höre ich Melitta noch rufen. »Ich muss ganz dringend aufs Klo. Ganz dringend!« Ich schließe mich fünf Minuten auf der Personaltoilette ein – und lache, lache, lache. Geschäft erledigt! Dann eile ich im Sauseschritt zurück an meinen Platz. Dort ist wieder Ruhe eingekehrt. »Hast du gekokst oder warum bist du so aufgekratzt?«, fragt Melitta. Ich winke ab. »Ne, Schnee gibt es draußen gerade genug.«

EISKÖNIGINNEN

Hei, hei, hei, so eine Schneeballschlacht, ja das ist was für die großen und die kleinen – Schüler. Darum macht so mancher Erwachsener nach den Weihnachtsferien lieber einen großen Bogen um den Schulhof. Sobald der erste Schnee fällt, wird dieser nämlich zum Schlachtfeld. Dumm nur, dass es Menschen in High Heels oder anderen profillosen Schuhen für gewöhnlich eher schwerfällt, den Stolperfallen des winterlichen Wegs ins Haupthaus zu entgehen.

Ich selbst bin jeden Morgen versucht, Schnee von der Fensterbank zu kratzen, zu einer Kugel zu formen und sie der Hildebrandt-Fricke von oben auf den Kopf zu feuern, sobald ihre Visage auf dem von Marc stets frisch gestreuten Weg zwischen Parkplatz und Schule zu sehen ist.

Am Montagmorgen ist es also die Chefin, die das Schulgebäude möglichst schnell zu erreichen versucht. »Wahrscheinlich bohren sich ihre Absätze in den Schnee wie Widerhaken«, meint Melitta. Anders könne sie sich nicht erklären, warum Hildebrandt-Fricke noch nicht aus den Latschen gekippt sei. Wörtlich gemeint. »Ich wette, heute wird wieder jemand fliegen. Vielleicht nicht von der Schule, aber definitiv vor die Schule.«

Marc hat seinen Dienst heute Morgen eine halbe Stunde früher als sonst begonnen. Denn über Nacht hat sich eine neue Eiswelle in der Stadt bemerkbar gemacht. Bereits um sieben Uhr war das komplette Gelände mit Streusalz versehen. Vier Stunden später komme ich endlich zu einer Zigarette. »Ich bin mit Carina vor dem Tor verabredet«, rufe ich Melitta zu, schnappe mir Mütze und Daunenjacke und gehe in die Raucherpause - und bleibe dann doch noch kurz in der Tür stehen. »Und wenn die Schneekönigin aus dem Nebenzimmer mich sucht - die Frühstückspause ist gewerkschaftlich verordnet, okay!«

Carina wartet bereits. »Ein frohes neues Jahr und einen guten Schulanfang«, stürmt sie lachend auf mich zu, Küsschen links, Küsschen rechts, dann eine kurze Pause. »Nun bekommst du keine Küsse mehr, denn sonst küsse ich dich tot!«

Wissend recke ich meinen Zeigefinger in den Himmel, wie die – vereinzelt vorkommenden – übermotivierten Schüler, die ganz dringend eine Wortmeldung beizutragen haben. »Ja, Désirée, bitte!«

»Das ist aus Hans Christian Andersens ›Die Schneekönigin‹«, kommt es wie aus der Pistole geschossen aus meinem Mund. »Eine schöne Geschichte über den großen Wert von Freundschaften.«

»Ja«, sagt Carina. »Passend zum Thema: Toll, dass du an die Schule gekommen bist. Toll, dass wir uns kennengelernt haben!«

Auch zwei andere Freundinnen haben den Weg in die Raucherzone vor dem Schultor gefunden, beziehungsweise stehen noch freundlich winkend auf der anderen Straßenseite, wo sie am Automaten gerade ein Päckchen Kippen gezogen haben. Susan Fernández Suárez und Malin Brodmeier – das begehrteste Busenfreundinnen-Duo, das die Geschwister-Scholl-Schule zu bieten hat. Die eine brünett, die andere blond, beide schön anzusehen, selbst im Winter, der sogar mich dazu verleitet, in Daunenjacken lieber unförmig auszusehen, als zu frieren.

»Schau mal, grazil wie zwei Eisprinzessinnen«, sage ich noch, während die Mädchen vorsichtig über die Straße gehen. Erst macht es »Plumps!«, dann »Aua!«. Schließlich fließen die Tränen. Malin ist gefallen. Das kommt davon, wenn man nicht auf dem Schulgelände rauchen darf, denke ich, während ich auf die von der Stadt mal wieder nicht gestreute Straße laufe, um zu helfen. »Bist du verletzt?«

»Ich weiß nicht, aber mein Arm tut so weh.«

Als die Schmerzen nach einiger Zeit eher schlimmer werden, als nachzulassen, entscheiden wir uns gemeinsam, Malins Eltern zu bitten, mit ihr in die Ambulanz zu fahren. Vorsichtige Prognose: Armbruch. Mein Blick fällt auf ihre Schuhe. »Schöne Boots«, stelle ich fest. »Aber haben die überhaupt ein Profil?«

»Viel mehr als ›selbst schuld‹ muss ich dazu auch nicht sagen«, meint Melitta, als wir wieder allein sind. Fanny bellt zustimmend. »Letzten Winter hatten wir hier insgesamt fünf Arm- und drei Beinbrüche sowie mindestens zehn verstauchte Knöchel. Die Opfer: Junge Damen, die nichts anderes im Kopf haben, als von Kopf bis Fuß schön auszusehen – für die Jungs.«

Triumphierend schnürt sie sich ihre Wanderschuhe. »Trage ich auch auf dem Hundeplatz. Und hier sowieso! Ich bin zu alt, um nur schön zu sein, nicht wahr, Fanny?« Die Labradordame schweigt. Melitta krault ihr den Nacken. »Guter Hund!« Wir lachen.

Plötzlich kommt mir das Andersen-Märchen wieder in den Sinn. Leise murmele ich den letzten Satz vor mich hin: »Da saßen sie beide, erwachsen und doch Kinder, Kinder im Herzen; und es war Sommer, warmer wohltuender Sommer.« Ich seufze. Ob ich im Sommer noch hier bei Carina und Melitta sein werde?

ELTERNARBEIT

Von wegen friedlicher Februar. Im Sekretariat ist die Kacke mal wieder am Dampfen. Die Polizei stand bereits um kurz vor halb neun vor der Tür. Noch vor der großen Pause war der Fall Estelle Henrich dann erst mal erledigt – und damit öffentlich.

Die Überführung war gewöhnlich abgelaufen. Im letzten Jahr waren immer wieder bekiffte Schüler im Umfeld der Schule erwischt worden – während der Unterrichtszeit. Alle waren auf Tipps von Passanten hin von der Polizei aufgegriffen und aufs Revier gebracht worden. Auch Kiran, der vorgestern bereits zum zweiten Mal bei der Polizei auf seine Mutter warten musste – seit Ende der Ferien! Polizist Drasky hat mir die Sachlage am Telefon erklärt:

»Wir haben hier mal wieder einen Geschwister-Scholl-Schüler. Kiran hat an der Dönerbude gekifft. Er ist jetzt bei uns.«

»Für Kiffen kommt man gleich auf die Wache?«

»Ja, als Abschreckung. Aber normalerweise lassen wir die Kids auch gleich wieder laufen, sobald ihre Eltern da sind. Mit Ihrem Kiran werden wir uns diesmal allerdings länger beschäftigen.«

»Warum das?«

»Auf das letzte Jahr verteilt, haben wir ihn insgesamt sechsmal irgendwo mit Cannabis erwischt.«

»Und was passiert jetzt mit ihm?«

»Wir werden ihn verhören. Und wenn er uns sachdienliche Hinweise auf den Dealer gibt, wird der Richter später die Strafe mildern oder vielleicht sogar fallenlassen, wovon ich aufgrund der Ansammlung von Vorfällen nicht ausgehe.«

»Strafe?«

»Keine Sorge, wahrscheinlich Sozialarbeit, im schlimmsten Fall ein paar Tage Jugendarrest als kleine Warnung.«

»Okay … Ich sage seinem Klassenlehrer Bescheid.«

Der Angst vor dem Jugendknast zum Dank, wusste wohl

auch Polizist Drasky relativ schnell Bescheid – über den Dealer! Die Spur führte zurück an die Geschwister-Scholl-Schule. In die 8a …

»Jetzt schlägt's 13«, erzürnt sich Melitta, nachdem die Beamten nach einer amtlichen Rucksack-Durchsuchung eindeutig feststellen konnten, dass die 13-jährige Estelle tatsächlich auf dem Schulhof dealt. Und zwar im großen Stil! »Wahrscheinlich hat sie 50 Prozent unserer Kiffer mit Gras versorgt«, vermutet Henriette Hildebrandt-Fricke, die nichts mehr fürchtet als ein PR-Desaster. »Und das bereits seit über einem Jahr!«

Innerhalb der nächsten Stunde hat sich die Kunde von der dealenden Schülerin über illegalerweise benutzte Handys wie ein Lauffeuer verbreitet – und alle Eltern auf den Plan gerufen, die selbst nicht kiffen –, was immerhin knapp über 50 Prozent sein sollten. An vorderster Front: Schulelternbeiratsvorsitzende Brigitte Schmitz, die gegen elf im Sekretariat steht – unter Strom. Die ist allerdings eher auf Koks als auf Gras, denke ich, während ich die hysterische Weltverbesserin gekonnt zwei Minuten ignoriere, um dann naiv zu fragen: »Frau Schmitz, was kann ich für Sie tun?«

Die Antwort läuft auf dem Niveau jener Laberflashs ab, die kiffende Schüler nach der großen Pause zumeist verraten. 15 Minuten Redeschwall ohne Atempause – ist das ohne Cannabis eigentlich möglich? – enden mit dem verschlagworteten »Keine Macht den Drogen!« Ich lächele zustimmend. »Und was wollen Sie jetzt tun, Frau Steinbeck?«

»Ich?«

»Ja, das ist ein Skandal! Sie müssen doch irgendetwas tun. Schließlich sitzen Sie im Epizentrum der Schule!«

Innerlich bebe ich auch. Ruhig antworte ich: »Ich kann schauen, ob die Chefin Zeit für Sie hat.«

Ich meine, was soll ich auch tun? Was hätte die gealterte Christiane F. getan – vor ihrem Rückfall? Richtig: Sie hätte die Dealerin der Schule verwiesen. Direkt auf die Hermann-Hesse-Schule, wo Gertrud Imthor sicherlich viel Spaß mit der Neuen haben wird – nachdem wir ihr natürlich sofort die komplette Schülerakte geschickt haben. Irgendwie hoffe ich, dass die gute Gertrud demnächst selbst in den Genuss von etwas Gras kommen wird. Einfach, um sich mal etwas zu entspannen.

Die spannende Frage nach einem drohenden PR-Desaster wird sich am kommenden Morgen übrigens erledigen. Die Nachricht einer weiteren Dealerin an Schulen wird den Zeitungen gerade mal eine kleinere Meldung im Lokalteil wert sein. »Ich hätte den Artikel beinahe übersehen«, werde ich Melitta sagen und auf den großen, vierspaltigen Artikel daneben zeigen. »Ursulinenschülerin wird in den deutschen Schwimmkader aufgenommen.« Ich werde hochachtungsvoll auf den Bildtext deuten und feststellen: »Sie ist gerade mal 13. Wie sagt man in England: Auf der anderen Seite des Zauns ist das Gras viel grüner!«

»Sich mit 13 in der Schwimm-Nationalmannschaft quälen?«, wird Melitta lachend antworten. »Wie sagt man in England: That's sick! Van Almsick sick!«

Vorerst schwimmen wir weiter in Arbeit. Neben dem Beruhigen besorgter Eltern müssen auch die Sekretariatsstandards besorgt werden. Gegen zwölf Uhr habe ich das dringende Bedürfnis nach einem Joint. Im allgemeinen Chaos hat Frau Fietz gerade noch gefehlt. Wichtig, wie Veronica

Ferres beim Grimme-Preis stöckelt sie kurz vor Ende der sechsten Stunde mit grimmigem Blick auf uns zu. Während Melitta und ich im gefühlt 500. Elternanruf stecken, schlägt sie ihre Hand rhythmisch genervt immer wieder auf die Theke. Absichtlich ignoriere ich sie ganze drei Minuten lang, dann sehe ich auf.

»Was kann ich für Sie tun?«

»Elvira Fietz, Ich bin die Mutter von Roland aus der 5a.«

»Ah, freut mich, Sie kennenzulernen. Hat sich der Roland gut eingelebt?«

»Er fühlt sich sehr wohl.«

»Das ist doch super.«

»Bis auf einen Punkt eben.«

»Der da wäre?«

»Die Toiletten findet er scheiße, wenn ich das so sagen darf.«

»Dürfen Sie. Warum?«

»Die sind dreckig!«

»Das stimmt! Sie wissen ja, wie Kinder sind.«

»Mein Roland ist nicht so!«

»Das wollten Sie mir sagen?«

»Hören Sie, ich habe die Schultoiletten jetzt ein halbes Jahr jeden Tag kontrolliert ...«

»Sie haben was?!«

»Die Toiletten auf Hygiene untersucht.«

»Mit welchem Ergebnis?«

»Sie sind eklig!«

Das Ein-Frau-Gesundheitsamt sieht mich angewidert an. Ich muss mich schwer zusammenreißen, sie nicht zu bitten, sich doch einen Lappen zu nehmen und mit dem Putzen anzufangen. Ich stelle mir die schicke Elvira Fietz vor - wie sie sich in ihrem maritimen Kostüm galant bückt, um Fäkalien aufzusammeln, die die ganz großen Ferkel unter unseren Schäfchen gern mal vorsätzlich vor den Waschbecken ablegen.

»Was soll ich jetzt tun?«, frage ich selbstbewusst. Ich rechne mit jeder Antwort, nur nicht mir dieser: »Ich habe mir überlegt, dass ich an der Schule putzen könnte. Wäre das möglich?«

Mir fällt die Kinnlade runter. Aus dem Augenwinkel sehe ich, wie Melitta ihren Stift absetzt und irritiert Richtung Theke schielt. Hier steht sie, die Klofrau, die wir uns so lange gewünscht haben – mit frisch lackierten Fingernägeln, einer Designer-XL-Bag und Perlenkette um den Hals. Ich bin völlig von der Kette. »Nehmen Sie doch bitte auf einem der Stühle im Flur Platz. Da muss ich erst die Chefin fragen.«

Als die Tür ins Schloss fällt, treffen sich Melittas und mein Blick. Wir fangen herzlich an zu lachen. »Nicht ihr Ernst?«, findet Melitta schließlich zurück zur Sprache. Auch ich habe mich wieder gefangen. »Ist die noch ganz klar im Kopf? Unsere Toiletten putzen? Freiwillig?«

»Aber was machen wir jetzt mit ihr?«

»Einen Termin mit Hildebrandt-Fricke. Wenn ich das richtig sehe, könnten sich die beiden gleich noch über Designer-Handtaschen unterhalten.« Melitta stimmt zu. »Besser als über Designer-Drogen.«

Nach dem Termin eine Woche später hat Elvira Fietz den Job leider nicht in der Tasche, in Sachen Attitüde allerdings alle anderen Mütter der Geschwister-Scholl-Schule ausnahmslos in die Tasche gesteckt.

»Wie ist es gelaufen?«

»Sie braucht mich nicht!«

»Schade.«

»Soll sie doch in ihrer eigenen Scheiße ersticken!«

Ich schmunzele tröstend. »Vielleicht sollte ihr das mal jemand sagen.«

Frau Fietz rollt mit den Augen. »Habe ich!«

»Haben Sie wirklich?«

»Ja, und zwar genauso!«

THEKE DER TRÄNEN

Halbjahreszeugnisse heißt mal wieder volle Kanne Stress. Während wir bereits am laufenden Band Dokumente kopieren, fangen viele Betroffene gerade erst an zu kapieren, was in den letzten Monaten falsch gelaufen ist. Zu den Reumütigen zählt auch Frau Keul, die am Mittwochmorgen heulend an der Theke steht. Dem Tränen-Drama an der Theke war folgende Mail vorausgegangen:

»Sehr geehrte Frau Hildebrandt-Fricke. Ich habe noch nie jemanden so sehr um etwas gebeten wie Sie jetzt. Bitte lassen Sie die unentschuldigten Fehlstunden meines Sohns Eike unter den Tisch fallen. Unentschuldigte Fehlstunden im Zeugnis sind noch schlimmer als schlechte Noten. Und die hat er sowieso schon. Hochachtungsvoll, Nicole Keul.«

»Schau mal, die Keul kommt«, flüstert Melitta und nickt freundlich Richtung Tür. Denn Nicole Keul ist hier Dauergast. Weil ihr Sohn immer gegen irgendein Schulgesetz verstößt. Am liebsten gegen die Anwesenheitspflicht. »Haben Sie meine Mail bekommen?«, fragt sie. »Die ist zur Bearbeitung bei der Chefin«, antworte ich achselzuckend. »Aber machen Sie sich keine allzu großen Hoffnungen, die Zeugniskonferenzen sind doch längst gelaufen.«

Während Frau Keul ihren Tränendrüsen freien Lauf lässt, lasse ich das vergangene Halbjahr Revue passieren – und kann eine gewisse Schadenfreude nicht unterdrücken. Denn Eike zählt definitiv zu den Schülern, die Sekretärinnen für völlig bescheuert halten.

Letzte Woche erst stand Eike wieder mit Magenschmerzen und Durchfall hier, um sich als krank abzumelden. »Welcher Lehrer ist denn darauf wieder reingefallen?«, dachte ich noch und sagte: »Denk bitte daran, dass du anrufen musst, sobald du zu Hause angekommen bist!«

Zwanzig Minuten später klingelte das Telefon. »Hallo Frau Steinbeck, hier ist Eike.« Ich musste den Hörer von meinem Ohr weghalten, um mich vor dem Lärm der vorbeifahrenden Autos zu schützen, als es irgendwo im Hintergrund ruft: »Kalbsdöner mit allem!« Ich rolle mit den Augen. »Alles klar, Eike, dann gute Besserung. Und Vorsicht vor BSE und so!«

Wenig mitleidig quittiere ich ein paar Tage später, dass Eike mit seinen Fehlstunden leben muss. Madita dagegen muss mit einer knallharten Fünf im Zeugnis klarkommen. Melitta hat die Fünftklässlerin gerade heulend auf dem Schulhof aufgesammelt.

»Ist das so schlimm mit der Fünf in Mathe?«

»Ich hatte noch nie eine Fünf im Zeugnis.«

»Aber du bist doch noch ganz neu auf der Schule. Es dauert immer etwas, bis man sich umgewöhnt hat.«

»Aber ich habe mich doch so angestrengt«, das Mädchen ist untröstlich.

»Weißt du was, wir gehen jetzt eine Runde in die Stadt spazieren, und du erzählst mir, was so schwer an Mathe ist«, sagt sie, und streckt Madita ihre Hand entgegen. »Aber wir haben gleich die Besprechung wegen der Feier zur Schule ohne Rassismus, Melitta«, sage ich warnend, »sie wird toben, wenn du nicht teilnimmst!«

Die Kollegin verzieht keine Miene. »Dann muss sie eben kurz warten. Manche Dinge sind mir wichtiger als Meetings!« Ich zwinkere. »Sag doch einfach, dass ich Magenschmerzen und Durchfall habe«, bittet Melitta ironisch. »Dann bring mir aber einen Döner vom ›Antalya‹ mit. Mit allem!«

PFLAUMENMUS

Auch an anderen Theken geht es mitunter heiß her. Zum Beispiel an der des Hausmeisterhäuschens – jede große Pause. Denn dann bringt Marc dort Backwaren unter die Schüler. Belegte Brötchen, Käsestangen, Croissants und Co. – eben alles, was das Frühstücksherz morgens um halb zehn in Deutschland begehrt.

Fast alles. Denn zwei Schülern steht der Sinn regelmäßig nach anderen Dingen, die das Leben schöner machen. Und damit machen sie den Hausmeister wahnsinnig. Natürlich mit voller Absicht.

»Ob ihr es nun glaubt oder nicht: Ich habe noch immer keinen Pflaumen-Joghurt!«

Die Pause ist fast vorüber. Vor dem Häuschen, das zu einem kleinen Kiosk umfunktioniert werden kann, wartet nur noch ein überschaubarer Haufen hungriger Schüler auf frische Backwaren. Vom plötzlichen Brüllen des Kollegen irritiert, bleibe ich stehen. »Aber wir wollten doch nur Pflaumen-Joghurt«, höre ich Stobis Stimme. »Na gut, dann versuchen wir es ein andermal.«

Nachdem Marc die restlichen Schüler bedient hat, gehe ich auf seinen Tresen zu. »Na, schöner Mann. Hast du noch eine Mohnschnecke für mich?« Marc grinst. »Klar, Zuckerschnecke, aber nur wenn du noch schnell einen Kaffee mit mir trinken gehst.«

Wir entscheiden uns dafür, den Kaffee in der Sofa-Ecke im Lehrerzimmer einzunehmen, wo mich Max mit einem breiten Grinsen empfängt. »Na, ich dachte, ich wäre der einzige Mann, der Kaffee-Dates mit dir hat. Und dann erwische ich dich ausgerechnet mit dem Mann mit dem Laubbläser!«

»Es ist Winter. Siehst du draußen irgendwo Blätter, Mann?!« Marc guckt grimmig in seine Tasse. »Und dir haben sie heute Salz in den Kaffee gekippt?«

»Eher Pflaumen, du Pflaume!«, antwortet Marc.

»Ah, ja?«

»Ja! Seit zwei Jahren stehen Stobi und Moe aus der Zehnten jede große Pause an meiner Theke und wollen Pflaumen-Joghurt kaufen. Das treibt mich zur Weißglut. Nach einer Beschwerde bei ihrem Klassenlehrer war für ein paar Wochen Ruhe. Doch kurz nach den Weihnachtsferien hat es wieder angefangen. Irgendwann schlage ich die beiden noch zu Mus!«

»Als Pädagoge muss ich das strikt ablehnen«, sagt Max und überlegt. »Da muss es noch eine andere Lösung geben.« Schließlich setzt er das süßeste Lausbuben-Grinsen seit Michel von Lönneberga auf. »Ich hab's!«

»Ich bin gespannt«, sagt Marc. »Dann mal raus damit!«

»Wir wissen es doch von Kai Pflaume: Nur die Liebe zählt, beziehungsweise die Libido. Greif sie dort an, wo sie verletzlich sind. An ihrer Männlichkeit.« Max zieht Marc zu sich und flüstert ihm etwas ins Ohr.

»Wer flüstert, der lüüügt«, rufe ich.

»Nichts für Frauenohren, Schnecke«, sagt Max lax. Marc nickt schmunzelnd. »Das ist aber nicht sehr pädagogisch, Herr Patzke!«

»Egal. Du sollst es ja sagen, nicht ich.«

Marc verabschiedet sich mit High Five von Max. Von mir mit einem augenzwinkernden: »Wir sehen uns morgen in der großen Pause, nehme ich an?«

Am nächsten Tag stehe ich kurz vor Ende der Pause gespannt am Hausmeisterhäuschen und reihe mich in der Schlange direkt hinter Stobi und Moe ein. Endlich sind sie dran.

»Guten Morgen, Herr Lau.«

»Guten Morgen, was darf's denn heute sein. Eine Schnecke vielleicht?«

»Hm, nein. Verkaufen Sie auch Pflaumen-Joghurt?«

»Ist leider aus. Aber Jungs, wenn ihr unbedingt Pflaumen wollt, dann sucht euch doch endlich mal 'ne Freundin!«

Stobi und Moe laufen hochrot an. »Dann nehme ich doch eine Schnecke«, stammelt Stobi. »Gute Wahl«, sagt Marc süffisant, »macht 1,20.« Unter dem Gelächter der restlichen Schüler ziehen die beiden von dannen. »Na, dann«, rufe ich. »High Five für Max!«

BIG BUSEN IS WATCHING YOU

In anderen Lebenslagen erweist sich der gemeine Lehrer als weniger genial. Vor allem hat mich die Zeit an der Schule gelehrt, dass die Pädagogen gar nicht so alleskönnend sind, wie wir als Kinder meinten. Ich meine, wie ließe es sich sonst erklären, dass ich unglaublich viel Zeit darauf verwende, Lehrern Leichtigkeiten zu erklären? Zum Beispiel, wie Briefbögen derart gefaltet werden, dass die Adressen der Empfänger durch das Fenster auf der Vorderseite des Kuverts zu sehen sind. Den jüngeren erkläre ich vor allem, wie man ein Fax versendet, beziehungsweise, was ein Fax überhaupt ist.

»Die lieben Lehrer und ihre Faxen!« Melitta ist ganz froh, keinen Lehrer geheiratet zu haben. Marek ist kein Magister. Er ist ein Macher. Zum Beispiel kann er tapezieren. Genauer gesagt Louisas Kinderzimmer. Denn das ist das Drama, wenn eine alleinerziehende Mutter ausgerechnet einen Lehrer datet – um komplett klarzukommen, muss man sich den Mann einer Kollegin ausleihen. Heute: Marek Kolakovsky, »Meister des Tapezierens«, wie mir Melitta verspricht.

Feierabend. Freie Fahrt für Melittas Fiat, in dessen Kofferraum sich Raufasertapete, eine kleine Leiter, Kleister und ein Kasten Cola befindet. Leider keine Farbe. Bevor wir also rechts Richtung Autobahn abbiegen, machen wir am Farben-Fachhandel auf der Hauptstraße halt. An der Döner-Bude »Antalya« nebenan tummeln sich wie jeden Nachmittag Schüler und Schulschwänzer wie die Sonnensüchtigen am Strand von Rimini – selbst im Januar. Dazwischen Kiara-

Charlene mit ihren Freundinnen Diana und Anna-Maria, die in diesem Bild nie fehlen. Mit all ihren Auffälligkeiten: Überblondierung, Riesenkreolen und Dauergekichere. Außerdem leiden alle drei pathologisch auffällig unter dem spätestens ab Klasse elf sehr verbreiteten Doppel-D-Syndrom: Dürum und Dating – mehr braucht es nach Unterrichtende nicht, um glücklich zu sein.

»Ich hole schnell die Farbe«, rufe ich, während sich Melitta und Marek zwischen hier nicht mehr ganz so heimlich rauchenden Schülern den Weg Richtung Theke bahnen. »Ich komme lieber mal mit, Schätzchen«, ruft Melitta. »Marek bekommt die Futtersuche schon allein hin.« Ich, Handwerker-Null, freue mich über die Unterstützung. »Fünf Rollen Raufaser, wie viel Farbe brauche ich da?«, murmele ich vor mich hin. Da hat sich die Tür hinter uns bereits geschlossen. Eine freundliche Beratung später stehen wir mit einem Eimer Farbe fröhlich in der langen Schlange vor der Kasse. Fanny schnuppert an der Farbe. »Nein, Fanny!«, mahnt Melitta. »Sitz!«

Nicht jeder in der Schlange ist der Meinung, dass es Zeit zum Sitzen ist. »Frau Maggi, kann Fanny mal den schwulen Piranha-Frosch machen?«, kreischt es hinter uns plötzlich begeistert. Irritiert drehen wir uns um. Migräne-Muriel! »Schau mal, Mama, das ist der Hund, der einen schwulen Piranha-Frosch nachmachen kann!«

Plötzlich schaut uns der ganze Laden derart verschmitzt an, als hätte Helga an der Kasse gerade nach Kondomen geschrien. Ich schäme mich fremd. Melitta nimmt auch diesen Zwischenfall mit Humor. Nicht ohne allen Anwesenden zu erklären, dass es sich hierbei um ein Kunststück handele, eines, »das Schwule auf keinen Fall diskriminieren soll«!

15 Minuten später stehe ich mit dem Farbeimer in der linken und der angeleinten Fanny an der rechten Hand wieder vor dem »Antalya« und warte auf Melitta, die Marek beim Tragen der Speisen helfen will. »Frau Steinbeck, Frau Steinbeck«, zischt Kiara-Charlene, die plötzlich neben mir steht, mit Blick auf Melitta und Marek. »Haben die da ein Date?« Bevor ich antworten kann, geht das große Kichern wieder los. Kiara-Charlene verlässt den Schutz ihrer Doppel-D-Damen und tippelt Richtung Tresen, wo Marek seinen Döner in Empfang nimmt. Sie wiederholt ihre Frage, diesmal nur etwas schüchterner: »Haben Sie beide ein Date?«

Ich höre Melitta husten. Ungefähr vier bis fünf Sekunden lang. Als das Stück Dürum endlich ihren Hals runtergerutscht ist, fängt sie lauthals an zu lachen. Schließlich klopft sie Kiara-Charlene spöttisch auf die Schulter. »Ja, das läuft schon seit 26 Jahren. Wie lange lief deine längste Beziehung?« Schweigen!

Nach dem Imbiss steigen wir wieder ins Auto. »Vorsicht! Nicht, dass die Leiter von hinten noch an deinen Kopf knallt«, warnt mich Melitta, während sie scharf rechts Richtung Wohngebiet abbiegt. »Wir müssen eigentlich geradeaus zur Autobahn«, sage ich vorsichtig. »Wir geben Fanny schnell noch zu Hause ab«, antwortet Marek. Außerdem wollte dir Melitta noch ein Stück ihres Käsekuchens anbieten. Drei Minuten später hält der Wagen vor einem kleinen Reihenhaus. Hier wohnt also Melitta. Während ich mich noch umschaue, ist Fanny bereits bellend zur Tür gelaufen, wo Sohnemann Dominik schon wartet. »Na, heute wieder kratzbürstig unterwegs, Mama?«, ruft er Melitta entgegen, die gerade den gepflasterten Weg entlang zum Haus läuft. »Wie kommst du darauf?«

»Hat mir Kiara-Charlene gerade bei Facebook geschrieben!«

»Was?«

»›Deine Alte ist heute wieder ganz schön kratzbürstig.‹ Glaube nicht, dass Fanny gemeint war.« Da ist er auch schon verschwunden.

»Was hast du mit Kiara-Charlene zu tun?«, fragt Melitta Dominik bei der Käsekuchen-Kostprobe. »Wir gehen seit ein paar Wochen miteinander. Und sie schreibt mir immer, wie du gerade drauf bist«, sagt Dominik schmatzend.

»Aha«, sagt Melitta möglichst gleichgültig, »Big Busen is watching me …«

HILFSBEREITSCHAFT

»Manchmal könnte ich wegen gewissen Schülern Amok laufen.« Das habe ich immer sehr leichtfertig gesagt. Bis heute Morgen. Die Polizei stand um zehn im Sekretariat. Eine halbe Stunde später zählten wir wieder einen Schüler weniger. »Ich hatte keine andere Wahl«, erklärte Hildebrandt-Fricke den zweiten Schulverweis innerhalb weniger Wochen. »Koljas Vater ist Förster, und er brüstet sich regelmäßig damit, der beste Schütze in seinem Schützenverein zu sein. Auf seine zweite Drohung musste ich irgendwie reagieren.«

Die Angst vor einem Amoklauf und anderen Katastrophen ist an Schulen immer präsent, zumindest latent. Etwas offensichtlicher, seit die Hermann-Hesse-Schule im November wegen einer ernst zu nehmenden Bombendrohung geräumt werden musste. In der Zeitung habe ich die Bilder von den Einsatzwagen vor dem Schulhof gesehen und mich leicht boshaft gefragt, ob Gertrud Imthor es mit den anderen vor das Schultor geschafft hat oder ob sie zu sehr damit beschäftigt war, Arbeiten zu erledigen, die bis zum Ersten des nächsten Monats vom Tisch sein mussten.

»Zumindest wird sie sich über diese Schülerakte freuen«, murmele ich, während ich die Abschiebung Richtung Stadtmitte vorbereite. »Was beneide ich Julia, dass die Ursulinen von diesen Tauschgeschäften ausgeschlossen sind.«

Am nächsten Tag hat mich das Tagesgeschäft wieder eingeholt. Denn jetzt ist es amtlich: Ende März, fast ein Jahr nach dem ersten Versuch, soll der Geschwister-Scholl-Schule die Plakette »Schule ohne Rassismus« nun doch noch feierlich verliehen werden – im Rahmen einer ganzen Projektwoche zum Thema »Multikulti« –, oder wie es offiziell heißt: »Die Welt aus vielen Augen sehen.«

Inzwischen habe ich herausgefunden, wo wir Requisiten und Kleidung für die Othello-Aufführung im Stadttheater leihen können, die bereits fünf Tage vor der Verleihung alle Aufmerksamkeit der Stadtöffentlichkeit auf unsere Schule lenken soll.

Es ist ein kalter Mittwochmorgen kurz vor Unterrichtsbeginn. Marc, André und ich sind mit einem großen Wagen plus Anhänger auf dem Weg zu den Ursulinen um die Ecke – und haben sogar den Segen der Rektorin. Unsere Mission: Requisiten für »Othello« bei Theater-AG-Leiter Heimes ausleihen und Schwester Martha Wiedemann nur Grüße überbringen, wenn es unbedingt sein muss.

Muss es! Die ehrwürdige Rektorin der Nachbarschule erwartet uns bereits am Schultor. »Désirée, schön Sie wiederzusehen. Geht es Ihnen gut? Wie geht es Henriette?« Ich nicke. »Mir geht es sehr gut, liebe Schwester Martha, ich hoffe Ihnen auch. Ich soll herzliche Grüße von Frau Hildebrandt-Fricke überbringen und vielen Dank sagen, dass wir uns an Ihrem Theaterfundus bedienen dürfen.«

Die Nonne lächelt. »Das ist doch eine Selbstverständlichkeit. Und wenn es auch noch dem alten Shakespeare dient. Wie hat er in ›Julius Cäsar‹ geschrieben: Es sollt' ein Freund des Freundes Schwächen tragen.«

Soll ich mal unsere Chefin zitieren? Während wir ihr in das Schulgebäude folgen, stelle ich mir Hildebrandt-Fricke als kaltblütigen Brutus vor, der Schwester Martha, beziehungsweise Cäsar, rücklings erdolcht.

»Nach links, bitte«, weist uns Wiedemann nach Eintritt ins Schulgebäude an. Wir folgen ihr auf eine große Treppe und schlängeln uns durch Massen perfekt gestylter Schülerinnen, die es noch rechtzeitig zum Klingeln in ihre Räume schaffen wollen. Alles scheint wie handverlesen. Nicht nur die Schüler und ihre Kleidung. Auch das dunkle Holz, aus dem kunstvolle Treppengeländer geschnitzt wurden – und die Bildnisse verschiedener Päpste an den Wänden.

Wir bleiben vor der Klasse 8a stehen. Durch die Tür dringt Musik zu uns hindurch. Eine Gitarre und viele Stimmen: »Danke, für diesen guten Morgen, danke für jeden neuen Tag.« Ich lausche. »Probt Herr Heimes gerade mit seiner AG?« Schwester Martha lächelt. »Nein, wir starten jeden Tag mit einem Morgengebet, manchmal auch in Liedform.« Nach dem letzten Ton klopft die Rektorin an. Wir betreten den Raum. Scheinbar ist sofort nach Lied-Ende der Kampf darum entbrannt, wer seine Hausaufgaben vorlesen darf. Die Schülerinnen scheinen uns kaum zu bemerken.

Ein ehrgeiziges »Ich habe mir so viel Mühe bei dem Aufsatz gegeben«, wird durch ein freundliches Nicken Richtung Tür unterbrochen. Neugierig drehen sich die Schülerinnen um – und erheben sich sofort. »Guten Morgen, liebe Schwester Martha«, schallt uns ein geradezu lieblicher Mädchenchor entgegen. Ich bin beeindruckt.

»Darf ich euch Frau Steinbeck, Herrn Lau und Herrn Contzen von der Geschwister-Scholl-Schule vorstellen?«, sagt die Rektorin. Die Mädchen starren meine Begleitung kichernd an. Besonders André scheint gut anzukommen. Grinsend bemerke ich, wie diverse Schülerinnen beginnen, mit Hilfe kleiner Taschenspiegel ihre Haare zu richten.

Während die jungen Damen André anstarren, schaue ich mich im Klassenzimmer um. An einer der Wände hängen großformatige Schwarz-Weiß-Kopien des Bildnisses der Mona Lisa. Die Ursulinenschülerinnen sollten diese im Kunstunterricht offensichtlich kreativ verändern. Ich lasse die 25 Versionen im Schnelldurchlauf an mir vorbeiziehen: Die Mona Lisa mit einer Krone aus gepressten Blättern, die Mona Lisa in grellen Farben als Siebdruck übermalt, die Mona Lisa mit großen Titten und wurstig aufgespritzten Lippen – die Mona Lisa mit Conchita-Wurst-Bart aus Tabak! »Sehr österreichisch«, platzt es aus mir heraus. Die Klasse weiß sofort, was gemeint ist.

»Irgendwas Männliches muss ja mal bei uns rumhängen«, kommentiert eine Schülerin, die sich gerade noch gelangweilt die Nägel gefeilt hat, das Werk. »Ich meine außer Jesus und dem Papst!«

»Magdalena, es reicht«, sagt Lehrer Heimes streng. »Ich

gehe jetzt mit unseren Gästen in die Theaterräume, ihr beschäftigt euch so lange in Stillarbeit weiter mit der Biographie Thomas Manns.«

»Aber der war doch schwul«, mault Magda weiter und schaut demonstrativ gelangweilt in ihren Taschenspiegel. »Geistliche und Schwule – können wir uns an dieser Schule nicht mal mit Männern beschäftigen, die wir potentiell daten könnten? Ich hasse Mädchenschulen!«

Auf dem Weg zum Probenraum der Theater-AG streifen wir einen großen Balkon. »Ich würde Sie zu gern zu einem Kaffee auf unserer Sonnenterrasse einladen, leider ist sie im Februar wenig attraktiv«, sagt Schwester Martha. »Wir sollten uns lieber im Aufenthaltsraum der Oberstufe bedienen. Was halten Sie von Vanille-Moccacino oder einer Caramell-Latte aus unserem neuen Kaffeeautomaten? Vielleicht hat ihre Freundin Julia ja Zeit, kurz zu uns zu stoßen.«

Ich schaue auf die Uhr. »Das wäre toll, aber wir haben, glaube ich, gar nicht so viel Zeit. Lassen Sie uns erst nach den Kostümen sehen, dann schauen wir einfach, ob es noch passt.« Der Probenraum der Theater-AG ist wie ein Amphitheater aufgebaut. In der Mitte befindet sich eine große Freifläche, von der zu einer Seite breite Stufen abgehen, die zum Sitzen einladen. »Wir nutzen diesen Raum auch gern für Autorenlesungen«, sagt Schwester Martha und winkt uns in den Hinterraum. Wir staunen. An den Wänden des langgezogenen Raums hängen, streng nach Epochen geordnet, Kostüme, mit denen wir die ganze Weltgeschichte nachspielen könnten – inklusive der Grimm-Märchen und diversen Star-Wars-Episoden. Herr Heimes geht zielstrebig auf eine Kleiderstange am rechten hinteren Ende des Raums zu. »Hier haben wir sie ja, die Renaissance-Kostüme!« Schwester Martha blickt suchend auf die Regale über den Stangen. »Ach, ich wusste, dass sie hier sein muss«, sagt sie lachend und holt eine goldene Krone mit spitzen Zacken und vielen funkelnden Steinen vom Regal. »Die hier hatte Henriette an, als sie uns die Lady Macbeth gab?«

»Henriette?«

»Ja, Ihre Schulleiterin. Wussten Sie nicht, dass Henriette Ursulinenschülerin war?«

Ich schüttele den Kopf. Lady Macbeth, ja! Ursulinenschülerin – darauf wäre ich NIE gekommen. Eine Stunde später verlassen wir das Gymnasium, vollgepackt mit Kostümen, riesigen Lüstern, Waffenattrappen und anderem Klimbim. »Wie arm sind die, die nicht Geduld besitzen«, rufe ich Othello-authentisch Richtung Geschwister-Scholl-Schule und schließe den Kofferraum. »Schwester Martha, steht das Angebot mit dem Vanille-Moccacino noch?«

Die Rektorin nickt lächelnd. »Folgen Sie mir alle, bitte.« Frisch gewärmt kommen wir irgendwann doch an die Geschwister-Scholl-Schule zurück. Statt Trinkbrunnen nur noch trinkende Eltern, statt Barbara und Janina wieder Batida-Seraphina und Beyoncé-Jane – statt Halleluja und Herzlichkeit nur Henriette Hildebrandt-Fricke. »Wo waren Sie so lange? Meinen Sie, Ihre Arbeit macht sich auf wunderbare Weise von selbst?«

»Im Paradies«, sage ich tiefsinnig. »Schöne Grüße von Schwester Martha übrigens!«

AUF AUSFLUG

Ich bin froh, dass Freitagnachmittag ist – und noch glücklicher, dass sich der triste Februar endlich verabschiedet hat. Sehen wir von einem geplatzten Trommelfell beim Cowboy-und-Indianer-Spiel während des Kinderfaschings der Grundschule ab, verlief die Zeit sogar ganz gemächlich. »Ich bin bald ein Jahr hier, Melitta«, überlege ich laut und schlage das Februar-Blatt des von Schülern gestalteten Kunstkalenders um. »Im April habe ich schon Einjähriges!«

»Dann wird es wirklich höchste Zeit, dass du die Kolleginnen kennenlernst«, stellt Melitta fest. »Du hast den Sekretärinnen-Ausflug am Sonntag doch noch auf dem Schirm?« Jedes Jahr lädt das Schulamt alle Schulsekretärinnen der Stadt und aus den Gemeinden des Umlands zu einem großen Ausflug ein, und auch ich soll diesmal dabei sein. Ehrlich gesagt bin ich sogar richtig gespannt auf die anderen Frauen. Inzwischen sehe ich mich als eine von ihnen. Schmunzelnd schaue ich an mir herunter auf meine Turnschuhe. Seit ich mir Stilettos während der Arbeitszeiten abgewöhnt habe, bin ich zwar ein paar Zentimeter kleiner, meine Lust, an der Schule zu bleiben, ist dagegen von Tag zu Tag gewachsen. »Übrigens fährt Ulrike auch mit«, sagt Melitta. »Ach ja, Ulrike«, heuchele ich Begeisterung. Ich habe Angst vor dieser Frau – mehr noch als vor Gertrud Imthor von der Hermann-Hesse-Schule. Dann stelle ich die Frage, die ich seit Weihnachten ganz bewusst verdrängt habe: »Steht schon fest, ob sie nach den Sommerferien aus der Elternzeit zurückkommen wird?«

Melitta zuckt mit den Achseln. »Ich weiß es nicht, Süße. Würdest du denn bei uns bleiben wollen?« Ich lasse das letzte Jahr Revue passieren: die vollgekotzte Bluse am ersten Schultag, die täglichen Drecksarbeiten und die regelmäßigen Notfallsäuberungen verdreckter Toiletten ... »Ja, Melitta«, sage ich nach einer langen Pause. »Ich glaube, dass ich genau hierher gehöre. Zu Carina, zu Marc, zu Max und natürlich zu dir – ins Vorzimmer zur Hölle!« Schnell wische ich mir eine kleine Träne weg. »Jetzt fang bloß nicht an zu weinen«, sagt Melitta gerührt. »Wir sind noch lange nicht am Schuljahresende. Alles Weitere sehen wir dann, okay?«

Aus dem Augenwinkel sehe ich, wie sich auch Melitta mit einem Taschentuch die Augen abtupft. Schnell packe ich meine Sachen und stehe auf. »Wir sehen uns am Sonntag!«

Den Samstag verbringe ich damit, Bewerbungen zu schreiben. Ich hätte mich eigentlich viel früher darum kümmern müssen. Schließlich war von Anfang an klar, dass die Zeit an der Schule auf eine gewisse Zeit beschränkt sein würde. Eine Mail mit Lebenslauf und Motivationsschreiben geht auch an meine alte Agentur raus. Ob meine Chefs bei »Freisberg & Hansen« mich auch zu anderen Konditionen zurücknehmen würden? Denn auf die Freizeit mit meinen Kindern möchte ich nicht mehr verzichten.

Es ist ein verregneter Sonntagmorgen. Ich komme als eine der Ersten am Rathaus an, wo bereits zwei große Reisebusse warten. Für mich fühlt sich die Fahrt zur großen Impressionisten-Ausstellung wie ein erstes Date an. Vielleicht, weil mich gestern der Realismus eingeholt hat. Beziehungsweise die Neue Sachlichkeit. Gleich werde ich die Frau treffen, von der abhängt, ob ich an der Geschwister-Scholl-Schule bleiben werde oder nicht, denke ich, während ich mir den Lidstrich extra sorgfältig ziehe. Und sage laut: »Der werd ich's zeigen!«

Die Kolleginnen treffen nach und nach ein und scheinen sich alle seit Jahren zu kennen. Eingeschüchtert stehe ich ein paar Meter abseits, wippe nervös von einem Fuß auf den anderen und hoffe, dass ich unter meinem Regenschirm quasi unsichtbar bin. Wann ist Melitta endlich da? Das Eintreffen der Kollegin kündigt sich durch lautes Kreischen an. »Melitta!«, ruft es hier, erklingt es da. »Wie schön, dich zu sehen.«

Melitta winkt mich zu sich. »Darf ich euch meine neue Kollegin Désirée Steinbeck vorstellen?« Ich lächele unsicher in die Runde. »Ach, Sie sind Désirée, Ulrikes Vertretung«, begrüßt mich eine Frau im schwarzen Kostüm, deren Haare ebenso streng zu einem Knoten zusammengebunden sind, wie mich ihr Blick gerade durch die schmalen Brillengläser über der spitzen Nase mustert. »Ich bin Clementine Hacke, Sekretärin der Albert-Schweitzer-Grundschule. Angenehm.«

Ich versuche die unangenehmen Bilder der Gewitterhexen zu verdrängen, die auf die Banks-Kinder aufpassen sollten, bevor Mary Poppins kam, als ich eine hübsche, junge Frau bemerke, die von der anderen Seite des Parkplatzes direkt auf uns zuläuft. Die freche Kurzhaarfrisur, das hippe Styling, der auffällige Schmuck, die langen, schlanken Beine – ich erkenne Ulrike Meckel sofort aus der Abi-Zeitung des letzten Jahres. Eine zauberhafte Erscheinung!

»Ulli ist da«, ruft Clementine. Doch die Angekündigte läuft geradewegs an der Gruppe vorbei und geht direkt auf mich zu. »Du musst Desi sein«, sagt sie und strahlt mich aus wachen Augen an. »Lass dich erst mal drücken. Ich freue mich so, dich endlich kennenzulernen.« Während sich Ullis Brüste gefühlte fünf Minuten zärtlich an meinen reiben, ist es bereits passiert. Ich habe mich verliebt! In den Feind.

Den restlichen Tag werde ich damit verbringen, den ächtenden Blicken von Clementine und Gertrud Imthor auszuweichen und mit Ulli zu klönen. Über Geschichten aus der Schule. Geschichten, die ihre sind – und jetzt auch meine. Am Abend verabschieden wir uns ebenso herzlich, wie wir uns erst wenige Stunden zuvor begegnet sind. »Wir sehen uns am Sommerfest«, sagt Ulli. »Ja, das hoffe ich!« Zu fragen, wann sie aus der Elternzeit zurückkommen wird, traue ich mich nicht.

Zu Hause poste ich ein Foto von uns auf Facebook. Ulrike und ich mit frechem Victory-Zeichen vor einem Monet. Illegal geschossen im streng bewachten Museum. Bildtext: »Die Konkurrenz ist nicht nur schön, sie ist auch nett. Gefällt mir gar nicht!«

WIE ES EUCH GEFÄLLT

In »Wie es euch gefällt« schrieb Shakespeare, dass die ganz Welt eine Bühne sei, »und alle Frau'n und Männer bloße Spieler«. Damit hat er wahrscheinlich die Geschwister-Scholl-Schule und ihre Schulgemeinde gemeint. Denn hier spielen alle diese Komödie bestmöglich mit. Ihre Komödie. Ein Gesamtkunstwerk. Nicht nur beim Krankmelden. Vor allem dann, wenn es um die Außenwirkung geht: für Zeitungsartikel, für Zeugnisse, für Zahlenübersichten.

Also wird geschauspielert, gelogen und geschönt, wo es nur geht.

Marlon wollte vor allem gute Zensuren haben. Von mir bekommt er in Sachen »Enkel-Trick« eine glatte Eins. Doch wo ein Trick ist, ist auch ein Leidtragender. In diesem Fall ich. »Noch einmal: Eins ist eben nicht Eins«, versuche ich Marika Larpent zu unterbrechen. Larpent ist eine alte Dame mit Hut, wahrscheinlich etwas über 80, und voller Wut. Denn ihr Enkel Marlon wird, so sieht es aktuell aus, aufgrund schlechter Vornoten nicht zum Abitur zugelassen. Das will Marika Larpent jedoch nicht auf der Familienehre sitzenlassen.

Ich dagegen versuche, mich nicht aus der Ruhe bringen zu lassen, während sie vor meiner Theke wild mit ihrem spitzen Regenschirm herumfuchtelt. »Marlon hatte zuletzt immer gute Noten.«

»In dieser Übersicht sehe ich aber das genaue Gegenteil. Er hat sich im letzten Jahr massiv verschlechtert.«

»Können Sie nicht rechnen? In Mathe zum Beispiel hat er sich von glatten Sechsen zu drei Einsen hintereinander gesteigert.«

Sie knallt einen Stapel getackerte Zettel auf die Theke. Ich blättere die Bögen durch. Dreimal einen Punkt seit Beginn des Schuljahres. »Was sagen denn Marlons Eltern?«, frage ich vorsichtig.

»Seine Eltern waren außer sich, weil er nur Fünfen und Sechsen mit nach Hause gebracht hat. Sie wollten ihm den Zuschuss zum Führerschein streichen.«

»Verstehe.«

»Letzte Woche hat er mir die drei Einser gezeigt, da habe ich spontan beschlossen, ihm diesen Betrag zu zahlen.«

»Verstehe.«

»Als meine Tochter mir heute Morgen erzählte, dass Marlon nicht am Abitur teilnehmen dürfe, bin ich sofort hergekommen. Das kann doch nur ein Missverständnis sein. Ein riesiges Missverständnis. Ich möchte sofort Ihre Chefin sprechen.«

»Verstehe.«

Nichts lieber als das. Soll Hildebrandt-Fricke Oma Larpent doch erklären, dass ihr Enkel sie echt originell verarscht hat. Weil die Eins eben nur von der ersten Klasse bis zur Oberstufe die beste Note ist. Im Punktesystem der Abiturienten hat man mit einem von 15 möglichen Punkten quasi die Arschkarte gezogen. So wie jetzt Hildebrandt-Fricke. »Ich habe hier Marlon Larpents Großmutter«, flöte ich zuckersüß ins Telefon. »Ja, es scheint wichtig. Es geht um Betrug.« Ich lege auf.

»Frau Hildebrandt-Fricke erwartet Sie«, sage ich lächelnd, und bin froh, dass der Besuch der alten Dame gleich sein jähes Ende finden wird. »Bitte gehen sie aus der Tür und dann gleich wieder die nächste Tür links.« Frau Larpent verabschiedet sich mit einem triumphierenden »Vielen Dank« und ist schon fast über die Schwelle, als ich sie noch einmal zurückrufe. »Bitte vergessen Sie Ihren Regenschirm nicht. Wer weiß, wozu Sie den heute noch brauchen.«

BEIFALL

Ich brauche erst mal ein bisschen frische Luft. Danach widme ich mich dem Raumplan für die Projektwoche, die Sonntagabend in zwei Wochen mit der Aufführung von »Othello« beginnen wird. Gefolgt von fünf Tagen mit Multikulti-Workshops, Vorträgen und Veranstaltungen, die am Freitag dann in der Verleihung des Zertifikats »Schule ohne Rassismus« gipfeln sollen. Endlich. Aufgeschoben ist schließlich nicht aufgehoben.

Natürlich möchte ich mir die Inszenierung der von André geleiteten Theater-AG nicht entgehen lassen. Glücklicherweise sind wir im Sekretariat bekanntlich nicht nur Post-, sondern auch Kartenvorverkaufsstelle. Ich sichere Max und mir gleich die besten Tickets, zumindest nach meinen Vorstellungen. Ganz hinten links auf der Tribüne.

Die Aufführung zählt zu dieser Art Event, die nicht nur die gesamte Lokalprominenz, sondern auch politische Vertreter aus Kreis und Land anlockt. Denn *dem* Event für Toleranz und Völkerverständigung beizuwohnen, will sich kein wählbarer Politiker entgehen lassen. Schon gar keiner von denen, die damit ihren Sympathie-Soll bereits als erfüllt sehen. Weil sie sich sonntags lieber einen gekürzten Shakespeare, als den gesamten Freitagnachmittag den Festakt zur Zertifikatsverleihung »Schule ohne Rassismus« geben wollen.

Das städtische Theater ist ein kleines Scheunentheater inmitten eines englischen Landschaftsgartens am Stadtrand. Max und ich sind schon zwei Stunden früher losgefahren und nutzen die Zeit für einen kleinen Spaziergang. »Was hältst du davon, wenn wir im Sommer zwei, drei Wochen zusammen wegfahren? Nur du und ich. In einem Cottage in Cornwall oder so«, schlägt Max vor. Ich will vor Freude weinen wie Gwyneth Paltrow, als sie den Oscar für »Shakespeare in Love« entgegennahm. Ich küsse Max. Das muss als Antwort reichen. Inzwischen haben wir unsere Beziehung an der Schule öffentlich gemacht. Conny redet nicht mehr mit mir. Aber was soll ich tun? Ich gehör' nur mir - und er jetzt auch!

Als wir nach einer ausgedehnten Runde durch den Park vor dem historischen Theaterbau ankommen, bricht gerade das Blitzlichtgewitter der Lokaljournalisten los. Inmitten des Lichtpegels eine strahlende Hildebrandt-Fricke, die stolz das Programm unserer Projektwoche in die Kamera hält - und mit der anderen Hand eine neue Handtasche. »Dass die sich so in die Tasche lügen lassen«, sagt Max. »Jeder weiß, dass sie das Schultheater hasst. Seit ich an der Schule bin, ist sie bei keiner Aufführung aufgetaucht.« So ist sie eben: Macht selbst den ganzen Tag Theater - aber das der anderen ignoriert sie, wann immer möglich.

An diesem Abend ist alles anders. Henriette Hildebrandt-Fricke sonnt sich im Licht der Kameras der Journaille und lobt die Arbeit von AG-Leiter André in den Himmel. Die Reporter hören gar nicht mehr auf zu knipsen. »Halten Sie doch auch noch einmal das Othello-Plakat in die Kamera«, ruft es hier. »Konrektor Hornschuch, gehen Sie ruhig auch ins Bild«, dort.

Kurz darauf geht das Licht im Saal aus. »Othello, der Mohr von Venedig« - oder wie es in unserer sowohl grammatikalisch als auch politisch modernisierten Fassung heißt: »Othello, ein Mann aus Venedig.« Typisch Schule eben, keine

Freiheit für die Kunst. Besonders nicht an *ihrer* Schule, denke ich, während ich von der Tribüne oben beobachte, wie Hildebrandt-Fricke den langen Weg von der Eingangstür zu Bühne tippelt. Oder soll das schon stolzieren sein?

Als sie an Reihe drei vorbeikommt, steht Konrektor Hornschuch auf und folgt ihr auf den letzten Metern. Plötzlich bricht donnernder Applaus los. Die Rektorin tippelt den Rest des Weges zum kleinen Pult, das ihr die Techniker vor dem noch geschlossenen Vorhang aufgebaut haben, winkend. »Wie peinlich. Sie fühlt sich wie 'ne Königin«, flüstert Max. »Wie es ihr gefällt«, antworte ich. »In ihrer eigenen Welt ist sie das wahrscheinlich auch. Total krank eben.«

Augenscheinlich gilt der Applaus Konrektor Hornschuch, der, im Gegensatz zu seiner Vorgesetzten, den vollsten Respekt der gesamten Schulgemeinde genießt und an der Geschwister-Scholl-Schule wahrscheinlich größere Beliebtheitswerte verzeichnet als die abgedankte Königin Beatrix in den Niederlanden.

»Danke, danke«, versucht Hildebrandt-Fricke den Beifall, der ihr gar nicht gilt, gekünstelt beschämt abzuwürgen. »Schön, dass Sie alle zu diesem besonderen Theaterabend gekommen sind.« Links hinter ihr nickt Hornschuch zustimmend. Ich schäme mich fremd und möchte am liebsten wieder gehen. »Der Narr hält sich für weise, aber der Weise weiß, dass er ein Narr ist«, haucht mir Max ins Ohr und drückt mir einen Kuss auf die Wange. »Woher hast du denn das, du Blender?«, frage ich grinsend. »Na, von Shakespeare!« Ich nicke beeindruckt. »Wie es euch gefällt« – passt einfach immer wieder.

EIN BISSCHEN REGEN

Montagmorgen, Beginn der Projektwoche. Das heißt nicht weniger Arbeit, sondern mehr Sonderarbeit. Das Team der Fernseh-Lokalnachrichten, die ein großer Privatsender von Bundesland zu Bundesland variieren lässt, ist bereits um kurz vor sieben da. Drei Tage lang wollen der Kameramann und die Praktikantin, die alle redaktionellen Arbeiten übernimmt, nun bei uns drehen. Am Donnerstag, einen Tag vor dem Festakt zur »Schule ohne Rassismus«-Zertifizierung, soll der Beitrag dann zu sehen sein.

»Verena Ullmann«, streckt mir die blonde Frau Anfang 20 fernsehfreundlich die Hand entgegen. Dann schiebt sie mit einem Zahnpasta-Lächeln, ein »Freut mich wirklich rieeesig« durch die Zahnlücke nach. »Ist Frau Hildebrandt Fricke schon da?« Es ist zu früh für gekünstelt gute Laune. Vielleicht bringt sie Tee runter?, frage ich mich. »Ich schätze, dass sie erst in etwa 30, 40 Minuten hier sein wird«, antworte ich ihr freundlich. »Kann ich Ihnen derweil einen Tee anbieten oder einen Kaffee?«

»Das ist aber lieb«, kommt die Antwort prompt, »aber wir haben was dabei. Robert, gib mal die Energy-Drinks.« Zwei laute Zischer, dann ist erst mal Ruhe. Die nächsten dreißig Minuten versuchen Melitta und ich zu ignorieren, dass die beiden Fernsehfuzzis unser Sekretariat quasi sezieren – mit ihren Blicken. Als suchten sie irgendetwas. Endlich taucht die Chefin auf. Mit dem unaufrichtigsten Lächeln, das ich an ihr, seit ich an der Schule bin, gesehen habe. »Schön, dass Sie hier sind.«

Das Trio verschwindet ins Nebenzimmer. Zwei Minuten später geht die Tür wieder auf. »Frau Ullmann hätte so gern einen Kaffee, hören Sie, Frau Steinbeck!« Die Beziehung zwischen Schulen und Lokaljournalisten gleicht einer schlechten Ehe. Im Grunde gehen sich beide Partner permanent auf die Nerven, andererseits können sie aber auch nicht ohneeinander. Ohne Frage ein Dilemma. Denn für die Lokaljournalisten sind die Schulen neben dem örtlichen Vereinsleben und den Pressemitteilungen der Parteien die größten Themengeber. Vor allem in Zeiten, in denen mal keine Weihnachtsmärkte oder Freibäder eröffnet werden.

Für die Schulen dagegen sind die lokalen Medien ein günstiges PR-Instrument. So versuchen gerade Schulleiter, Lokaljournalisten zu instrumentalisieren, wo immer sie können. Dabei ist ihnen jedes legale Mittel nur recht und billig – zum Beispiel Überzeugungsarbeit in Sachen Kaffee und Keksen.

Man hofiert die Presse, wo man kann. Besonders wenn es um einen Beitrag für das Fernsehen geht, dessen Kernstück nicht kitschiger ausfallen könnte: Schulchor, Schulorchester und Lehrerchor sollen zusammen Nicoles »Ein bisschen Frieden« singen – und zwar in allen Sprachen, in der Nicole ihr Lied beim Grand Prix Chanson d'Eurovision, so hieß der Eurovision Song Contest damals, vorgetragen hat. Das sind immerhin Deutsch, Englisch, Französisch und Niederländisch.

Kein Vergleich zum 40-Sprachen-Wirrwar auf unserem Schulhof. »Aber immerhin ein Anfang, finden Sie nicht, Frau Steinbeck?«, wie Hildebrandt-Fricke mich später fragt. »Meinen Sie, Sie könnten mir schnell eine Liste aller englischen, französischen und niederländischen Muttersprachlern in der Schülerschaft zusammenstellen?« Ganz »Vogel im Wind« strahle ich sie an und sage: »Aber natürlich!« Und denke mit Blick auf Telefon und die Montags-To-do-Liste: »Spiel mir doch einfach das Lied vom Tod!«

Der von Nicole besungene Sturm hat an unserer Schule gerade begonnen. Bereits letzte Woche wurde jeder informiert, dass das Fernsehen drei Tage lang zu Gast sein würde, um die Projektwoche einzufangen. Regel Nummer eins: ordentlich kleiden! Regel Nummer zwei: höflich sein, sobald ein Mikrofon oder eine Kamera in der Nähe sind! Regel Nummer drei: doppelte Stärke bei der Pausenaufsicht!

Ich bekomme vor allem die Ausläufer der Projektwoche mit: Dilay aus der 7a hat sich beim Bau afrikanischer Trommeln an einem scharfen Stück Holz geschnitten, Piotr aus der 6c hat sich beim Crêpes-Backen an der Herdplatte verbrannt, und Ira aus der Elf verlässt den Schnupperkurs »Cheerleading« des deutsch-amerikanischen Freundschaftsvereins bereits am Dienstag – mit einem Bänderriss.

Am Mittwoch dann endlich der große Showdown. Schulchor, Schulorchester, Lehrerchor sowie alle Schüler, mit englischem, französischem oder niederländischem Sprachhintergrund sollen gleich vor versammelter Schulgemeinde »Ein bisschen Frieden« singen. »Hätten sie sich mal lieber für die Kids entschieden, die Türkisch, Albanisch oder Russisch sprechen, dann wäre es da etwas voller«, unkt Max. Ich will gerade grinsen, da tritt schon Verena Ullmann mit dem breitesten Grinsen der Welt auf die Bühne, pumpt einen Energy-Drink ab und gibt letzte Regieanweisungen:

»Hier oben bitte alle Kaugummis schnell runterschlucken. Ihr wollt doch nicht aussehen wie Kühe. Und im Zuschauerraum bitte Ruhe – und erst klatschen, wenn ich das

Zeichen aus der ersten Reihe gebe. Wenn ihr gut seid, wird das sogar im überregionalen Fernsehen gezeigt!«

Der Sportplatz hinter der Turnhalle war ganz bewusst als Drehort ausgesucht worden. Kein hässlicher Siebziger-Jahre-Bau, keine Mensa-Baustelle, dafür einfach gepflegtes Grün. »Und Sportplätze sind sexy«, wie Verena mir augenzwinkernd erzählt. Ich halte dem schönsten Sportlehrer der Welt lieber demonstrativ die Hand.

Dann geht es los. Zuerst das Unwetter. Ein Platzregen. Eigentlich nicht untypisch für diese Region. Allerdings massiv unerwünscht, wenn Instrumente, Technik und etwa 300 Menschen auf der grünen Wiese stehen. Also alle unters Dach und warten. »Rufen Sie den Wetterdienst an, Frau Maggi, hören Sie«, ruft die Rektorin in unsere Richtung.

»Hier mein iPhone«, sage ich, »google schnell die Nummer. Aber pass nur auf, dass dich kein Schüler sieht, sonst führt das wieder nur zu Diskussionen.« Drei Minuten später verkündet Verena Ullmann die Antwort, die Melitta von dem Experten des Deutschen Wetterdienstes erhalten hat. »Es sollte gleich wieder aufklären, dann sofort alle auf Position.«

Gesagt, getan. Zwanzig Minuten später gibt der Himmel wieder ein wenig Licht frei. »Besser als nichts, wir brauchen Licht für unsere frohe Botschaft, also los auf die Wiese!« Chaos ist quasi vorprogrammiert. Als die Ensembles samt Publikum 15 Minuten später auf der jetzt nassen Wiese stehen, geht es sofort los.

Bis der Regen wieder einsetzt, haben wir es tatsächlich bis zum Anfang der zweiten Strophe geschafft. »Schnell wieder unters Dach«, ruft jetzt der Orchesterleiter mit sorgenvollem Blick auf die Keyboards.

Der zweite Regenschauer ist heftiger und dauert insgesamt 32 Minuten. Dafür funktioniert das Aufstellen jetzt in der halben Zeit. »Wir machen bei Beginn von Strophe zwei weiter«, ruft eine merklich nervöse Verena vom jetzt schon durchweichten Rasen in das Mikrofon. Die Musiker und Sänger kommen fast bis zum Ende des niederländischen Teils. Dann setzt der Regen wieder ein.

Zwei Stunden und drei weitere Versuche später ist »Ein bisschen Frieden« endlich im Kasten. Zumindest zerstückelt. Immerhin hat die besorgte TV-Praktikantenseele Ruhe. Verena beginnt endlich zu klatschen. Alle anderen sind bereits dabei, die nun matschige Wiese zu verlassen.

GHETTO-SUPERSTAR

Der Donnerstag verläuft ruhig. Wahrscheinlich, weil die halbe Schule im Rahmen der Projektwoche irgendwo auf Achse ist. Moscheen besuchen oder die Überbleibsel der jüdischen Synagoge. Besser als Unterricht ist das allemal, weshalb sich der Verschleiß an Coolpacks und Notizzetteln für Krankmeldungen heute in Grenzen hält.

Wer Glück hat, hat einen coolen Projektkurs erwischt, und schaut sich ein Training der städtischen Basketballmannschaft an, die immerhin in der ersten Bundesliga spielt. Denn wenn Kleinstädte etwas können, dann sind es Randsportarten - und skurrile Prominente hervorbringen. Siehe Rapper Faruk Fame.

Faruk hat unsere Schule vor sechs Jahren verlassen. Wie viele seiner Leidensgenossen ohne Abschluss, dafür aus gutem Grund: Karriere machen! Ein Ziel, das, seien wir mal ehrlich, an der Geschwister-Scholl-Schule nicht wirklich oft angepeilt wird. Außer wir sprechen von einer Kleinkriminellen-Karriere. Laut Melitta hat es allerdings noch keiner der Abgänger geschafft, wirklich zum Al Capone des Landkreises aufzusteigen.

Faruk ist es immerhin gelungen, mit seinem Sprechgesang »Deine Mudder« – einer Ansammlung gängiger »Deine Mudder«-Sprüche – in den bundesdeutschen Hitparaden einzusteigen. Spottende Deutschlehrer sprechen sogar von einer Anthologie. Das war zu einer Zeit, als Casting-Shows im Fernsehen noch richtig groß waren – und es Mehmet Logan Bulut, so sein bürgerlicher Name, bis in die Live-Shows des größten dieser TV-Formate schaffte.

»Da war was los«, erzählt Melitta und berichtet von Horden hemmungsloser Boulevardjournalisten, die an der Schule herumschnüffelten, um Details aus dem Leben des damals 16-jährigen zu erfahren, der bis zu diesem Zeitpunkt vor allem eine Karriere als gefragter Schulhofdealer hingelegt hatte. Bis der Plattendeal kam. Was folgte war ein Top-10-Hit und später der medial bestens aufbereitete Absturz des Castingstars in den Klatschspalten der Jugendzeitschriften. Immerhin.

Ich halte es trotzdem für mutig, einen Ehemaligen, der den längsten Teil seiner kurzen Karriere dafür bekannt war, sich in Clubs zu prügeln oder auf Flughafentoiletten zu pöbeln, zum Paten der »Schule ohne Rassismus« zu ernennen. Durch Erlass der Schulleitung! »Deshalb hat das Zertifikat auch einen Zusatz«, wie Melitta wissend feststellt: »Schule mit Courage«. Das Grinsen vergeht mir zwei Stunden später. »Na, Schöne. Was geht noch mit uns heute?«

Genervt blicke ich auf und Richtung Theke, wo sich ein etwa 1,72 großer junger Mann aufgebaut hat, der unter dem Gewicht von Goldkettchen fast einzustürzen droht. Bevor ich antworten kann, drückt er mir schon die zweite Zeile auf: »Du bist ein Babe, ich will dein Badewasser saufen!« Ich dachte eigentlich, dass der US-Ghetto-Look inzwischen genauso tot wäre wie dumme Anmachsprüche und Texte des Rödelheim Hartreim Projekts. Oder kiffen vor 18 Uhr. Weit gefehlt.

»Weißt du überhaupt, wer ich bin?« Ich schweige, schaue in von Marihuana gerötete Augen und denke: »Der Goldrausch?«

»Ich bin Faruk Fame, hot mama!«, ruft Mehmet und streckt mir erwartungsvoll seine Hand entgegen. »Rapper, Musiker, Lebenskünstler! Du kennst bestimmt meine Single ›Deine Mudder‹?« Dann hängt er ein noch erwartungsvolleres »Oder?« an seinen Satz.

Ich spiele mit und will ihm meine Hand mit einem konkret-korrekten »Yo, Mann«, reichen, da zieht er seine auch schon wieder weg. Mir reicht's! »Haha, du musst noch viel lernen, Chick!« Noch bevor ich irgendetwas Böses sagen kann, fängt Melitta im Hintergrund an zu bellen. »Mehmet Logan, wie schön! Ich habe schon gehört, dass du vorbeikommen willst. Aber ich dachte erst morgen!«

»Ich bin zum Soundcheck hier, Miss Maggi«, antwortet der Rapper, Musiker und Lebenskünstler. »Da dachte ich, ich schaue mal, wie es Ihnen geht! Was macht die Kunst, Frau Maggi?«

Ich gehe zurück an meinen Schreibtisch und schaue auf den Schulhof, wo neben dem Eingangsportal des Hauptgebäudes gerade eine Bühne aufgebaut wird. Die nächste

Stunde möchte ich mir einfach Tampons in die Ohren stecken. »Bei deiner Mudder liegt ein Gästebuch neben dem Bett. Mein Name steht auf jeder Seite, denn sie ist ganz nett!« Gegen 15 Uhr ist der Soundcheck endlich beendet. Check!

Um 17.30 Uhr sitzen Max und ich gespannt auf dem Sofa. »Ob wir zu sehen sein werden?«, frage ich aufgeregt. Der Beitrag über die Geschwister-Scholl-Schule dauert genau 1,23 Minuten und endet mit der Darbietung von »Ein bisschen Frieden«, allerdings nicht mit dem Zusammenschnitt der vier Lied-Fragmente.

Verena Ullmann hat sich offensichtlich dazu entschieden, es bei den ersten Strophen plus Refrain zu belassen. Nicht nur die Zeilen in französischer und holländischer Sprache sind der Regie zum Opfer gefallen, sondern auch Max und ich. Wie eine Puppe, die keiner mehr mag, fühle ich mich an manchem Tag.

SHOWTIME

Zertifikate sind für Erziehungsanstalten das, was Orden für Offiziere sind oder das schicke Smartphone für Schüler. Die öffentlich zur Schau getragene Penisverlängerung. Perfekt zum Protzen und für prätentiöses Auftreten. Wo Städte heute um Titel wie »Wissenschaftsstadt«, »Universitätsstadt« oder »Geburtsstadt von X« buhlen, biedern sich Schulen selbst für den x-ten Titel wie »Erasmus-Schule«, »Umweltschule« oder »Europaschule« an.

Oder eben »Schule ohne Rassismus – Schule mit Courage«, ein Titel, der zusammenfasst, was bei uns seit Jahrzehnten geleistet wird: die Förderung des multikulturellen Miteinanders, das Ablehnen von Rassismus und Diskriminierung, das Bemühen um gewaltfreie Kommunikation und die Erziehung zur Zivilcourage.

Für viele Wochen lag eine lange Liste auf unserer Theke aus, auf der sich jeder Lehrer und Schüler, der das Projekt mit seiner Verpflichtung zu diesen Zielen unterstützen möchte, eintragen konnte.

Letztendlich kritzelte 90 Prozent der Schulgemeinde ihren Namen auf das Papier. Ich unterstelle, dass gerade in den letzten drei Wochen vor Übersendung der Liste an die Bundeskoordinationsstelle so mancher Schüler lediglich seinen Otto auf das Dokument setzte, um einen weiteren Grund zu finden, ganz dringend den Unterricht verlassen zu dürfen. Denn wer würde sich trauen, ihn davon abzuhalten, wenn er schnell ein sichtbares Zeichen gegen Rassismus setzen will?!

Der Schriftverkehr mit der Projekt-Koordinationsstelle in Berlin wurde hauptsächlich über das Sekretariat abgewickelt. Ebenso wie das Verfassen und Aussenden der Einladung an die Ehrengäste, der Elternbriefe mit Bitte um Beiträge zum internationalen Büfett oder die Organisation der Bühne, auf der gegen 15 Uhr Faruk Fame als offizieller Pate auftreten soll. »Weil er es von ganz unten mit Ehrgeiz und Talent bis in die Hitparaden geschafft hat«, wie mir Hildebrandt-Fricke noch einmal eindringlich erklärt. »Heute ist er so fame, dass er keinen mehr grüßt«, ergänzt sie peinlich jugendlich, »aber für unsere Schulgemeinde singt er zum Gruße!« Aha!

Ich frage lieber nicht, ob es Alternativen zur Wahl des Paten gab, und gebe mich damit zufrieden, den Telefondienst im Sekretariat übernehmen zu dürfen, während sich Melitta gegen 13.30 Uhr die Lippen nachzieht, um auf den Schulhof zu gehen. »Zum Essen kommst du aber später runter!«, verabschiedet sie sich. »Glaub mir, wenn die Mütter dieser Schule auftischen, dann sollte man unbedingt kosten!«

Ich nicke und beobachte das Treiben auf dem Schulhof aus dem zweiten Stock. Langsam füllen sich die Stuhlreihen vor der Bühne mit Politikern, Journalisten, Lehrern und Schülern. Um Punkt 14 Uhr stellen sich Schulchor und Lehrerchor im Halbkreis vor die Bühne, auf der das Schulorchester, zur Feier des Tages von der Schulband »Los Amigos« unterstützt, Platz genommen hat. Was folgt ist »Ein bisschen Frieden«, diesmal in der Vollversion bei strahlendem Sonnenschein.

»Liebe Schulgemeinde, liebe Freunde und Freundinnen der Geschwister-Scholl-Schule«, beginnt Hildebrandt-Fricke schließlich eine sehr lange, sehr uninspirierte Rede, in der sie vor allem die Namen derer aufzählt, die der Schule Gelder und Privilegien zugestehen könnten oder der Form halber einfach begrüßt werden müssen: Professor Dr. Dominik Marquardt, Vertreter der Koordinationsstelle, Dr. Udo Sack, der Vorsitzenden des Lions-Clubs, Dr. Andreas Kretschmann, Sacks Pendant bei den Rotariern, Schulamtsleiter Guido Köppel …

»Da sind ja selbst griechische Tragödien spannender«, stöhne ich, während ich schmunzelnd zur Kenntnis nehme, dass weder die Vorsitzende des Elternbeirats noch Schwester Martha Erwähnung finden. Dann kommt die Fricke-

Zicke endlich zum Punkt. »Schön, dass Sie alle gekommen sind, um mitzuerleben, wie die Plakette ›Schule ohne Rassismus – Schule mit Courage‹ neben dem Haupteingang der Geschwister-Scholl-Schule angebracht wird. Es wurde auch langsam Zeit, lieber Herr Marquardt. An unserer Schule gehen die Kulturen nämlich schon immer Hand in Hand.«

Tadaaaa! Plötzlich kommt Bewegung auf den Schulhof. Aus dem Hauptgebäude stürmen Kinder und Jugendliche, die in Windeseile eine Kette um das gesamte Haupthaus bilden. Hand in Hand. Gefolgt von 44 Fahnenträgern mit 44 Flaggen, die die Herkunftsländer unserer Kids repräsentieren. Sie umkreisen das Gebäude in einem äußeren Ring. Wenn schon auffahren, dann richtig.

Gut für alle, die hinter dem Gebäude stehen. Die müssen nämlich nicht sehen, was jetzt folgt: der Auftritt des Paten, der das Schild gemeinsam mit Hildebrandt-Fricke und dem Vertreter des Berliner Koordinationsbüros gleich anbringen soll. Hören werden sie sein Lied leider trotzdem. Zuerst die Ankündigung der Rektorin: »Begrüßen Sie mit mir unseren Paten Faruk Fame, der mit seinem Hit ›Deine Mutter‹ sogar schon in den Hitparaden war.« Da donnert schon der Beat aus den Boxen. »Deine Mudder hat Geheimratsecken. Sie ist so süß ich will ihr alle gleich auf einmal leggn!« Ich schließe schnell das Fenster und öffne es erst wieder, als ich so etwas wie »Das Büfett ist eröffnet« zu hören meine.

NEUE FREUNDE

Beim Verlassen des Haupthauses bleibe ich kurz auf der Treppe stehen, um die Plakette anzusehen. Wunderschön! Melitta winkt mich zu sich rüber. Überall auf dem Schulhof wurden aus Bierbänken und Zelten kleine Essensbuden gebaut. Auf der offiziellen Einladung zum Futterfest nennt sich die Fressalienschau »Markt der Kulturen«.

Melitta hat diesen offensichtlich schon abgegrast. Auf ihrem Pappteller stapeln sich ein Mini-Döner, Cevapcici, Nasi Goreng, ein Stück Pizza und polnische Knödel. »Egal, wie wenig sie haben, die Mütter der Kinder mit Migrationshintergrund sind am engagiertesten, wenn es um das Bestücken unserer Feste mit Köstlichkeiten geht«, sagt sie schmatzend. Mir ist eher nach einer Currywurst. »Wo ist der Grill? Ich brauche einfach 'ne Bratwurst.«

»Gibt es hier nicht.«

»Aber das ist doch ein Markt der Kulturen. Wo ist die Currywurst-Kultur?«

»Desi«, stöhnt Melitta. »Schau doch mal da drüben. Da machen die Afghaninnen Kadu Bouranee.«

»Kadu was!?«

Ich komme erst zwei Wochen später in den Genuss der afghanischen Küche. An einem Ort, den ich ohne persönliche Einladung partout nie betreten hätte: den Flüchtlingscontainern hinter dem städtischen Bauhof. Herr Rahmani erwartet mich bereits strahlend an der Tür. »Sekretärin Steinbeck, schön, dass Sie sind gekommen!«

Hätte ich auch nicht gedacht. Schon gar nicht vor zwei Monaten, als Herr Rahmani tobend vor meiner Theke stand. »Warum Naima keine Fahrkarte für Bus?«

»Weil ich keine beantragen kann.«

»Warum?«

»Weil sie gerade mal einen Kilometer von der Schule weg wohnen. Leider hat Naima deshalb keinen Anspruch auf den Schulbus.«

Diese Konversation – in der Endlosschleife. Bis Herr Rahmani irgendwann aufgab. »Diese Leute«, kommentierte Geschichtslehrer Anton Ostermeier, der wieder mal Hilfe beim Ausfüllen von Formularen brauchte, diese Szene noch kopfschüttelnd. »Zu Hause reiten sie auf dem Esel. Hier sollen wir ihre Kinder einen Kilometer zur Schule kutschieren!«

»Was ein Esel«, dachte ich – und sagte: »Hast du eigentlich für die ›Schule ohne Rassismus‹ unterschrieben?«

Letztendlich hat Herr Rahmani eingesehen, dass für 1000 Meter Schulweg keine 1000 Hebel in Bewegung gesetzt werden müssen, damit Naima mit dem Bus kommen kann. Das zweite Mal kam er mit einem ganz anderen Anliegen ins Sekretariat. »Haben Sie Arbeit für mich?« Diesmal konnte ich helfen.

In der Gärtnerei meines alten Schulfreundes Jan wurden nämlich händeringend Aushilfen gesucht. So wurde Herr Rahmani nicht nur der fleißigste Gärtnergehilfe der Stadt, sondern mein neuer bester Freund. Wenn ich genauer darüber nachdenke, verging seither keine Woche, in der Naima nicht mindestens einmal mit afghanischen Süßspeisen im Sekretariat stand. Bis sie eines Tages mit einer Karte kam. Auf der stand: »Liebe Sekretärin Steinbeck. Wir würden uns freuen, wenn Sie mit uns essen. Donnerstag 19 Uhr.«

Der Eintritt in die kleine Containerwohnung fühlt sich an wie eine Reise in eine andere Welt. Es riecht verführerisch nach Minze und fremden Gewürzen. Der Raum ist in zwei Bereiche eingeteilt. Einen Schlafbereich, in dem sich zwei Hochbetten befinden, sowie den Ess- und Wohnbereich mit einem kleinen Herd. Auf dem Tisch hat Frau Rahmani viele Gerichte aufgebaut. Unter anderem Kadu Bouranee, eine Speise, die aus gekochten Kürbisschalen und Auberginen bereitet und mit saurer Sahne und Minze dekoriert wird, wie ich erfahre. Naima und ihr kleiner Bruder schauen mich erwartungsvoll an, während ich koste. Und, ja, Kadu Bouranee ist ein Gedicht.

Begeistert erzähle ich Melitta am nächsten Morgen von meinem Dinner mit neuen Freunden. »Die Rahmanis haben sich so viel Mühe gegeben«, schwärme ich. »Selten bin ich so freundlich aufgenommen worden wie von Naimas Familie.« Melitta lächelt. »Das glaube ich gern«, sagt sie, »über die vielen Jahre im Sekretariat habe ich festgestellt, dass unsere ausländischen Eltern so dankbar sind, wenn du ihnen hilfst. Setz dich für ihr Kind ein, und sie legen dir die Welt zu Füßen.«

Gelegenheiten, zu helfen, gibt es im Sekretariat wahrlich viele. Melitta beginnt von Sabiye zu erzählen:

»Als Sabiye zum ersten Mal vor dieser Theke stand, war sie gerade mit ihren Eltern aus der Türkei gekommen und sprach kein Wort Deutsch. Mit ihren acht Jahren hätte sie mindestens in die zweite Klasse gemusst. Das war natürlich nicht möglich. Aber Sabiye hatte anatolisches Feuer im Hintern. Unglaublichen Ehrgeiz! Mehrmals pro Woche kam sie nach Unterrichtsschluss mit ihren Büchern zu mir. Ich habe sie an meinen Schreibtisch gesetzt, sie hat Hausaufgaben gemacht. Wenn sie nicht weiterkam, habe ich ihr geholfen.«

»Wann war das?«, frage ich.

»Anfang der achtziger Jahre. So genau weiß ich das gar nicht mehr. Zumindest bevor es diese Sprachkurse für neue Schüler aus dem Ausland gab.«

»Und was ist aus ihr geworden?«

»Pass auf«, sagt Melitta und fährt fort. »Binnen eines Jahres sprach Sabiye einigermaßen gut Deutsch, nach zwei Jahren schon richtig flüssig. Plötzlich merkten ihre Lehrer, was wirklich in ihr steckt. Kaum hatte das Mädchen die Sprachbarrieren überwunden, stellten weder Mathe noch Sachunterricht oder Musik ein Problem für sie dar. Künstlerisch begabt war sie sowieso.«

Melitta zeigt auf das große Wasserfarbbild, das rechts neben der Tür zum Rektorat hängt. Es zeigt eine große und eine kleine Frau an einem Tisch. »Das hat sie mir gemalt«, erzählt Melitta. »Sabiye und ich beim Lernen. Und sie hat mich sogar viel schlanker gemalt, als ich jemals war.« Ich fange an zu lachen, da öffnet sich die Tür. Lale aus der 10e, eine dunkelhaarige Schönheit türkischer Abstammung, betritt den Raum. Schluchzend. »Frau Maggi, kann ich kurz mit Ihnen reden?« Ich nicke der Kollegin zu. »Vielleicht geht ihr rüber in den Sanitätsraum? Der dürfte gerade leer sein.«

»Na, was war?«, frage ich Melitta, als sie eine halbe Stunde später das Sekretariat wieder betritt. Mit merklich betroffenem Gesicht. »Uff«, sagt sie. »Eigentlich ein Schülerinnen-Standard, aber immer wieder schlimm.« Kurz zusammengefasst: Lale ist mit Tom aus der 10a zusammen. Seit 18 Monaten, was in diesem Alter, an dieser Schule fast schon einer Silberhochzeit gleichkommt. Allerdings mit Unterbrechung.

Denn Tom knutscht auf der Zehnerabschlussfahrt auf Rügen mit Anastasia rum. Bereits im Bus! Sina, die gut mit Lale befreundet ist, fotografiert die Kuss-Szene mit ihrem iPhone und leitet Lale das pikante Foto postwendend per WhatsApp weiter.

Lale, die mit ihrer Klasse gerade auf Abschlussfahrt in Berlin ist, macht kurzerhand mit Tom Schluss. Per Kurznachricht. Das wäre per se tragisch genug. Doch der Betrug im Bus ruft Milou Sophie auf den Plan. Milou Sophie ist Lales BFF = »Best friend forever« = beste Freundin. Und als solche hat sie einen guten Rat für die Betrogene: Räch dich! Also schluckt Lale ihre Tränen runter und lässt sich lieber von Mitschüler Frodewin erst die Zunge in den Hals stecken – und später noch was ganz anderes woanders rein.

Als Tom drei Wochen später mit Rosen vor Lales Tür steht, merkt Lale allerdings, dass nur er der Mann für sie ist. Sina und Milou Sophie haben vollstes Verständnis. Seither geht Lale wieder mit Tom und hat umso mehr Beef = Streit mit Anastasia. Zumindest für das Pärchen ein Happy End, hätte Lale nicht festgestellt, dass sie im dritten Monat schwanger ist. Nur von wem? Von Tom oder Frodewin?

Zu ihren Eltern kann sie mit diesem Problem nicht gehen. Sie würde die Familienehre beschmutzen. Gestern erst überzeugte die weise BFF Milou Sophie Lale davon, dass es nicht wirklich helfe, sich die Pulsadern aufzuschneiden. Sie solle sich lieber eine Vertrauensperson suchen. Und wer lag da näher als Melitta Maggi?

»O Mann«, sage ich. »Und was hast du ihr geraten?«

»Ich habe den Kontakt zum Schulsozialdienst hergestellt und ihr die Nummer von ProFamilia gegeben.«

»Klingt vernünftig.«

»Du siehst, liebe Desi, kein Problem aus der realen Welt, dass nicht irgendwann auch im Sekretariat auftaucht.«

Ich nicke. »Aber wie ging denn eigentlich die Geschichte von Sabiye aus?«

»Ach, ja, Sabiye.« Melitta fährt fort:

»Sabiye hat später ihr Abitur bei uns gemacht. Sie war eine der Jahrgangsbesten. Dann begann sie eine Ausbildung bei der Stadtverwaltung und schloss ein Jura-Studium an. Nach dem zweiten Staatsexamen heiratete sie einen Kollegen aus der Kanzlei, in der sie arbeitete. Natürlich war ich eingeladen. Und jetzt google mal Sabiye Bruckmann.« Ich öffne ein neues Browser-Fenster und starte die Suchmaschine. »Sabiye Bruckmann, Landtagsabgeordnete, Mitglied des Rechtsausschusses des Sächsischen Landtags.« Wow!

Eine Woche später denke ich noch einmal an diese Geschichte. »Klasse!«, sage ich und lege die Kopie der wertvollen Urkunde in Panjabs Schülerakte. Der Sechstklässler hat den Stadtentscheid des Vorlesewettbewerbs des Börsenvereins des Deutschen Buchhandels in der Kategorie »Gymnasium und Realschule« gewonnen. Es muss ja nicht immer eine Anna-Lena Meyer oder ein Simon Schreiber gewinnen.

KULTURAUFTRAG

Panjabs Erfolg ist eine schöne Belohnung für das stetige Bemühen, Schüler an Kunst und Kultur heranzuführen. Auch wenn manchmal diese Versuche etwas holprige Wege gehen. Kurz nach zwei trifft Donatella im Sekretariat ein, beziehungsweise – stöckelt. Im Schlepptau eine völlig entnervte Carina. Diesmal geht es um einen Fuß. »Habt ihr Blasenpflaster? Donatella hat sich die Füße wundgelaufen.«

»Na klar«, sagt Melitta und bittet die Drittklässlerin in ihren Behandlungsstuhl. Während die Kollegin ihr Spiel mit dreimal pusten, Bonbon plus Pflaster spielt, nehme ich Carina zur Seite.

»Was ist denn los?«

»Autsch«, quiekt es vom Behandlungsstuhl.

Ich schaue Richtung Tür. Donatella hat ihr viel zu großes, scharlachrotes Stretchkleid über die Beine gerafft und ihren linken Fuß auf Melittas Schoß gelegt. Die Kollegin sitzt dem Mädchen gegenüber auf einem Hocker und verarztet die Wunde. Neben ihr stehen zwei rote Pumps, mindestens Größe 36 wie ich fachmännisch feststelle. Auf jeden Fall viel zu groß.

Carina rollt die Augen. »Ich war heute mit zwei meiner Musikklassen in der Kinderoper«, erzählt sie, »ein Angebot des Landessymphonieorchesters. Mozarts ›Zauberflöte‹. Hielt ich für 'ne tolle Idee. Ich glaube nicht, dass viele unserer Schüler schon mal ein Theater von innen gesehen haben, von der Oper ganz zu schweigen.«

Schweigend hält sie mir einen Zettel unter die Nase. »Liebe Eltern«, lese ich, »am kommenden Montag, möchten die Klassenlehrer Frau Weishaupt und Herr Rohde und ich mit den Kindern der 3a und der 4b gern die Kinderoper des Landessymphonieorchesters besuchen. Gespielt wird Mozarts ›Die Zauberflöte‹ in einer vereinfachten Version für junge Leute. Bitte unterschreiben Sie die Einverständniserklärung und geben Sie Ihrem Kind bis nächsten Mittwoch sieben Euro für die Eintrittskarte und für den Zug mit. Außerdem bitten wir Sie, den Kindern zusätzlich zum Frühstück ein kleines Mittagessen einzupacken und sie dem Anlass entsprechend etwas schicker zu kleiden. Wir treffen uns um acht Uhr am Haupteingang der Schule und werden gegen halb drei wieder zurück sein. Mit freundlichen Grüßen, Carina Hartmann, Musiklehrerin.«

»Und das kommt dabei raus«, stöhnt Carina leise und blickt Richtung Donatella. »Dem Anlass entsprechend ... Was auch immer ihre Mutter dazu veranlasst hat, der Kleinen ihre Discokluft anzuziehen. Sehr Versace sieht das nicht aus. »Tja, junge Dame, wer schön sein will, muss leiden«, höre ich Melittas tröstende Stimme.

Ich nicke freundlich und denke: »Leider sehe ich nur Leiden. Beim Anblick der kleinen Donatella kann ich trotzdem mein Lachen kaum unterdrücken, obwohl mir das Kind richtig leidtut.

Der nächste Morgen. Lourdes und Arjeta sind mit einem Memory-Stick im Sekretariat erschienen. »Herr Contzen sagt, da ist eine Datei drauf, die heißt ›Goethe für Kinder‹. Können Sie uns die bitte 24-mal ausdrucken?«

»Gibst du mir bitte den Stick?« Schüchtern reicht mir Arjeta den Datenträger über die Theke.

»Alles gar kein Problem«, sage ich und stecke ihn vorn unter die CD-Laufwerke in meinen Computer. Nichts passiert. Auch nicht, als ich den Stick auf meinem PC unter »Hardware« suche. Ich versuche es noch mal. Da, eine Meldung: »Gerät kann neue Hardware nicht lesen.«

Ich krabbele also unter meinen Schreibtisch und versuche, es am USB-Anschluss auf der Rückseite des Towers. Erwartungsvoll schiebe ich mich wieder zurück. Nichts. »Scheiße«, ärgere ich mich plötzlich laut. Da fällt mir wieder ein, dass zwei Zweitklässlerinnen an der Theke stehen, die mir bisher geduldig zugesehen haben. »Entschuldigt bitte«, sage ich peinlich berührt. Arjeta lächelt gütig. »Macht doch nichts, Frau Steinbeck«, flüstert sie. »Wir kennen das Wort Scheiße schon!«

PECH UND PANNEN

Richtig scheiße erwischt es einen Tag später Markus, der während des Sportunterrichts in die Weitsprunggrube gepinkelt hat – und einfach Pech hatte, dass Hildebrandt-Fricke just in diesem Moment auf die Anlage kam, um Max zu sprechen. Zumindest entnehme ich das den Gesprächsfetzen, die durch die angelehnte Tür vom Gang ins Sekretariat gelangen. Keine akustische Meisterleistung, denn, ganz Fricke-Zicke, brüllt die zornige Rektorin quasi das ganze Gebäude zusammen.

»Konntest du nicht auf die Toiletten gehen?«

»Die waren so weit weg!«

»Stell dir mal vor, das würde jeder machen!«

»Dann würde es hier ganz schön stinken!«

Was folgt, ist ein Donnerwetter, wie ich es nicht mehr gehört habe, seit ich als Kind die Lieblingsvase meiner Mutter habe fallen lassen. Nur für den Fall, dass es im Flur gleich ein Loch in Markus' Trommelfell zu beklagen gibt, verlasse ich die Schutzzone hinter der Theke, öffne die Tür und beginne demonstrativ, den Glaskasten mit den Vertretungsplänen aufzuschließen, der sich direkt neben der Sekretariatstür befindet.

Hildebrandt-Fricke lässt sich von meiner Anwesenheit wenig beeindrucken. Sichtlich beeindruckt scheinen dagegen die beiden Mädchen, die sich ängstlich an der Hand fassen und versuchen, sich möglichst unbemerkt an der Rektorin vorbeizuschieben. Die lässt jetzt von dem Jungen ab und stampft Richtung Rektorat. Die beiden Mädchen verlangsamen ihren Schritt, Markus verlässt den Gang in entgegengesetzter Richtung. Bevor Hildebrandt-Fricke die Möglichkeit bekommt, sich weiter an mir auszulassen, verschwinde ich lieber wieder hinter meiner Theke.

Zehn Sekunden später knallt die Tür des Nebenraums laut ins Schloss, weitere zehn Sekunden später klopft es vorsichtig an meiner. Herein kommen die beiden völlig verschüchterten Mädchen, die sich noch immer ängstlich an den Händen halten. Hat die Schreckschraube wieder ganze Arbeit geleistet, denke ich und sage: »Wie kann ich euch denn helfen?« Die Größere der beiden reicht mir einen Stapel Blätter mit Rechenaufgaben. »Haben Sie ein paar Löcher für uns?«

»Klar habe ich die. Und gleich auch noch ein wenig Konfetti«, antworte ich und bemühe meinen Locher. Da beginnen die Mädchen ein wenig zu lächeln. »Bellende Hunde beißen nicht«, sage ich augenzwinkernd. »Gilt auch für Direktorinnen.«

Eine Stunde später fliegen mir fast die Löcher aus dem Käse. Vor mir lehnt sich Sandra Weinhardt an die Theke, als wollte sie einen Whiskey bestellen. Irgendwie erinnert sie mich an Jennifer Lopez vor zehn Jahren. Wallemähne, Riesenkreolen und einen Hauch von Nichts über dem prallen Hintern, den sie kess aus der Hüfte Richtung Tür streckt. Beeindruckender ist jedoch die Polonaise aus fünf Kindern, die sich jetzt neben der Mutter am Tresen aufreihen. Perfekt nach Größe geordnet.

»Das ist Tanisha Michelle, ich soll sie für die erste Klasse anmelden«, stellt sie mir das Mädchen direkt neben sich vor. Tanisha erinnert mich ein bisschen an Britney Spears vor zehn Jahren. Irgendwie too much von allem, nur an Textilien wurde gespart. »Freut mich«, begrüße ich die kleine Blondine und gebe ihr freundlich die Hand. Bevor meine Befürchtungen, die beiden könnten gleich ein Mutter-Tochter-Duett starten – einen iPod-Kopfhörer hat Sandra zwecks musikalischer Untermalung ihres Besuchs noch im Ohr –, habe ich auch schon das Anmeldeformular in der Hand. »Das ist doch schön, bitte füllen Sie doch gerade diesen Infobogen aus.«

21 geplatzte Kaugummiblasen aus sechs Mündern später, zehn davon aus dem Muttermund, setzt Sandra Weinhardt endlich den Stift ab und gibt mir das Papier zurück. »Perfekt«, sage ich und gehe ihre Angaben durch. Name des Kindes, Adresse, Name der Mutter. »Frau Weinhardt, Sie haben vergessen, den Namen des Vaters einzutragen.« Sie schaut mich ernst an. »Soll ich die wirklich alle da eintragen?« Ich schaue auf die Reihe kauender Kids und möchte vor Lachen platzen wie ihre Kaugummiblasen. »Nein«, sage ich beherrscht. »Es reicht, wenn sie Tanishas Vater angeben.«

Es ist einer dieser Momente, in denen es mir wirklich schwerfällt, an mich zu halten. »Bei Sandra Weinhardt haben offensichtlich mehrere Herren eingelocht, was ihr beim Ausfüllen unseres Anmeldeformulars zum Handicap wurde«, erzähle ich Melitta später. Doch auch Tanisha selbst hat ein Handicap, wie sich ein paar Wochen später beim

Schuleignungstest herausstellen soll. Diesmal ist es Carina, die kaum mehr an sich halten kann.

»Ich sage ihr also, stell dich jetzt bitte auf deinen linken Fuß. Die Kleine stellt sich auf ihren rechten. Ist das wirklich der linke, frage ich. Sie nickt: ›Ich bin Linkshänderin, also ist das mein linker Fuß. Genau andersrum!‹«

KLARE ANSAGE

Hildebrandt-Fricke zumindest ist an diesem Dienstag mal wieder mit dem falschen Fuß aufgestanden. Das war schon vor der ersten Stunde klar. »Kannst du nicht grüßen?«, hörte ich sie auf dem Gang toben und fragte mich noch besorgt, welcher Schüler diesmal Blitzableiter spielen durfte. »Guten Morgen, Frau Hildebrandt-Fricke«, rief ich demonstrativ freundlich, als sich der Schlüssel in der Tür des Nebenzimmers wenig später drehte. Die nette Begrüßung sollte mich an diesem Tag nicht retten.

Um die Mittagszeit, ich will gerade in die Zigarettenpause gehen, öffnet sich der Höllenschlund rechter Hand und im Raum steht eine rasende Rektorin. »Frau Steinbeck, Frau Maggi, warum haben wir eigentlich erst 43 Anmeldungen für den Spendenlauf – und das bei fast 1400 Schülern?! Sie wollten sich doch noch einmal intensiv kümmern, oder ist Ihnen nicht daran gelegen, dass wir die Grundschulklassen mit neuen Tischen und Stühlen ausstatten können?!«

»Wir haben einen allgemeinen Elternbrief rausgegeben und in den letzten beiden Wochen jeweils eine Durchsage gemacht«, versuche ich das »aus Prinzip poltern« abzuwehren. Ohne Erfolg. »Dann machen Sie Ihre Durchsagen nicht richtig. Sie müssen motivieren, Frau Steinbeck, hören Sie! Motivieren! In anderen Angelegenheiten fällt Ihnen das doch auch nicht so schwer!« Sie atmet tief durch und stürmt zur Mikrofonanlage. »Wie mache ich eine Durchsage?« Irritiert schaue ich Melitta an und antworte: »Sie drücken den grünen Knopf, wenn Sie beginnen. Wenn Sie fertig sind, drücken sie den blauen. Auf keinen Fall den roten, sonst lösen Sie einen Alarm aus.«

Hildebrandt-Fricke stellt sich vor das Mikrofon, räuspert sich und säuselt los:

»Liebe Schüler, hier spricht Henriette Hildebrandt-Fricke. Wie ihr sicher gehört habt, veranstaltet der Förderverein unserer Schule demnächst einen großen Spendenlauf im Oberwaldstadion der Turnervereinigung. Von dem Erlös möchten wir neue Möbel für die Grundschule kaufen. Wir suchen noch Schüler, die mitlaufen möchten. Wer Lust hat, sucht sich einen Sponsor, vielleicht den Papa oder ein Geschäft in der Stadt, der ihm einen kleinen Betrag pro gelaufener Stadionrunde zahlt. Außerdem würden wir uns freuen, wenn sich eure Eltern mit Kuchen am Büfett für die Sportler beteiligten. Anmeldeformulare liegen bei Frau Maggi und Frau Steinbeck im Sekretariat aus. Ich wäre hocherfreut über rege Beteiligung!« Pause.

»Sehen Sie, so motiviert man«, dreht sich Hildebrandt-Fricke zu uns um, während sich ihre Stimme wieder von honigsüß zu Höllenkreischen korrigiert. »Säuseln Sie ein wenig! Sonst fällt es Ihnen doch auch nicht schwer, süße Botschaften in die Welt zu tragen, Frau Steinbeck.« Sie blickt streng auf das iPhone auf meinem Schreibtisch. »Meinen Sie, ich höre nicht, wie Sie die Hälfte Ihres Arbeitstages damit verbringen, mit Frau Maggi die nächste SMS an Herrn Patzke zu formulieren oder seine Antwort zu interpretieren?«

Frustrierte Kuh, denke ich und sage: »Belauschen Sie uns etwa?«

»Belauschen? Ihr Gegacker ist doch kaum zu überhören! Max Patzke hier, Max Patzke da. Es gibt wirklich Wichtigeres als Männergeschichten, das kann ich Ihnen sagen. Zum Beispiel unseren Spendenlauf, den Herr Patzke als Fachbereichsleiter Sport übrigens mitorganisiert. Vielleicht motiviert Sie das ja bei der nächsten Durchsage, mit mehr Herzblut für unseren Spendenlauf zu werben. Herzblut, Frau Steinbeck, hören Sie? Herzblut für unsere Schule! Wir haben Sie nicht angestellt, damit Sie meine Lehrer anmachen, sondern...«

Der Redeschwall der Rektorin wird von Carina unterbrochen, die aufgeregt ins Sekretariat stürmt und leise zischt: »Frau Hildebrandt Fricke, das Mikrofon ist noch an ...« Jetzt stürme ich zur Mikrofonanlage – und drücke den blauen Knopf.

ROMEO UND ROMEO

Den nächsten Tag möchte ich am liebsten blau machen. Okay, dank Fricke-Zicke ist jetzt die ganze Schule über meine private Kommunikation informiert. »Und es geht da niemanden was ..., ach!«, wutentbrannt resümiere ich meiner Freundin Julia abends das Durchsagen-Desaster. »Ich würde am liebsten gar nicht mehr in die Schule gehen!«

Wie erwachsen die Mitglieder unserer Schulgemeinde wirklich sind, erfahre ich am nächsten Morgen. Allerdings bin nicht ich das Opfer der Tuschelei, sondern Referendar Johannes Eike, der es über Nacht geschafft hat, mein Klatschpotential zu übertrumpfen. Die Nachricht kommt mit einer Wagenladung Handys zu mir, die die blonde Tatjana gerade in ihrem Biologie-Leistungskurs eingesammelt hat. »Johannes Eike ist schwul. Ist das nicht cool, Desi? Und er sieht in Badehosen richtig heiß aus!« Perplex versuche ich zwischen Tatjanas prallen Brüsten vor und dem Handy-Berg auf meiner Theke einen klaren Gedanken zu fassen. »Wie jetzt?«

»Hör zu«, sagt Tatjana und zeigt verheißungsvoll auf die Handys. Die heißeste Ware auf den Smartphones in der Oberstufe sind seit heute Morgen Strandfotos von Johannes. »Das haben mir die Schüler verraten. Nach einem kurzen Blick auf das Material habe ich ihnen die Geräte trotzdem abgenommen.«

»Okay, aber wie kommen die Schüler zu diesen Fotos? Über Facebook?«

»Nein, Naivchen. Viel besser. Offensichtlich hat Johannes gestern auf einem Dating-Portal gechattet. Für Schwule.«

»Und da zeigt er sich öffentlich in Bademoden?«

»Nein, nein. Er hat die Fotos erst auf Nachfrage rausgerückt. Eines Schülers, was er offensichtlich nicht wusste. Der hat dann mit seinem Smartphone schnell ein paar Screenshots gemacht und in Umlauf gebracht.«

»Weiß man denn, wer der Schüler war?«

»Nein, bisher weiß man nur, dass Johannes schwul ist. Ist das nicht cool? Ich liebe Schwule!«

Dass Johannes selbst die Affäre um seine sexuelle Ausrichtung weder cool noch richtig findet, wird spätestens dann klar, als er gegen Nachmittag betrübt aus dem Krisengespräch mit Henriette Hildebrandt-Fricke kommt. »Was hat sie gesagt?«, frage ich besorgt. »Dass sie voll hinter mir stehe und es niemanden was angehe, mit wem ich ... ach.«

Alles klar, Frau Hildebrandt-Fricke, denke ich und sage: »Du bist sicherlich nicht der einzige Schwule an dieser Schule. Und solange über Nacht Max nicht schwul wird, ist mir das ehrlich gesagt auch völlig egal.«

Johannes grinst. »Sag mal, wie wär's, wenn wir beiden Gebrandmarkten noch einen Kaffee in der Stadt trinken gehen?«

»Tolle Idee«, sage ich. »Ich wollte sowieso gleich Feierabend machen.«

Kurz nach drei sind nur noch ein paar Oberstufenschüler im Hauptgebäude. Ansonsten ist es ungewöhnlich leise. Leise genug zumindest, um die Sprechchöre zu hören, die sich durch das Treppenhaus ausbreiten, während wir langsam die Treppe Richtung Ausgang runterschlendern.

»Romeo, Romeo!«

»Romeo«, frage ich, »ist das ein Insider?«

»Ein Insider unter Outsidern«, antwortet Johannes leise. »So heißt die Dating-Plattform, über die ich mit diesem Schüler gechattet habe. Der Wichser hat sein Profil gestern Nacht übrigens noch gelöscht.«

STEHLAMPE!

Die allgemeine Zugänglichkeit der digitalen Datenautobahn hat die Kriegsschauplätze junger Leute von den Schulhöfen auf die sozialen Netzwerke verlagert. Längst gehören Verfemungen von ungeliebten Klassenkameraden auf Facebook oder Foren mit Titeln wie »Ich hasse Frau H-Punkt-Fricke« zum Schulalltag. Ich widerstehe der Versuchung, »Gefällt mir« zu drücken, nur mit Mühe.

Cybermobbing ist an der Schule ein ernstes Thema. Erst kürzlich hackte die Polizei den Facebook-Account eines Zehntklässlers, der öffentlich auf seiner Pinnwand gedroht hatte, seine Ex-Freundin umzubringen. Das sind die Geister, die das Netz rief. »Da werden Nacktbilder von Mitschülerinnen durch die Chatsysteme geschickt«, erzählt Melitta. »Im letzten Jahr kam die Polizei an die Schule, um herauszufinden, ob es sich dabei schon um Pornographie handelt.«

Wenn wir ganz ehrlich sind, haben die regelmäßigen Besuche von Medienpädagogen zumindest an der Geschwister-Scholl-Schule ebenso wenig an der Online-Problematik geändert wie die Anti-Raucher-Kampagnen am Umsatz der Tabakindustrie während meiner eigenen Schulzeit – denke ich, während ich mich am frühen Nachmittag mit etwa 20 Lehrern und 50 Oberstufenschülern auf dem Bürgersteig vor dem Eingangstor herumdrücke, um die Zigarette danach zu genießen.

Für die einen ist es die Zigarette nach der Fachbereichskonferenz, für die anderen die Zigarette nach der Klausur. Für mich die Zigarette nach der skurrilsten Provokation, seit mir Fabrizio aus der Achten auf dem Schulhof »Busenbomber« hinterhergerufen hat. Und das kam so: Zur großen Pause steht die vollbusige Tatjana an der Theke. Mal wieder mit wichtigen Neuigkeiten und neunzehn blonden Jugendlichen im Schlepptau. »Melitta, Désirée, das sind die Austauschschüler aus Torsby, unserer Partnerkommune in Schweden. Sie werden zwei Wochen bei uns zu Gast sein. Würdet ihr sie bitte mit Essenmarken für die Cafeteria und Schlüsseln für die Spinde im ersten Stock versorgen?«

Tun wir doch gern! Sorgfältig notiere ich mir zu jedem ausgegebenen Schlüssel den Namen des Kindes. Lisa, Lasse, Bosse, Britta, Inga, Ole, Kerstin. Aha, die gesamten Kinder aus Bullerbü sind hier versammelt. Und mit Christiane Fältskog sogar ein Kind vom Bahnhof Zoo. Auf Agnetha warte ich allerdings ebenso vergeblich wie auf Pippi, dafür kommen weitere Heldenfiguren aus schwedischen Kinderbuchklassikern dazu. Zum Beispiel Lotta, die die Zeit in Deutschland bei der Familie ihrer Austauschpartnerin Luminare-Helene verbringen wird. Oder Kalle, den Tatjana passenderweise Elvis zugeteilt hat. Mamma Mia! Die Schweden, ein volles Klischee, denke ich und sage süß wie die junge Silvia Sommerlath: »Varmt välkommen! Herzlich willkommen!«

Dafür erst mal Applaus. Die Klatsche kommt erst um die Mittagszeit – aus Kalles Mund. »Have you forgotten something, dear?«, will ich den strohblonden 16-jährigen mit dem Lönneberga-Lausbubengrinsen gerade fragen, da hat er es auch schon ausgesprochen.

»Stehlampe!« Und noch mal: »Stehlampe!« Irritiert starre ich in erwartungsvolle Augen. Das hellste Polarlicht scheint Kalle auf jeden Fall nicht zu sein. Bevor ich mich erkundigen kann, kommt schallendes Gelächter aus dem Flur. »Verarscht!«

»Was?«

Die Lösung der Geschichte, wie ich sie, von Luminare-Helene zusammengefasst, am Abend Max auf dem Sofa erzähle: Der vorlaute Elvis Cooper will also seinen Austauschpartner Kalle verarschen. Der ist ebenfalls nicht auf den Mund gefallen, allerdings der deutschen Sprache nicht mächtig. Elvis sagt zu Kalle: »Listen, buddy. There are some words you must *never* say to German people. Because they are bad words. Even worse than Nazi.«

Und Kalle: »For example?«

Elvis: »I'll tell you one if you promise never to use it!«

Kalle: »I swear!«

Elvis: »Okay! Stehlampe!

Kalle: »What does Stehlampe mean?«

Elvis: »Something like dirty fucking bitch. But you promised never to use it, remember!«

Und so kam, was kommen musste. Natürlich war der freche Kalle Kerl genug, um sein Versprechen zu brechen und mich, an meiner eigenen Theke stehend, zu beschimpfen: »Stehlampe!« Wir lachen. »Désirée Steinbeck, du alte Stehlampe«, haucht mir Max ins Ohr, während er anfängt, meine Busenbomber zu ertasten, »ich glaube, ich muss dir gleich mal die Lichter ausknipsen.«

STALKING

Irgendwie beruhigend, dass sowohl Schmäh-, als auch Liebesbotschaften heute nicht ausschließlich online ausgetauscht werden, sondern gelegentlich noch analog und live an meiner Theke – oder auf meinem Sofa. Ein paar Tage später erreicht mich der nächste Liebesgruß. Nicht aus der Lederhose, immerhin aber von einem urigen Bayern.

Fränki Mehring ist mit seiner Tochter Monika vor zwei Monaten von München in unsere Stadt gezogen – und hat einen Narren an mir gefressen. Zuerst dachte ich, jemand wolle mich zum Narren halten, als zu ebendieser Zeit ein Bote pinkfarbene Rosen für mich im Sekretariat abgab. Denn die zugehörige Karte gab mir ganz klar zu verstehen, dass es sich beim Absender nicht um Max handeln konnte, was ohnehin dem achten Weltwunder gleichgekommen wäre. Nein, hier war ein anderer am Werk gewesen, beziehungsweise auf der Homepage des Blumenlieferdienstes. »Sehr geehrte Frau Steinbeck, seit ich Sie zum ersten Mal gesehen habe, kann nicht mehr aufhören, an Sie zu denken. Drum möcht' ich Ihnen Blumen schenken.«

Mir ist zumindest klar, dass der Liebesgruß aus dem Umfeld der Schule kommen muss. Denn seit ich im Sekretariat arbeite, kann ich mich abends nur schwerlich aufraffen, in die Stadt zu gehen, um neue Leute kennenzulernen. Selbst am Wochenende nicht.

»Vielleicht war es Christian Göbel«, bringt Melitta einen Lehrer ins Spiel. »Der schaut dich immer so verliebt an.«

Ich schüttele den Kopf. Unter den Kollegen nennt mich

niemand »Frau Steinbeck«. Die alten Lehrer vielleicht. Aber würden Gentlemen der alten Schule ausgerechnet pinkfarbene Blumen versenden? »Ich glaube nicht«, sage ich und stelle die grell leuchtende Pracht in eine Vase. Eine Woche später, die Rosen sind kaum verblüht, steht bereits der nächste Strauß auf der Theke. »Da glüht aber jemand, Desi«, lacht Melitta und reißt mir die Karte aus den Händen. »›Blumen vergeh'n, Sie sind immer wunderschön.‹ – Und reimen kann er auch noch. Fast zumindest.«

Spätestens mit dem dritten Strauß, dem eine Karte mit der Botschaft »Sie sieht mich einfach nicht« beiliegt, wird mir unheimlich zumute. Irritiert tausche ich das Bouquet in der Vase aus. »Was sagen Sie denn dazu?«, frage ich also Fränki Mehring, der mal wieder im Sekretariat wartet, bis seine Tochter Unterrichtsschluss hat. Wir lassen ihn zumeist gewähren. Auf einen Rumlungerer mehr oder weniger kommt es hier schließlich auch nicht mehr an. »Ich meine, liebe Frau Steinbeck«, beginnt er, »ich meine, dass Sie die schönste Frau der Welt sind. Also für mich.«

Ich glaub mich tritt ein Pferd. »Sie waren das also?« Ich zeige auf die dritte Portion pinkfarbener Blumen. Ein Nicken. Langsam, aber bestimmt. »Ich, ich und noch mal ich.« Hilfe!

Die Hilfe kommt in Form der Klingel. Das Ende der sechsten Stunde schwemmt eine Fülle an Lehrern und Schülern ins Sekretariat, darunter auch Monika. »Bis bald«, verabschiedet sich Mehring, der mir selbst mit flachen Schuhen gerade unter die Brust reichen dürfte. Ich tue beschäftigt und fingiere schnell ein Telefonat. »Steinbeck von der Geschwister-Scholl-Schule am Apparat. Ist unsere Bestellung nicht eingegangen?«

»Uff«, stöhne ich, als Fränki Mehring endlich weg ist. »Stell dich nicht so an«, sagt Melitta. »Du hast halt einen Verehrer.«

Leichter gesagt als getan. Zwar wartet der verliebte Vater seit seinem Outing lieber vor dem Schulgebäude auf Monika, allerdings schickt er mir seine Liebesgrüße jetzt nach Hause. Karten, Schokolade und Blumen. Als ich wenige Tage später ein kleines Päckchen mit neckischer Wäsche aus dem Briefkasten ziehe, platzt mir der Geduldsfaden.

Am nächsten Morgen rufe ich direkt nach der ersten Stunde bei den Mehrings an. Fränki Mehring nimmt ab. »Mit Ihrer Reizwäsche haben Sie mich höchstens bis aufs Blut gereizt. Ich habe einen Freund und bin nicht an Ihnen interessiert.« Dann lege ich auf. »Ich hoffe, er hat das kapiert!«

Hat er nicht. Drei Postsendungen und ungezählte anonyme Anrufe später starte ich die Mission Demonstration. »Die sechste Stunde ist gleich fertig, ich muss runter«, rufe ich Melitta zu und eile Richtung Schultor, wo Max auf mich wartet. Zwei Minuten später sehe ich schon Fränki Mehring die Straße hochfahren. »Und jetzt küss mich, aber so richtig!«, zische ich und ziehe Max dicht an mich heran. »Spann die Oberarme an und mach dich richtig breit!« Kleine Show, große Wirkung. Seither lässt mich der Vater auf Freiersfüßen in Frieden.

Max kann meine Aufregung übrigens gut nachvollziehen. Schließlich, so sagt er, habe er es ständig mit Stalkerinnen zu tun. »Und wenn du glaubst, dass verliebte Väter schlimm sind – ihre Töchter stehen ihnen da in nichts nach.« Spätestens nachdem Max mir gezeigt hat, dass pubertierende Damen sich lieber selbst in Reizwäsche zeigen, als welche zu verschenken, glaube ich ihm. Joanna und Diane, leicht bekleidet auf einem Polaroid. Wie klassisch ohne Klasse! Für Mädchen aus der zehnten Klasse außerdem etwas gewagt. »4ever yours« steht auf der Rückseite des Fotos mit rotem Edding geschrieben. Warum sollten die Teenager von heute auch einfallsreicher sein als wir damals? Aber den Lehrer anhimmeln?

Es ist nicht das erste Mal, dass Joanna und Diane den Vogel abgeschossen haben, beziehungsweise Amors Pfeil weit über das Ziel hinaus. Seit Wochen lauern sie Max vor dem Lehrerzimmer auf. Mal mit süßen Worten, mal mit süßen Muffins, manchmal senden sie einfach süße Botschaften in sein Fach. Zum Beispiel Fotos in mehr oder weniger mondänen Modelposen. Eben alles, was Frau bei Heidi Klum so lernen kann.

Das rabiate Vorgehen der beiden Ladys lässt mich zwar offiziell kalt, trotzdem fühle ich mich mehr und mehr motiviert, ein ernstes Wörtchen mit den Freundinnen zu reden. So unter Frauen. Aber will ich mich wirklich mit Pubertierenden um einen Mann streiten? Will ich nicht! Außerdem hat Max schon seine Nummer gewechselt, um für sexy Selfies der beiden Verehrerinnen nicht mehr erreichbar zu sein.

Leider bin ich nach wie vor für Joanna erreichbar. Sie scheint die Frage, ob eine 16-jährige sich mit einer 36-jährigen um einen Mann streiten muss, auch völlig anders zu bewerten. Diesmal bin ich es, die nach Schulschluss auf der Straße vor dem Schultor abgefangen wird. Völlig abgehetzt und übermüdet.

»Frau Steinbeck, sind Sie wirklich mit Herrn Patzke zusammen?«

»Ja, warum?«

»Nur so.«

»Aha. Ich wünsche dir noch einen schönen Nachmittag.«

»Schlafen Sie auch mit ihm?«

Plötzlich bin ich hellwach. Das geht zu weit! Ich sage es ihr in aller Deutlichkeit – mit abschätzigem Blick auf ihr viel zu enges Top: »Wir sind zusammen, und ihr solltet lieber die Bälle flachhalten. Ich will ja nicht Klatschreporter spielen, aber willst du riskieren, dass wir eure Selfies an eure Eltern weiterleiten?«

Vom entsetzten Ausdruck in Joannas Augen leite ich ab, dass sich die Sache damit erledigt hat.

PUFF-GESTANK

Erkenntnis des Tages: Nichts stinkt bestialischer als ein Zimmer voller Achtklässler! Warum? Achtklässler sind ein Gemisch aus Menschen, die gemeinsam in der Pubertät ankommen und sich darin unterscheiden, ob sie schon Deo benutzen oder nicht. Sammeln sich mehrere Achtklässler auf engem Raum an, wie an diesem Dienstagmorgen im Sanitätsraum, entsteht Raum für einen Geruchscocktail der besonderen Art. Puff-Gestank. Zutat 1: Schweiß, Zutat 2: Billiges Herrendeo, bevorzugt mit Moschus-Note, Zutat 3: Süßliches, mittelteures Damendeodorant, Geruch weitgehend egal, Hauptsache die Verpackung ist pink.

Insgesamt ziemlich widerlich. Und es widerstrebt mir, Kandidaten aus der Kategorie 1 darauf aufmerksam zu machen, dass Moschus-Geruch immer noch besser ist als

Schweißschwaden. Smells Like Teen Spirit? Ich habe Nirvana noch nie leiden können.

Glücklicherweise leben Achtklässler außerhalb der Schule in einem Zustand selbstgewählter Isolation, der ihnen lediglich vorgaukelt, in Gesellschaft zu sein. Beispielsweise ihre Facebook-Welt, mit Scharen virtueller Freunde. Selbst mit mir. Neuerdings. Denn auch ich habe ein Facebook-Profil. Beziehungsweise habe ich seit ein paar Wochen zwei. Um mir Theken-Talk wie diesen zu ersparen: »Frau Steinbeck, warum nehmen Sie meine Freundschaftsanfrage nicht an? Mögen Sie mich nicht?«

Seither habe ich zwei Profile. Mein Erstprofil habe ich in Des Reh umbenannt. Dort poste ich weiter Urlaubsbilder, wettere gegen Männer und teile die »SMS von gestern Nacht«. Auf meinem Zweitprofil »Désirée Steinbeck« teile ich Katzenfotos und mache Pseudo-Posts wie »Ach, ist das heute schönes Wetter«. Hier nehme ich auch Freundschaftsanfragen von Schülern an.

Am Abend chatten Max und ich über Facebook:

»Angenommen, ich muss die Schule verlassen und bekomme einen Job in einer anderen Stadt, würden wir uns trotzdem weiter sehen?«

»Klar. Was denkst du denn?«

»Auch, wenn es weit weg ist?«

»Hey, was soll das?«

»Ach, ich weiß nicht. Wollte es einfach hören.«

»Hast du denn schon was von deinen Bewerbungen gehört?«

»Ja, ›Freisberg & Hansen‹ würden mich zurücknehmen. Mein Ex-Chef hat mir eine sehr freundliche Mail geschrieben. Ich sei als Assistentin so gut, dass sie mir die gewünschte Halbtagsstelle anbieten – und ich würde fast das Doppelte verdienen als jetzt.«

»Das ist doch super.«

»Ja ... Ja, ja.«

MOTTO-WOCHE

Freunde, wie die Zeit vergeht – und wie sich die Zeiten ändern. Selbst in Asbest-verdächtigen Kaschemmen aus den Siebzigern. Während Melitta und ich mal wieder an zu viel Arbeit zu ersticken drohen, haben zumindest die Abiturienten nach wochenlangem Prüfungsstress wieder Zeit zum Durchatmen. Doch diesmal werden die Feierlichkeiten rund um die Reifeprüfung anders ausfallen als in der Vergangenheit.

»Die Katastrophe aus dem vergangenen Jahr schreit nach einer Veränderung«, hat uns Hildebrandt-Fricke vor ein paar Wochen erklärt. In Abstimmung mit der Schülervertretung und den Abiturienten sei deshalb der Abi-Scherz abgeschafft und durch eine Motto-Woche ersetzt worden, an der die ganze Schule teilnehmen darf. Kein Alkohol, dafür ganze fünf Tage kunterbunte Unterhaltung.

»Am Montag ›Jugendhelden‹, am Dienstag ›Science Fiction‹, dann ›Flittchen und Pfarrer‹, ›Hollywood‹ und zum Abschluss am Freitag eine Beachparty«, lese ich Melitta das offizielle Programm der kommenden Woche vor. »Klingt nach vier Gelegenheiten, um mal wieder in hohen Schuhen zu kommen.«

»Ach, du willst wieder auf High Heels durch nassen Sand

stöckeln?«, erinnert mich Melitta an meinen Einstand. Sofort denke ich an meinen ersten Tag als Sekretärin zurück. »Wer weiß, wie oft ich noch die Gelegenheit dazu haben werde«, antworte ich gedankenverloren. »Wenn alles glattgeht, tippele ich ab August wieder auf Marni-Pumps über marmorierte Agenturgänge.«

Dann ist die große Woche endlich gekommen. Abschiedsschmerz hin oder her. Ich konnte diesen Montag kaum erwarten. Nicht nur, weil ich schon immer mal als Like-a-Virgin-Madonna samt weißem Tüllhochzeitskleid und glitzerndem »Boy Toy«-Gürtel in die Schule kommen wollte. Vor allem, weil ich gespannt auf die Abi-Zeitung bin. »Ob auch über mich geschrieben wurde?«, frage ich mich, während ich mein Brautgewand, das ich aus einem alten Karnevalskostüm und einem weißen Korsett zusammengeschneidert habe, anlege. Dazu ein paar falsche Perlenketten und Kruzifixe, fertig ist die Achtziger-Ikone.

Ich stehe noch kritisch vor dem Spiegel, als mein Toyboy sich zärtlich von hinten an mich schmiegt. »Trägst du auch Strapse drunter?«, fragt Max und legt seine Arme um mich.

»Nein, ich gehe in die Schule!«

»Glück gehabt. Sonst hätte ich dich noch mal über die Schlafzimmerschwelle ins Bett getragen.« So ein Pech, denke ich. Und frage: »Wer war eigentlich dein Jugendheld?«

»Lass dich überraschen«, grinst er. »Wir sehen uns nachher, holde Jungfrau!«

Erwartungsvoll öffne ich eine Stunde später die Sekretariatstür. »Du hast es tatsächlich gemacht«, rufe ich Melitta begeistert zu. »Hast du gedacht, ich kneife?« Stolz dreht sich die Kollegin einmal um die eigene Achse und bellt. »Snoopy mein Name. Das Kostüm habe ich für 80 Euro im Internet bekommen.«

»Ach, das sind doch Peanuts«, lache ich zwinkernd. »Schau mal, Fanny, heute können wir Frauchen mal die Ohren langziehen!« Die Labradordame schaut mich gelangweilt an. »Sie ist immun gegen mein Sexappeal«, sagt Melitta. »So ist das in langen Beziehungen.«

Plötzlich höre ich, wie die Tür zum Nebenraum aufgeht. »Die Chefin ist da!«, sage ich. »Wir brauchen irgendeinen Grund, um schnell in ihr Büro zu kommen.«

»Das sind ja ganz neue Töne!«

»Egal! Ich muss wissen, was sie aus dem Motto gemacht hat.«

Vorsichtig klopfe ich an der Tür. »Frau Hildebrandt-Fricke, ich habe ein paar dringende Briefe. Kann ich kurz ...« Da hat sich das Tor zur Hölle auch schon geöffnet. Vor uns steht die Rektorin in einem ihrer besten Kostüme und einem extravaganten schwarzen Hut mit breiter Krempe.

»Haben Sie sich nicht verkleidet?«

»Doch! Sehen Sie das nicht.«

»Zumindest nicht auf den ersten Blick.«

»Raten Sie mal.«

»Der verrückte Hutmacher?«

Hildebrandt-Fricke schaut mich erbost an.

»Coco, Frau Steinbeck. Coco Chanel.«

»Ach ja, natürlich.«

»Und Sie? Ich dachte das Motto ›Flittchen und Pfarrer‹ ist erst am Mittwoch dran. Na, geben Sie schon die Post her.«

Die nächste Stunde verbringe ich vor allem damit, mich abzuregen. »Blöde Kuh!« Eine SMS unterbricht meine

Rache-Phantasien schlagartig. Nachricht von Carina: »Die Abi-Zeitung ist da. Der Knaller: Du und Max seid zum Traumpaar der Schule gewählt worden!«

Schon bin ich unterwegs ins Erdgeschoss, wo die Abiturienten Attraktionen und Spiele rund um Biene Maja, die Drei Fragezeichen und Barbie vorbereitet haben. »Eine Abi-Zeitung, bitte!« Wild blättere ich mich durch das 200 Seiten starke Werk. Auf Seite 52 bleibe ich schließlich hängen. »Schultraumpaar: Frau Steinbeck und Herr Patzke« – dazu eine Fotomontage, die unsere Gesichter in das Filmplakat von »Pretty Woman« integriert. Toll, dass ich als Madonna verkleidet bin. »Morgens Heilige, abends Hure«, so ist das eben. Ich drehe mich um. Hinter mir steht Max im Trikot der Fußballweltmeister von 1990. »Brehme mein Name, Andreas. Matchwinner!«

Lachend fallen wir uns in die Arme und üben den Filmkuss. Den echten. Mit Zunge! Wie heiß er in seinen schwarzen Fußballhosen und den weißen Stutzen aussieht. Und ich habe es endlich Schwarz auf Weiß: Max und ich sind nicht nur die coolsten Erwachsenen der Schule, wie auf Seite 51 zu lesen ist, sondern auch das offizielle Traumpaar dieses Jahres. Amtlich von den Abiturienten gewählt – noch vor Mandy Lehmann-Kurzer und Sören Lehmann. In meinem Kopf höre ich kurz meine biologische Uhr ticken und die Hochzeitsglocken läuten. Da reißt mich das Klingeln zur Pause aus meinen Träumen. Die Party beginnt. Aus den Lautsprechern, die die Abiturienten im Foyer aufgestellt haben, erschallt Britneys »Hit me, baby, one more time«. Ist das noch Klischee oder schon Karma?

Kiara-Charlene hat kein gutes Karma, dafür wieder ein riesiges Problem, das direkt im Sekretariat landet. Motto-

Woche hin oder her – the show must go on, gerade am Tag, der unter den Sternen Hollywoods steht. Die Abiturienten haben das Hauptgebäude mit roten Teppichen ausgelegt. Nach der großen Pause sollen in der Turnhalle die ersten Abi-Awards verliehen werden – an die Sieger der Abi-Wahlen in allen Kategorien. Vorerst gilt es allerdings, das Tagesgeschäft zu bewältigen. Und hier kommt Kiara-Charlene ins Spiel.

»Jetzt weißt du auch, warum wir am Montag den öffentlichen Filmkuss geprobt haben«, erkläre ich Melitta und gehe in meinem Kopf die wichtigsten Oscar-Reden der letzten Jahre durch. Ich sehe mich den Oscar »Schultraumpaar« schon mit einem 2,5-minütigen Heulkrampf entgegennehmen, wie Gwyneth Paltrow ihren 1999. »Shakespeare in love« oder »Shakespeare AND in love« – das ist hier lange nicht mehr die Frage. An unserem Tresen stellt sich auch eine ganz andere – allerdings ebenso tränenreich vorgetragen. Fast verstehe ich Kiara-Charlene in all ihrem Schluchzen nicht. Aber der Grad ihrer Erregung sagt mir, dass es um ihr iPhone geht:

»Kann ich Pflaster für mein Handy, Frau Steinbeck!« – Als Forderung vorgetragen, nicht als Frage.

»Kann ich gucken. Aber zeig den Patienten doch erst mal her!«

Beim Anblick ihres links unten gebrochenen Touchscreens plötzlich wie unter Schock legt Kiara-Charlene das Gerät fast apathisch auf die Theke. »Melitta, kommst du bitte dreimal pusten«, rufe ich. »Und bring das breite Klebeband mit.« Die Schülerin wirft mir einen bösen Blick zu. »Haha!« Ich lasse mich nicht beirren. »Steinschlag oder hat es deinen Speicher vor lauter explosiver SMS gesprengt? Im ersten Fall empfehle ich den Mann aus der Werbung, im zweiten, Männer einfach mal Männer sein zu lassen!«

Ja, ich spreche vom hohen Ross der Frau, die in der sechsten Stunde knutschend auf der Aula-Bühne steht. Mit einem Abi-Oscar in der Hand und dem heißesten Sportlehrer der Welt an der anderen. Wir werden das am Folgetag auf der Schul-Beachparty feiern. Mit Virgin Colada, Malzbier und lauter leicht bekleideten Abiturienten.

ACH, SCHULE

Diese Nacht ist sternenklar. Ich sitze auf dem Balkon und warte, dass Max vom Fußballtraining nach Hause kommt. Es ist kühl geworden. Ich schenke mir ein Glas Rotwein ein und lege meine alte Evita-Platte auf. »Adios und Danke«, summe ich leise und stelle mir meinen letzten Tag im Sekretariat vor. Wird Melitta weinen? Werde ich weinen? Wird Hildebrandt-Fricke froh sein, mich wieder los zu sein? Ich seufze. Schließlich greife ich zum Telefon. »Eine tolle Woche«, erzähle ich Julia. »Heute war Beachparty auf dem Schulhof. Es ist so unendlich schade, dass ich bald nicht mehr dort arbeiten werde.«

Ach, Schule ... Dabei wäre ich wirklich sehr gut für dich! Davon bin ich überzeugt. Aber wohin soll ich jetzt gehen? Wirklich zurück in die Werbung? Ich weiß nicht. Drinnen höre ich die Haustür. Endlich. Ich eile in den Flur. »Schön, dass du endlich da bist.« Ich drücke meinen Kopf gegen Max' Brust, halte mich an ihm fest, will ihn nie wieder loslassen.

»Was ist los, Schöne?« Er stellt seine Sporttasche ab und nimmt mich in den Arm.

»Ich will nicht weg von der Schule - und von dir.« Leise kullern mir ein paar Tränen über die Wangen.

Max streicht mir sanft über den Kopf. »He, wir sehen uns doch nach der Schule.« Ich nicke. »Ich werde im Ballett der Evita-Produktion mittanzen«, sage ich, »nichts Spektakuläres. Nur eine Ensemblerolle.«

»Na siehst du, dann wirst du doch noch reichlich Gelegenheit haben, an der Geschwister-Scholl-Schule rumzuhängen. Was soll also die Wehklage? Weißt du, im Grunde sind wir doch noch viel zu jung, um uns wirklich auf irgendetwas festzulegen.« Max schaut mir tief in die Augen und küsst mich. »Ich liebe dich!« Das ist für den Moment genug. »Ich liebe dich auch«, flüstere ich.

Wir sitzen noch lange auf dem Balkon und schauen in den Sternenhimmel. Schweigend. Jung, schön und geliebt, ja. Aber was ist das alles wert, wenn du plötzlich wieder diese Leere fühlst. Wenn du merkst, dass der Weg, den du einschlagen sollst, nicht mehr deiner ist, während du den Koffer wieder in die Hand nimmst und gehst.

»Ich spiele meine Rolle nicht immer, wie's ihr gefällt«, sage ich schließlich. »Aber vielleicht sollte ich Hildebrandt-Fricke am Montag trotzdem fragen, ob sie nicht eine dritte Sekretärin brauchen könnte.«

»Genauso machen wir's«, flüstert Max und nimmt meine Hand. »Weißt du, Désirée, an dieser Schule bist du wie ein Diamant. Du strahlst, bringst Licht in ihren Alltag. Sie lieben dich dafür. Ist dir eigentlich aufgefallen, wie begeistert dir die Abiturienten gestern applaudiert haben?«

Ich schüttele den Kopf. Als wir weit nach Mitternacht ins

Bett gehen, weiß ich, dass ich endlich anfangen sollte, um meinen Platz im Sekretariat zu kämpfen. Dort habe ich nämlich eine Hauptrolle! Ich schmiege mich ganz eng an Max. Ich werde in seinem Arm einschlafen. Ja, ich habe wirklich ein neues Zuhause gefunden - an der Schule.

SCHULUNIFORMEN

»Die Motto-Woche ist vorbei, Frau Steinbeck, hören Sie? Vorbei!« Die Tür zum Sekretariat fällt mit einem lauten Knall zu. »Vielleicht kein so günstiger Tag, um mich nach einer festen Stelle zu erkundigen.« Melitta schüttelt den Kopf. »Vielleicht solltest du statt diesem Minirock ein Maxikleid tragen, bevor du dich in der Hölle bewirbst.«

Vielleicht sollte ich das. Kleidung ist derzeit ohnehin ein sehr sensibles Thema an der Schule. Denn es gibt ein neues, ungeschriebenes Gesetz, das Hildebrandt-Fricke gerade auf einer Gesamtkonferenz referiert habe, wie mir Max erzählt. »Keine Shorts und Flip-Flops für die Jungs. Die Röcke der Frauen dürfen nicht zu kurz, ihre Shirts auf keinen Fall bauchfrei sein - besonders nicht die Shirts der Kolleginnen um die 30.«

»Warum speziell die der 30-jährigen?«

»Generation Arschgeweih«, sagt Max lachend. »Sie hasst nichts mehr als Tattoos!«

Doch nicht nur die Hintern des Kollegiums sind in den Fokus von Hildebrandt-Frickes neuem Modebewusstsein geraten. »Frauen müssen wieder lernen, die Männer auf das neugierig zu machen, was sie schon kennen!« Die Chefin zitiert »ihre« Coco Chanel standesgemäß, nachdem »unsere« Chanell erst einen modischen Zwergenaufstand geprobt hatte und dann direkt zu Marc geschickt worden war. Chanell heißt eigentlich Chanell-Maria Berger und geht in die neunte Klasse. »Unschicklich«, so die Meinung der Rektorin zu ihrem Outfit. »So geht das nicht!«

Chanell tritt den Rückweg von der Hölle zurück in die Klasse durch das Sekretariat an. »Was hat sie gegen meine Hotpants?«, fragt sie genervt. Melitta mustert das Mädchen kritisch. »Ich glaube nicht, dass es primär an deinen Hotpants liegt«, sagt sie schließlich. »Aber vielleicht solltest du obenrum einfach mal mehr tragen als einen weißen Sport-BH, Honey.«

»Ich bin so, Mann. Ich verstell mich doch nicht, Alter!«

Verschiedene Geschmäcker hin oder her – Chanell muss sich bei Marc mit dem offiziellen Shirt der Schule einkleiden lassen, das es natürlich nicht damenhaft tailliert, sondern nur im unförmigen bis unmöglichen Sack-Schnitt gibt.

Auf Brusthöhe des azurblauen Kleidungsstücks ist eine weiße Rose zu sehen, jenes Symbol, das die Widerstandskämpfer Hans und Sophie Scholl den Nationalsozialisten in den Weg pflanzten. Über dem Blütenkelch ist »Geschwister Scholl« zu lesen. Unterhalb des Stängels ein »find ich toll« – mit dreifachem Ausrufungszeichen!!! Insgesamt also sehr unsexy – vor allem alles andere als Chanel. »Nicht mal H&M-Style«, wie es Chanell ausdrückt. Eben gerade gut genug, um die Shirts bei öffentlichen Auftritten des Unterstufenchors auf dem Frühlingsfest des nahe gelegenen Seniorenstifts zu tragen.

»Was hat die geflucht«, erzählt mir Marc später. Wie auch

immer. Wahrscheinlich, um sich mal wieder in der Zeitung zu sehen, holt Henriette Hildebrandt-Fricke das Thema Schuluniformen aus der Versenkung. Auf der Facebook-Seite der »Neuen Zeitung« liest sich das zwei Wochen später so: »Eine Realschülerin in engen Hotpants, ein Gymnasiast im Muscle-Shirt und Hauptschülerinnen, die rückenfrei zum Unterricht erscheinen – der Pegel der Freizügigkeit an der Geschwister-Scholl-Schule ist im Wonnemonat steigend. Rektorin Henriette Hildebrandt-Fricke lässt derzeit eine ›Leitlinie zur Kleiderordnung‹ diskutieren, um sexuell aufreizende Kleidung einzuschränken Die endgültige Entscheidung fällt die Schulkonferenz voraussichtlich Ende September. Frühestens im Sommer des kommenden Jahres drohen Schülern, die dagegen verstoßen, dann eventuell Sanktionen. Neueste Entwicklungen dazu in der NZ.«

Während auf Facebook die alte Debatte um Markenklamotten und Mobbing zu eskalieren scheint, haben wir die News bereits heute: Auch die Lehrer würden sich einem Antrag der Rektorin mehrheitlich widersetzen. Das erfahre ich im Lehrerzimmer, wo ich die nächste Coolpack-Generation der Schule gepflegt habe. Um die hohen Kosten für die Einweg-Kompressen bei steigender Nachfrage zu senken, haben wir uns nämlich etwas Neues ausgedacht. Seit ein paar Wochen füllen wir herkömmliche Einweghandschuhe aus dem Krankenhaus mit Wasser, packen das Ganze ins Kühlfach – und wenig später sind sie fertig, die sogenannten »Eisfingerchen«. An unserer Schule genießt das Coolpack 3.0 schon nach kurzer Zeit noch größeren Kultstatus als der Flutschfinger am Kiosk gegenüber.

Mir gegenüber steht ein kleiner Junge, den ich hier noch nie gesehen habe. Galant ignoriere ich seine Hand, die er auf seinen Schritt presst wie einst Michael Jackson auf der Bühne.

»Wer bist du denn?«

»Ich bin der Peter.«

»In welche Klasse gehst du denn?«

»In die 5e.«

»Okay, Peter. Wo brennt's denn?«

»Am Penis!«

»Was?«

»Ich habe Penisjucken. Kann ich Eisfingerchen haben?«

Allein die Vorstellung, dass sich der kleine Peter eine Eishand in die Unterhose schiebt, reizt meine Lachmuskel bis zu dem Punkt, an dem ich mich kurz umdrehe. Ich signalisiere Melitta, dass sie das Gespräch weiterführen soll. Ich dagegen simuliere einen Hustenanfall und renne aus dem Raum Richtung Lehrerzimmer. Als ich fünf Minuten später wieder zurück bin, schaut mich Melitta vorwurfsvoll an. »Das war aber nicht sehr professionell«, sagt sie streng, um nach einer kleinen Pause lauthals loszuprusten. »Aber extrem geil!«

Während Tatjana vor allem befürchtet, in ihrer Freiheit, hautenge Shirts zu tragen, beschnitten zu werden, hat Peter vor ein paar Tagen Vorhaut gelassen. »Alles in Ordnung«, wird uns seine Mutter später am Telefon berichten. Die Beschneidung sei unkompliziert gelaufen. »Er sollte nur die Füße still halten. Aber Sie wissen ja, wie Jungs sind. Das Toben auf dem Schulhof, dazu die Hitze – da hat sich die Wunde einfach ein wenig entzündet.«

»Ich habe eine zündende Idee«, sagt Melitta später. »Für Fälle wie Peter werden wir zukünftig einfach auch ein paar Luftballons mit Wasser füllen, nur um den Lacheffekt auszuschalten.« Vor meinem geistigen Auge laufen gerade eineiige Monster über den Schulhof. Ich unterdrücke mein Lachen. Irgendwie habe ich aber das Gefühl, dass es gerade auch bei Melitta »Klick« gemacht hat. Sie schaut mich durchdringend an und fängt an zu stöhnen. »Nein, sprich es bitte nicht aus!« Ich nicke schmunzelnd. »Merkste selbst, ne!«

SPENDENLAUF

Alles neu macht der Mai. Zumindest vorübergehend. Henriette Hildebrandt-Fricke ist für vier Wochen wegen einer wichtigen Koordinationsaufgabe ins Schulamt abgerufen worden. Für was genau, weiß ich gar nicht. Ist mir auch egal. Hauptsache, sie ist weg!

Für die kommenden Wochen hat Konrektor Hornschuch nicht nur die Leitung der Geschwister-Scholl-Schule, sondern auch den Platz an ihrem Schreibtisch eingenommen. Seither steht die Tür zum Rektorat immer offen. Himmlische Zustände am Eingang zur Hölle. »Endlich können wir mal auf Durchzug lüften«, freut sich Melitta, während sie die Fenster im Nebenraum aufreißt. »Wollen Sie noch ein Stück Marmorkuchen?«

Hornschuch legt den Finger auf die Lippen. Er telefoniert. »Eins noch, Frau Hildebrandt-Fricke, denken Sie bitte daran, dass Anfang Juni der Spendenlauf für die Grundschule stattfindet. Zehn Uhr am Stadion der Turngemeinschaft. Wir freuen uns auf Sie!«

Aber so was von freuen wir uns, denke ich und sage: »Herr

Hornschuch, laufen Sie denn auch mit?« Der Konrektor winkt lachend ab. »Aber ich zahle ein paar Kindern fünfzig Cent pro gelaufener Stadionrunde. Sportler und Sponsoren, es muss immer beide geben.«

Es ist ein zauberhafter Junimorgen. Auch, weil ich neben Max aufgewacht bin. Leider zu spät. Genauer gesagt: Eine Stunde zu spät! »Wir müssen uns beeilen, der Spendenlauf beginnt schon in zwei Stunden, und du musst doch noch beim Aufbau helfen«, flüstere ich ihm ins Ohr. »Kein Stress«, sagt er und legt seinen Arm um mich. »Ich habe organisiert, Herr Röder hat dafür den Aufbau übernommen.« Ich lasse mich zurück auf seine Brust fallen. »Das finde ich so was von toll!«

Zweimal drei lange Minuten später schleppen wir uns trotzdem ins Bad und schaffen es tatsächlich, pünktlich auf dem Sportgelände zu sein. »Kein Wölkchen am Himmel«, sage ich, während wir uns der Zuschauertribüne nähern. »Sieht so aus, als ob der angekündigte Platzregen ausbleiben wird.«

Um das Donnerwetter komme ich an diesem traumhaft schönen Samstag trotzdem nicht herum. Und ich soll nicht die Einzige sein. Auf dem Sportplatz herrscht reges Treiben. Rechts neben der Tribüne ist ein großes Kuchenbüfett aufgebaut, auf der großen Wiese, um die sich die Tartanbahn windet, steht eine große Hüpfburg. Überall springen, rennen und toben Kinder und Jugendliche herum, manche machen sich sogar professionell warm, bevor es ans Laufen geht.

Von weitem erkenne ich Brigitte Schmitz, die den Feine-Vorstadt-Mutter-Look mit flachen Schuhen gegen neonfarbene Trainingsklamotten mit Luftkissen-Schuhen getauscht hat. Ich nicke ihr aus dem größtmöglichen Sicherheitsabstand zu. Diese Kleider schreien quasi »Beachte mich!«. Ich stöhne. »Sie kann es einfach nicht ertragen, dass sie heute mal nicht die wichtigste Person am Platz ist.«

Die wichtigste Person am Platz heißt heute Dorkas Weise-Brotkorb – Vorsitzende des Schulfördervereins und für eine Frau mit Doppelnamen durchaus sympathisch. Um Punkt zehn Uhr ergreift sie ein Megaphon und beginnt mit der Begrüßung.

»Liebe Sportlerinnen und Sportler, liebe Sponsorinnen und Sponsoren, liebe Eltern, Lehrerinnen und Lehrer und Freundinnen und Freunde der Geschwister-Scholl-Schule. Ich freue mich, dass Sie alle gekommen sind, um unseren Spendenlauf für neue Möbel in der Grundschule zu unterstützen. Das Prinzip ist ganz einfach: Jeder, der heute läuft, hat sich einen Unterstützer gesucht, der sich schriftlich dazu verpflichtet hat, ihm pro gelaufener Runde einen Betrag für unser Sparschwein zu zahlen. Mehr will ich auch gar nicht sagen, außer den Sportlehrern Herrn Patzke und Herrn Röder ein großes Danke für die Organisation und Herrn Hornschuch für alle Unterstützung seitens der Schulleitung aussprechen. Außerdem möchte ich Brigitte Schmitz, Vorsitzende des Schulelternbeirats und Oberbürgermeister Rolf Zöller begrüßen. Beide laufen höchstpersönlich mit. Herzlichen Dank!«

»Sie hat vergessen, die Hildebrandt-Fricke zu begrüßen«, zische ich Max zu, während die Anwesenden laut applaudieren. Was die Chefin betrifft, hilft heute kein Hofieren mehr. Die Laune ist immer Keller. »Sie können ja froh sein, dass ich überhaupt hier bin, Herr Hornschuch«, fährt sie den Konrektor wenig später laut an. »Ich habe noch nicht einmal die schriftliche Einladung bekommen. Herrn Zöller haben Sie sicherlich auch nicht am Telefon eingeladen.«

Zwei Stunden später knallt es noch einmal. Und zwar so richtig. Auf der Tartanbahn. »Ganime kam ins Straucheln und ist dann rücklings auf den Hinterkopf gefallen«, so weit Carinas Lagebericht. Den Schlag auf den Hinterkopf hätte ich eher der Schmitz gegönnt, die wie ein aufgeplustertes Huhn in Neongelb und Neonpink über den Platz fegt. »Frau Steinbuch«, ruft sie in meine Richtung. Ich schalte auf Durchzug und biege links Richtung Kuchenbüfett ab. Aber sie ist schneller!

»Warum hat niemand daran gedacht, dass der Spendenlauf auf Ramadan fällt?« Sie ist außer sich vor Wut. »Ist doch irgendwie klar, dass Kinder, die noch nichts gegessen haben, beim Laufen in der Mittagssonne umkippen, Frau Steinbuch! Es ist Ihr Job, ein Auge auf allen für die Schule relevanten Terminen zu haben!«

Merke: Als Schulsekretärin bist du nicht nur das Mädchen für alles, sondern auch der Arsch für alle, sogar samstags. Ich ignoriere die fehlgeleiteten Vorwürfe der Elternsprecherin und atme tief durch. »Frau Hartmann hat das Rote Kreuz und Ganimes Eltern angerufen.«

Wenig später ist der Rettungswagen da. Diesem entsteigt der schöne Sanitäter vom Abi-Streich an meinem ersten Arbeitstag. Ist das wirklich schon über ein Jahr her? »Sie machen hier ja Sachen«, begrüßt er mich und zwinkert. »Kevin Cranach, Rettungsassistent, freut mich.« Ich lächele. »Désirée Steinbeck, Retterin der Schulgemeinde und außerdem ihre längst auf Herz und Nieren geprüfte Sekretärin, sogar samstags!«

WARTESCHLANGE

Heute haben wir wieder viel zu viel zu tun – vor allem mit den falschen Leuten. Während ich emsig versuche, Hildebrandt-Frickes Mails abzuarbeiten, nimmt Melitta den Anruf des affigen Amtsschimmels Dietmar Cosler entgegen. »Geht bestimmt um die Portokasse«, stöhnt sie.

»Na, wenigstens kann er dich über das Telefon nicht mit seinem Karamellbonbongeruch penetrieren.«

Sachen passieren – immer wieder, zum Beispiel, dass zwei Sekretärinnen gleichzeitig am Telefon hängen. Ich bin in der Warteschleife der städtischen Suchtberatungsstelle, mit der ich auf Wunsch der Rektorin neue Termine für Schülerworkshops vereinbaren soll. Melitta scheint immer noch mit Cosler über Zahlen zu diskutieren, als es klopft.

Tusha läuft genervt vor der Theke auf und ab. »Frau Maggi«, flüstert sie. Melitta signalisiert ihr per Handzeichen, zu warten. »Siehst du nicht, dass ich telefoniere?«, höre ich sie am Hörer vorbei zischen. »Aber ich muss jetzt telefonieren«, erwidert die Schülerin trotzig. Die Kollegin schaltet auf Durchzug – bis die Zehntklässlerin beginnt, wütend mit der Faust auf die Theke zu schlagen. »Herr Cosler, ich muss mir dringend die Nase putzen, ich stelle sie kurz in die Warteschleife.« Dann poltert sie los: »Bei dir hämmert's wohl. Du wartest, bis du dran bist!«

Tusha dreht sich auf dem Absatz um und stampft aus dem Sekretariat. Melitta holt Cosler aus dem Telefon-Nirwana zurück. Ich, inzwischen mit zwei Terminen für ein Suchtpräventionstheaterstück plus angeschlossener Diskussionsrunden versorgt, stehe auf und folge der Zehntklässlerin in den Flur. Nur um zu verhindern, dass sie in ihrer Wut noch die Beete im Schulgarten zertrampelt. Als ich aus der Tür bin, ist Tusha allerdings abgetaucht. Dafür taucht Marc auf. »Hier ein paar Kisten Klopapier«, sagt er, »ich stelle sie mal vor die Theke. Räumst du sie aus und verstaust die Rollen im Schrank?« Inzwischen hat sich das Klopapier-Verteilungs-System an unserer Schule etabliert, und der Aufstand der Schüler dagegen ist erlahmt.

»Mache ich, aber ich muss erst mal Ordnung in den Fächern schaffen.«

O Mann, denke ich. Warum immer alles freitagnachmittags? Der nächste Besuch kommt nur fünf Minuten später an: Natascha und Yascha Sokolowa. Die Kinder sind mal wieder nicht abgeholt worden. Traurig sitzen die beiden auf den Stühlen gegenüber unserer Theke und schauen zu, wie ich den von Lehrern in Hetze hoffnungslos durcheinandergewirbelten Materialienschrank aufräume.

»Ich helfen, Frau Steinbeck?«, fragt Natascha vorsichtig. »Hey, dein Deutsch ist ja richtig gut geworden«, lobe ich. Gerade ein halbes Jahr ist es her, dass Natascha und ihr Bruder ängstlich im Sekretariat saßen, um sich hier anzumelden.

Zwischenzeitlich sind mir die Sokolowas ans Herz gewachsen. Reichlich Gelegenheit hat es seit Januar gegeben. Mindestens dreimal pro Woche warten die beiden hier, bis sie abgeholt werden – was oft spät bis gar nicht passiert. Dann nimmt Melitta sie auf ihrem Rückweg mit. »Darfst du. Aber vorher versuchen wir noch einmal, deine Mama anzurufen.«

Ich hole Natascha in den Sperrbezirk hinter der Theke und wähle die Handynummer ihrer Mutter. Ein Festnetz hat sie nicht. Eigentlich müsste ich die Nummer ihrer Mutter bereits auswendig kennen. Kenne ich auch. Zumindest die letzte. Die altbekannte Pest des Sekretärinnenalltags: Eltern ohne Festnetz, dafür mit wechselnden Handynummern, die uns in den seltensten Fällen mitgeteilt werden. Wie zu erwarten, kriege ich nur die Mailbox. »Hallo, hier Alissa. Hinterlass Nachricht, du Süßer. Bussi, deine Superpussy!« – Vorgetragen mit einem Lispeln, dass sogar Katja Burkard wie einen leichten Fall wirken lässt. Logopädisch gesehen. »Bussi, deine Superpussy?« Ich schiele kurz zu Natascha und hinterlasse meine Nachricht: »Hallo Frau Sokolowa, hier ist Frau Steinbeck von der Geschwister-Scholl-Schule. Es ist jetzt 13.20 Uhr. Ihre Kinder warten hier. Können Sie bitte ganz schnell anrufen?«

»Arbeitet eure Mutter noch?«, frage ich, während Natascha die Textmarker auf der rechten Schrankseite nach Farben ordnet. »Ich weiß nicht. Noch nicht zu Hause war«, antwortet Yascha. Wie bitte? »Was arbeitet die Mama denn?«

Yascha zuckt mit den Achseln. Natascha starrt nur Löcher in die Luft. Dann wandert ihr Blick über meinen Schreibtisch und bleibt an meinem Käsebrötchen hängen, das ich vor lauter Stress mal wieder nicht gegessen habe. »Ich sooo Hunger.«

»Hast du in der großen Pause nichts gegessen?«

Kopfschütteln. »Mama nicht zu Hause, als wir Schule.«

»Passiert das öfter?« Nicken.

Okay. Ich packe den Kids mein Brötchen auf einen Teller und Klassenlehrerin Carina Hartmann ein Memo ins Fach. »Die Sokolowas bekommen zu Hause kein Frühstück. Kannst du da mal nachfragen? Gruß, Desi.«

Zwei Stunden später muss ich Yascha und Natascha ihrem Schicksal überlassen, beziehungsweise Melitta, die sich selbstverständlich als Kindertaxi anbietet. Für mich ist es Zeit fürs Wochenende. Seit einigen Wochen versuche ich, die Probleme der Schüler nicht mehr zu meinen zu machen. Anders überlebt man hier nicht. »Denkst du noch dran, die Klopapier-Kisten wegzuräumen?«, fragt Melitta. »Die stehen im Weg!«

»Mache ich gleich Montagmorgen. Jetzt erst mal raus hier!«

Dieses Wochenende möchte ich überhaupt nicht an Kinder denken. Meine sind bis Sonntag bei ihrem Vater. Am Abend bin ich mit Julia zum Feiern verabredet, morgen ist Kuscheln mit Max geplant. Also raus aus dem Schulkorsett, rein in die schmutzigen Clubs. Zu Hause haue ich mich erschöpft aufs Sofa und schlafe ein. Ich erwache gerade rechtzeitig, um Punkt 22 Uhr topgestylt an der U-Bahn-Station zu stehen. Endlich mal wieder High Heels tragen! Julia wartet bereits.

Es gibt nichts Schöneres, als an einem lauen Sommerabend durch das Vergnügungsviertel der Stadt zu laufen. Oder sollte ich stolz stöckeln sagen? Auf dem Marktplatz sitzen die Menschen auf Lounge-Möbeln und trinken Cocktails. Es riecht nach Bratwürsten und Pommes. Uns treibt es weiter. Essen wird überschätzt. »Ich war ewig nicht mehr in einem heißen Strip-Club«, lacht Julia, die heute zumindest so aussieht, als ob sie nicht vorhätte, irgendetwas anbrennen zu lassen. Wenig später stehen wir dann vor dem »Cameo«.

Der Laden ist kleiner als es die verspiegelten Wände zuerst glauben machen und mit etwa 50 Gästen schon jetzt fast voll. Überall stehen nostalgische Sofas rum, davor kleine, runde Tische. Genau gegenüber der Bar geht über einem 1,50 Meter hohen Podest der Spot an. »Begrüßt unsere Alissa. Wer gibt unserer Superpussy heute das erste Bussi?«, ruft der DJ. »Bussi, Bussi«, lispelt es sogleich verführerisch in das Mikrophon. »It's showtime!«

Memo an mich selbst: Carina anrufen. Morgen. Sobald ich wieder nüchtern bin. Vorerst brauche ich einen Drink. Dieser geht auf nüchternen Magen. Hätte ich lieber mal das Käsebrötchen gegessen ... Realität kann so ernüchternd sein. Ach ja, und am Montag Brote für Yascha und Natascha schmieren.

Der Montag beginnt mit einem Beschwerdeanruf. Gerade will ich die Klopapier-Kisten wegräumen, als das Telefon klingelt. »Geh du, bitte«, signalisiere ich der Kollegin, »ich gieße noch schnell die Blumen im Lehrerzimmer, bevor die ADS nörgelt.« 15 Minuten später bin ich zurück.

»Mein Gott«, ärgert sich Melitta. »Diese Tussie!«

»Wer war denn dran?«

»Tushas Mutter.«

»Okay?«

»Die hat sich beschwert, dass ich ihre Tochter so abgewiegelt habe. Tusha habe unbedingt telefonieren müssen. Ich habe versucht, ihr klarzumachen, dass auch sie mal warten muss.«

»Und jetzt?«

»Keine Ahnung, ich kann auch nicht immer nur gut drauf sein.«

Henriette Hildebrandt-Fricke ist zum Wochenstart überhaupt nicht gut drauf. Und das ist ungemein untertrieben. Leider drängt sie sich uns trotzdem auf. Als sie das Sekretariat gegen zehn Uhr durch den Eingang des Fußvolks betritt, ist mir sofort klar, dass irgendetwas anders ist. Sie schließt die Tür und dreht den Schlüssel im Schloss. »Ich habe etwas zu sagen.«

»Wir haben uns schon Sorgen gemacht«, lüge ich, »wo waren Sie?«

»Haben Sie meine Mail von gestern Abend noch nicht gelesen?« Schweigen.

»Ist auch egal«, sagt die Chefin und knallt eine Akte auf den Tisch. Wir schauen sie fragend an. »Was ist das?«

»Die Akte Fricke ist geschlossen. Ich war heute am Gericht. Seit 8.47 Uhr bin ich geschieden. Ab heute bin ich für Sie und alle anderen Frau Hildebrandt, hören Sie! Nicht ›nur noch‹ Frau Hildebrandt, sondern ›endlich wieder‹ Frau Hildebrandt!«

Wir wollen trotzdem unser Mitleid ausdrücken, da drückt sich die Rektorin schon zwischen den Klopapier-Kisten und der Theke Richtung Rektoratstür. »Und räumen Sie diese verdammten Kisten hier weg!« Krachend fällt die Tür zu – um sich 30 Sekunden später wieder zu öffnen. »Und kümmern Sie sich sofort um neue Visitenkarten für mich, hören Sie!«

Nach der etwa fünfminütigen Visite der Chefin ist Folgendes klar: »Für mich wird sie immer die Fricke-Zicke bleiben. Bis die Hölle zufriert!«

So. Die Klopapier-Kisten sind gerade im Schrank verstaut, da kommt bereits das nächste Problem um die Ecke. So ist das eben in Sekretariaten. Kaum ist ein Brand gelöscht, wartet schon der nächste Notruf. Wir haben uns gerade vom Auftritt der Hildebrandt erholt, als Tusha schmollend an der Theke steht.

»Wir müssen reden, Frau Maggi.«

»Wenn du deinen Auftritt am Freitag meinst: Sorry, wenn

ich barsch war. Aber auch du musst lernen, dass hier alles schön der Reihe nach geht.«

»Darum geht's doch gar nicht!«

»Worum dann?«

»Früher waren Sie immer so lieb zu mir«, sagt Tusha. Plötzlich klingt ihre Stimme eher traurig als nach Troublemaker.

»Empfindest du das so?«, antwortet Melitta nachdenklich.

»Ja, und zuletzt sind Sie immer so schlecht drauf.« Melitta schaut mich irritiert an, als wollte sie fragen: »Ich, schlecht gelaunt?« Tusha starrt traurig auf die Theke.

»Mögen Sie mich nicht mehr?«

Melitta steht auf und geht auf die andere Seite der Theke. »Hör zu. Das war nicht böse gemeint. Auch ich stehe manchmal mit dem falschen Fuß auf. Und ich bin so froh, dass du den Mut hattest, das anzusprechen. Nicht, dass wir deine Schulkarriere noch im Streit beendet hätten!«

Melitta nimmt Tusha in den Arm. »Nein, ich mag dich noch immer. Und ich werde nie vergessen, wie du zum ersten Mal mit langen Zöpfen und einem furchtbar hässlichen, pinken Schulranzen an dieser Theke standest und ein Bonbon haben wolltest.« Tusha fängt an zu lachen. »Komm schon Tusha«, sagt Melitta und greift zum Glas. »Zwei Himbeerdrops auf dich und mich. Auf die Freundschaft – und heute Abend stoßen wir auf deine Mittlere Reife an!«

Vor der Stadthalle sind bereits zahlreiche Schüler mit ihren Familien versammelt. Doch nicht alle Absolventen haben den Anlass der Veranstaltung verstanden. Die pubertierende Damenwelt macht prätentiös auf Pomp. Wann ist meine Lästerschwester Melitta endlich da?

Zehn Minuten später steht die Kollegin bei uns. »Sorry, Tusha wollte unbedingt, dass ihre Eltern noch ein paar Fotos von mir und ihr schießen. Guck mal, da drüben steht sie.«

»Wo?«

»Dort drüben in der roten Robe, mitten zwischen den anderen Mädchen.« Tatsächlich. Da steht sie. Ich begutachte die Gruppe aufmerksam. »Sind wir hier auf einer Massenhochzeit?«, kommentiere ich das Übermaß an überkandidelten Ballkleidern, Krönchen und Stolen.

»Du weißt doch: Je geringer das Niveau, desto größer das Kleid!«, spottet Melitta.

»Ich dachte, je geringer das Niveau, desto kürzer das Kleid?«

»Nicht bei Schulabschlussfeiern der zehnten Klassen.«

Der Anblick des Grauens schlechthin reißt uns aus der Unterhaltung. Mir zumindest bleibt der Mund offen stehen. »Hast du *die* gesehen?« Ich zeige ungläubig auf eine große Frau mit langer, scharlachroter Robe. Einer geschlitzten Robe mit Mega-Dekolleté. »Das ist keine Abschlussfeier, das ist eine Abschussfeier. Und Brigitte Schmitz hat mit ihrem Schlitz den Vogel abgeschossen.«

Zeit, sich wirklich abzuschießen. Glücklicherweise kostet das Glas Sekt nur schulkonforme drei Euro. Ich brauche vier, um den gähnend langweiligen Abend mit Reden, Chorgesängen, Reden und noch schlimmeren Reden zu überstehen. Als wir nach Hause kommen, sind mir zwei Dinge klar.

Erstens: Nichts ist skurriler als eine Ansammlung pubertierender Mädchen in pompösen 60-Euro-Kleidern plus Fünf-Euro-Krönchen. Zweitens: Es gibt Dinge, die sich nie ändern. Zum Beispiel, dass es coole Kids gibt und uncoole

Kids. Beim Applaus während der Zeugnisübergabe zumindest, konnte man an der Lautstärke immer wieder deutlich hören, wer in diesem Jahrgang beliebt war und wer nicht.

Fast frenetischen Applaus bekommt Giuliana aus der 10d, vielleicht auch ein wenig für eine der größten Geschmacklosigkeiten des Abends: Hotpants plus unterliegender Netzstrumpfhose – ein Outfit, der sein männliches Pendant in Flickenjeans und Böhse-Onkelz-Shirt findet. Fabelhaft scheiße!

Der lauteste Beifall des Abends allerdings gilt der Elternsprecherin. Nicht für ihren gewagten Schlitz oder eine mitreißende Rede. Vielmehr für einen Kniefall, beziehungsweise den erfolgreichen Versuch, von der Treppe rechts der Bühne zu fallen, ohne den Riesenschlitz breitbeinig in Szene zu setzen. In Sachen galanter Auftritt trotzdem eine glatte Sechs, setzen. »Je kleiner das Niveau, desto größer das Kleid«, fasse ich den Abend noch mal zusammen.

Übrigens ist nach der Abschlussfeier doch endgültig vor meinem Ausstand. Nach einem Gespräch mit Hildebrandt-Fricke ist klar, dass ich im kommenden Schuljahr nicht an der Geschwister-Scholl-Schule bleiben kann. »Frau Meckel wird definitiv zurückkommen«, ließ sie mich nüchtern wissen und zerstörte damit jede Hoffnung auf eine Festanstellung an der Schule. Ich hatte mir fest vorgenommen, nicht zu betteln – und habe mich daran gehalten. Bringt ja nichts. Außerdem hatte ich mit diesem Ausgang gerechnet. Zum Glück habe ich die Zusage von »Freisberg & Hansen« im Mail-Eingang. Trotzdem bin ich unglaublich traurig. Damit ist meine Karriere als Schulsekretärin wohl vom Tisch, beziehungsweise vom Tresen.

THERE'S NO BUSINESS LIKE SCHUL-BUSINESS!

Mir kommen Melittas Worte aus dem letzten Jahr wieder ins Gedächtnis: »Vor den Ferien muss alles vom Tisch sein. Das klingt unmöglich. Ist es auch. Aber wir schaffen das.« Eine klare Ansage. Eine zeitlose Ansage. Nur wird der Schwierigkeitsgrad in diesem Jahr gesteigert. Es sind noch vier Tage bis zum Sommerfest, das sich für mich anfühlt wie eine School's-Out-Party – und eine Reifeprüfung zugleich.

»Beim Sommerfest wirst du noch einmal alles zeigen können, was du bei uns gelernt hast«, sagt mir Melitta so ernst, als würde sie mich gleich dazu auffordern, die Zettel mit den Abitur-Aufgaben umzudrehen. Angesichts der bisher noch vagen Stressandrohung dreht sich erst mal mein Magen um. Es ist ja nicht so, dass wir kurz vor den Sommerferien nichts anderes zu tun hätten als Event-Management.

Den Montag verbringe ich damit, möglichst viel Arbeit vom Tisch zu kriegen, beziehungsweise die Theke freizuräumen. Vor allem für Blumen, Süßigkeiten und andere kleine Geschenke, die hier derzeit bergeweise abgeliefert werden. Gerade hat Tusha einen riesigen Rosenstrauß auf die Theke gelegt. Mit Karte. »Werde ich zu Hause lesen«, verspricht Melitta und nimmt ihre neue, alte Freundin noch einmal in den Arm. Alissa Sokolowa hat zwei Gutscheine für Wellnessmassagen im SPA mitgebracht. »Für alles Gute an meine Kinder!« Dazwischen liegen weitere Blumensträuße, Schokoladentafeln und eine große Pralinenschachtel.

»Das Leben ist wie eine große Pralinenschachtel, man

weiß nie, was man bekommt«, sagt Melitta, schließt genüsslich die Augen und greift blindlings hinein. »Zeit zum Genießen!« Von wegen: »Renn, Melitta, renn!«, will ich noch rufen, als sich die Seitentür öffnet. Aber es ist zu spät. Die Chefin ist mit ihrem Beitrag zum tollen Thekengelage fast bei uns angekommen. So laut wie eben möglich, knallt sie einen großen Stapel Zeugnisse auf die Theke. »Bitte schnellstmöglich kopieren, Frau Maggi!« Ich zwinkere ihr zu. »Iss du mal deine Süßigkeiten, ich gehe schon.«

Fröhlich schnappe ich mir die Zeugnisse und mache mich auf den Weg Richtung Kopierraum in den dritten Stock. Vorbei an umgefallenen Mülltonnen auf dem Boden, die ich heute fröhlich aufhebe, und großen Tonpapierschneemännern an den Wänden, die fälschlicherweise noch seit Dezember hier hängen. Ich quittiere den Kunstfehler mit einem sanften Lächeln. In mir macht sich Gelassenheit breit. Die letzten Tage an der Geschwister-Scholl-Schule will ich auch nur noch genießen. Heute gelingt mir das. Trotz Montagsstress, trotz Zeugnisstress, trotz Schulfestvorbereitungstress. Noch ahne ich allerdings nicht, dass die große Sause mir mehr abverlangen wird, als mittags schnell noch in den Großhandel zu fahren, um Papiertischdecken zu kaufen.

Der folgende Dienstag geht komplett mit den Nachbereitungen des alten und den Vorbereitungen des neuen Schuljahrs drauf. Zur Sicherheit schieben wir die Bestellung der Getränke für das dreitägige Fest dazwischen. »Nicht, dass wir am Ende auf dem Trockenen sitzen!« Ich schalte das Radio ein. »Ab Freitag leichte Schauer über der ganzen Region, am Samstag wieder eitel Sonnenschein«, prophezeit die Dame vom Wetterdienst. »Werdet mir nicht nass!« Ich bin beruhigt, dass mich die Chefin zumindest nicht für das Wetter bei der Schulrevue zugunsten des Evita-Projekts verantwortlich machen kann, die Freitag um 19 Uhr auf der Wiese hinter der Turnhalle beginnen soll.

Die Regenprognose sollte ich ihr trotzdem überbringen. »Meinen Sie nicht, dass wir zusätzlich zu den Holzgarnituren auch ein Bierzelt organisieren sollten, Frau Hildebrandt-Fricke?«, rufe ich, während ich den Raumplan für den Sommerfestsamstag ausdrucke. »HILDEBRANDT, Frau Steinbeck! Ich heiße Frau Hildebrandt!«, keift es aus dem Nebenraum. Eine Antwort bekomme ich nicht.

Mittwochmorgen. Ich mache erste Häkchen an die Checkliste. Die Dixie-Toiletten sind gerade angeliefert worden. »Klopapier dürfte auch genug vorhanden sein, Melitta.« Klopapier. Ich habe mich nie wirklich für Klopapier interessiert. Im letzten Jahr war es in meinem Berufsalltag plötzlich so präsent wie früher Power-Point-Präsentationen. Ich seufze. Gestern lag der Vertrag von »Freisberg & Hansen« im Briefkasten. Ich habe ihn angesehen und erst mal auf dem Küchentisch liegen lassen. Kann ich mir ein Leben ohne Pümpel-Partys überhaupt noch vorstellen? In meinem Kopf laufen die letzten Monate noch einmal im Zeitraffer ab. Im Grunde habe ich es längst gerafft: Ich will hier nicht weg! Trotz aller Wehmut freue ich mich immer mehr auf das Sommerfest.

Gerade habe ich die Künstlerliste für die Revue ausgedruckt. Neun Klassen haben Lieder einstudiert, andere kleine Sketche. Die Schulchöre, die Schulband und das Schulorchester haben ihr Repertoire extra für die große Show erweitert. Natürlich steht der »Summer of 69« im Programm. Der läuft eben auf Sommerfesten mit Open-Air-

Bühne. Wahrscheinlich ist das seit Adams und Evas Zeiten so. Die Ursulinen haben einen Gastaufritt angekündigt. Für den Frieden am Zaun sozusagen. Zum großen Finale wird unser Projektensemble erste Ergebnisse der Evita-Proben darbieten. Vorerst nur als großer Chor. Das Casting für die Hauptrollen soll erst nach den Sommerferien stattfinden.

»Ob ich eine Chance auf die Rolle der Evita hätte?«, frage ich Melitta scherzhaft. Sie sieht mich kritisch an. »Jung, schön und geliebt bist du ja. Fang trotzdem mal an, mit dem Regisseur zu schlafen. Wie sagt man in Hollywood: There's no business like showbusiness!«

»Mit Herrn Bergmann? Ich glaube, der interessiert sich nicht für Frauen. Für Evita vielleicht, Eliza Doolittle oder Maria aus der West Side Story.«

»Ach, immer diese Klischee-Story mit den Männern vom Musical.«

»Mal ehrlich, Melitta. Die ganze Schulrevue ist ein Klischee. ›Summer of 69‹? Bitte?! Goethes ›Der Zauberlehrling‹ als Ausdruckstanz von Frau Meisners Sportkurs? Bitte?! Habe ich erwähnt, dass die Ursulinen ›I will follow him‹ aus ›Sister Act‹ singen? Komm mir also nicht mit Anti-Klischee-Haltung.« Melitta lacht: »Und sollte es nicht für die Hauptrolle reichen: Evita war ein Flittchen und starb mit Anfang 30. Ist sowie nicht wirklich erstrebenswert.«

Ich lege die Liste beiseite. »Apropos Zauberlehrling. Ist die alte Hexenmeisterin da?«

»Ist in einer Besprechung.«

»Dann lass uns schnell runter in den Requisitenraum gehen, eine quarzen. Ich wollte noch mal nach den Biergarnituren schauen.« Warum nicht? Mir kann sowieso nichts mehr passieren. Die Luft ist rein. Keine Hexe, kein Schülerlein, die irgendetwas wollen. Also schnell Tür zu und runter in den Keller.

»Die Bierbänke müssen auf jeden Fall abgestaubt werden«, stellt Melitta fest. »Wie viele Karten für die Revue haben wir eigentlich verkauft?« Ich überlege. »Gestern waren es rund 400«, überschlage ich grob. »Heute kamen noch mal 30.« Melitta zählt die Garnituren kritisch durch. »Das dürfte knapp werden. Selbst mit den guten Stühlen aus der Aula und aus den Konferenzräumen sollten wir 400 Plätze kaum abdecken können. Rechne immer mit Spätentschlossenen, dazu noch die Ehrengäste.«

»Was machen wir jetzt?«, frage ich, nachdem ich meine Zigarette ausgedrückt und in der hintersten Ecke des Raums versteckt habe. »Ganz einfach. Du rufst Frau Imthor von der Hermann-Hesse-Schule an. Die kennt das schon. Wir leihen uns öfter mal Garnituren bei denen aus.«

Na, klasse. Das Schulfest verlangt mir ja wirklich alles ab. Widerwillig wähle ich die Nummer der Hermann-Hesse-Schule. »Hallo, hier ist Désirée Steinbeck von der Geschwister-Scholl-Schule.«

»Ich habe Ihren Anruf schon erwartet«, höre ich es quasi hämisch in den Hörer grinsen.

»Haben Sie?«

»Habe ich! Ihr Schulfest steht an. Sie wollen sicher fragen, ob Sie unsere guten Bierzeltgarnituren ausleihen können!«

»Sie können ja hellsehen«, sage ich freundlich, »so ist es.«

»Dachte ich mir. Sie sind aber reichlich spät dran. Lassen Sie mich überlegen. Das Schulfest ist ... übermorgen?« Ich lasse die Standpauke über mich ergehen. »Also Ulrike hatte solche Dinge immer viel früher auf dem Schirm!«

»Tut mir leid, das ist mein erstes Schulfest«, antworte ich ruhig. »Darf ich denn mit Ihrer Unterstützung rechnen?«

Darf ich! Am nächsten Morgen kommen Marc, Max, André und Johannes mit einem kleinen Lieferwagen voller Bierbänke von der Hermann-Hesse-Schule zurück. »Noch mal einen guten Eindruck machen«, zwinkert der Referendar. »Noch hat sie mir mein Schulgutachten nicht ausgestellt.« Marc ist weniger motiviert. »Ich weiß, du kannst nichts dafür, Desi, aber Arbeiten wie diese befinden sich nicht in meinem Leistungsprofil!«

»Kommt Jungs, lasst uns die Bänke aufstellen und gleich die Bühnenpodeste aus dem Keller holen«, sagt Max. »Es ist doch nur alle drei Jahre Schulfest, Marc.«

»Na gut, Kumpel. Weil du's bist.« Er grinst mich an. »Und weil ich es kaum erwarten kann, Désirée als feurige Argentinierin auf der Bühne zu sehen.«

Ich kann leider nicht beim Ausladen helfen, erwarten wir doch den Getränkelieferanten mit Unmengen an Bier, Sekt, Wein und Softdrinks und vier großen Kühltruhen. Inzwischen warten wir zwei Stunden. Natürlich kommt die Ware genau zur großen Pause.

»Ich kann Ihnen das Tor jetzt nicht aufschließen, es ist große Pause. Ich will nicht, dass die Kinder auf die Straße rennen.«

»Aber ich muss weiter zum nächsten Kunden.«

Der kann mich mal, denke ich, und sage: »Kinder gehen vor, dafür hat sicherlich jeder Verständnis.« Nach kurzer Diskussion und zehnminütiger Wartezeit kann auch dieses Problem mit dem Klingeln zur vierten Stunde aus der Welt geschafft werden. Uff.

»Das Fest beginnt mich wahnsinnig zu machen, Melitta« sage ich. Wir beobachten, wie auf dem Pausenhof die ersten Pavillons für Essens- und Getränkestände aufgebaut werden. »Glaubst du, wir kriegen schon einen Sekt? Ich werde in diesem ganzen Chaos noch meschugge!« Die ganze Schule scheint an diesem Donnerstag verrücktzuspielen, den ganzen Tag lang. »Frau Steinbeck, haben Sie Schnur? Haben Sie Klebeband? Haben Sie große Einmachgläser, also richtig große?«

Bitte? Ich bin doch kein Tante-Emma-Laden! Die Einmachgläser für das Erbsen-Schätzspiel der 5e kann ich zumindest bei Tante Auguste ordern. Vor Feierabend laufe ich mit Melitta durch das Hauptgebäude. Die Klassenräume sind nicht nur aufgeräumt – viele sind sogar geschmückt. Am Samstag soll es parallel zum Frühschoppen viele Spiele und Mitmach-Aktionen in den Gängen und auf dem Hof geben. Jede Klasse hat sich etwas Besonderes ausgedacht. Die 7b einen Karaoke-Wettbewerb, die 9e eine Schulrallye, eine Gruppe Zwölftklässler hat den Filmraum in eine Geisterbahn verwandelt. Mit Skeletten aus den Biologieräumen, Knalleffekten aus dem Chemieunterricht und Voodoo-Masken der Kunst-AG.

Aber das wirklich Besondere an Schulfestfreitagen ist Folgendes: »Heute wird es hier Torte geben«, verspricht Melitta, als sie am Freitag das Sekretariat öffnet. Um halb acht stehen bereits die ersten Mütter mit selbstgemachten Backwaren im Raum. Melitta hat Klebeband und einen wasserfesten Filzstift auf die Theke gelegt und hält eine kleine Ansprache: »Vielen Dank für Ihre Kuchenspenden. Ich bin mir sicher, dass mindestens die Hälfte von Ihnen vergessen hat, die Kuchenplatten mit dem Namen Ihres Kindes und der Klasse zu versehen.« Die Damen lachen. So ist es natürlich auch.

Wir haben noch etwas vergessen. Das fällt allerdings um Punkt sieben, kurz vor Beginn der großen Schulrevue auf. Weil unser Projektchorauftritt erst in der zweiten Hälfte des rund zweistündigen Programms geplant ist, habe ich gerade neben Melitta und Max in der dritten Reihe ganz rechts Platz genommen.

Der erste Auftritt des Abends ist dennoch unfreiwillig. Es ist der Moment, in dem Hildebrandt-endlich-nicht-mehr-Fricke auf die Bühne tritt, um die Ehrengäste, die Eltern sowie alle Schülerinnen und Schüler, Lehrerinnen und Lehrer oder Freunde und Freundinnen der Schule zu begrüßen. Plötzlich nehme ich irgendwo aus Richtung Parkplatz einen Beat wahr, der näher kommt. »Was ist das, Max?«

»Keine Ahnung. Ein Schüler, der mit offenen Fenstern auf den Parkplatz fährt?«

Als fünf Minuten später eine Gruppe Frauen – ein paar tragen neonfarbene Leggins und mehr oder weniger enge Tops, die Anführerin hält einen kleinen Ghettoblaster in der Hand – um die Ecke der Turnhalle joggen, weiß ich nicht, ob ich aufspringen und applaudieren oder vor einem drohenden Wutanfall der Rektorin Deckung gehen soll. Jetzt ist Diana Ross' »Upside down« deutlich zu erkennen – ebenso wie der böse Blick der Chefin. Das Augenmerk der Gäste verlagert sich trotzdem von Hildebrandt auf der Bühne nach links auf die etwa 15 lustigen Ladys. »Mist!«, ruft Melitta laut. »Wir haben vergessen, den Damen der Ü40-Aerobicgruppe des Turnvereins Bescheid zu sagen, dass heute Schulfest ist.«

So beginnt die Revue mit einer ungewollten Showeinlage

und reichlich Applaus für die verdutzten Turnerfrauen. Wären da nicht diese dunklen Wolken am Himmel, könnte man kurz vor Ende des ersten Teils behaupten, dass alles glatt läuft.

Der große Regen kommt während der Grundschul-Darbietung von »Ein Vogel wollte Hochzeit feiern«. Nachdem die nassen Küken von der Bühne sind, rennt Marc geistesgegenwärtig zum Mikrophon. »Wir verlagern die Aufführungen in die Aula. Nehmen Sie bitte Ihre Stühle und Bierbänke mit. Max, André, Johannes, schnell, wir müssen die Technik ins Trockene bringen.«

Gesagt, getan. Wir können Krisenmanagement! Als ich inmitten eines großen Chores aus Eltern, Schülern und Lehrern den letzten Ton von »Don't cry for me, Argentina«, singe, ist der erste Schulfesttag geschafft. Ich genieße die Standing Ovations. The truth is, I'll never leave you …

Der zweite beginnt mit dem Wecker um Punkt neun Uhr. Ich öffne die Augen und drehe mich nach rechts. Wo ist Max? Ich tapse aus dem Schlafzimmer. Max sitzt in seinen Fußballshorts auf dem Balkon, hat einen Café Latte in der Hand und lässt sich die Sonne auf den Bauch scheinen. »So früh schon wach?«, gähne ich noch schlaftrunken. »Machst du mir auch einen Kaffee. Mit extra viel Milchschaum, bitte.«

»Musste noch was erledigen«, sagt er, »und klar kriegst du auch einen. Caramel Macchiato für meine Schöne?«

Ich nicke. »Was musstest du erledigen?«

»Ach, nichts Besonderes.«

»Gehen wir noch mal fünf Minuten kuscheln? Der Frühschoppen beginnt doch erst um elf.«

Max steht auf und drückt mir einen Kuss auf die Wange. »Ich fahre jetzt schon.«

»Warum?«, maule ich enttäuscht.

»Wir müssen die Bierbänke und die mobile Verstärkeranlage wieder auf die Wiese schleppen. Marc und ich sind um zehn verabredet. Wann holst du denn Lucas und Louisa bei Felix ab?«

»Gegen halb elf! Ich rufe Felix gleich mal an.«

Während Max die Kaffeemaschine anwirft und sich anzieht, fällt mir der Arbeitsvertrag auf dem Küchentisch ins Auge. »Max, was mache ich mit dem Vertrag?« Doch er ist schon aus der Tür. Jetzt schnell Felix anrufen. Aber wo ist mein Handy. Unauffindbar. Mist, das muss ich gestern Abend in Max' Auto vergessen haben. Also rein in den Morgenmantel, raus aus der Tür und runter die Treppe.

Max will gerade losfahren. »Warte«, rufe ich winkend. Max kurbelt die Scheibe runter.

»Was denn?«

»Mein Handy muss hier noch irgendwo liegen.«

»Suchend schaue ich auf den Beifahrersitz. Max streckt sich Richtung Fußraum. »Da ist es ja!« Mein Blick fällt auf einen Strauß roter Rosen auf dem Beifahrersitz. »Für wen sind die denn?«

»Was?«

»Na, die Blumen?«

»Ach so, dieee. Für Frau Hildebrandt-Fricke, der wir für das schöne Fest danken wollen«, sagt Max. »Jetzt aber weg da, ich muss los. Denk an die Popcornmaschine!«

»Frau Hildebrandt«, rufe ich ihm hinterher. »Sie heißt jetzt Frau Hildebraaaaandt!«

KURZSCHLUSS

Für mich ist dieser Samstag ein ganz besonderer. Zum ersten Mal nach weit über einem Jahr nehme ich meine Kinder mit in die Geschwister-Scholl-Schule. Ebenfalls im Gepäck: Die nostalgische Popcornmaschine, die ich mir von Tante Auguste geliehen habe. »Damit bist du der Star eines jeden Festes«, hat sie mir versprochen. »Ist der Max auch da?«, fragt Louisa erwartungsvoll. »Ja, der kommt auch«, sage ich möglichst neutral und grinse glücklich in mich hinein. »Jaaaa«, freut sich Lucas. »Dann können wir ja ein bisschen Fußball spielen.«

»Der Max wird am Spieleparcours sein«, sage ich. »Aber du hast Glück, ich habe gesehen, dass es da auch Torwandschießen gibt.«

Da sind wir schon angekommen. Während sich das Schulorchester auf der Bühne aufbaut, haben sich die ersten Kinder auf Stelzen und Pedalos geschwungen. Max steht an der Torwand und winkt uns zu. »Lust auf ein paar Bälle, Lucas?«

»Aber nur, wenn die Mama auch mal schießt!« Louisa und Lucas stürmen auf Max zu. Ich laufe langsam hinterher und stelle die schwere Popcornmaschine auf einen Tisch am Eingang des Parcours ab. »Endlich«, begrüßt er mich. »Schau mal, ich habe schon für Strom gesorgt.«

Wenig später ist die Popcornmaschine angeschlossen – und löst damit die Torwand als erste Attraktion auf der Wiese ab. Mein Fokus bleibt trotzdem auf dem Mann vor dem Tor. »Ich muss die Kids um 19 Uhr wieder zu Felix bringen«, flüstere ich Max ins Ohr. »Glaub nicht, dass du heute Abend so leicht davonkommst wie heute Morgen auf dem

Balkon.« Er grinst. »Ich gehe mal auf den Schulhof rüber. Melitta hat Dienst an der Kuchentheke. Ihr bleibt bei Max?!«

»Jaaaaaaa!«

Langsam schlendere ich von der Turnhalle Richtung Hauptgebäude und freue mich am bunten Treiben. Müde bin ich trotzdem noch. Erst mal den zweiten Kaffee nehmen, dann kann der Tag kommen. »Gut, dass du kommst«, begrüßt mich Melitta hektisch. »Wir brauchen unbedingt noch zwei große Kaffeemaschinen.«

»Zwei? Hier stehen doch schon vier von diesen Monstren.«

»Ja, und zwei funktionieren nicht. Irgendjemand hat nach dem Spendenlauf sogar einen Zettel mit ›Defekt‹ drangehängt – aber sie dann doch einfach zurück zu den anderen gestellt, ohne etwas zu sagen. Typisch Schule!« Zum Glück hat eine gute Sekretärin immer einen Notfallplan. Im Zweifelsfall ihre Kollegin. Ich wähle Julias Nummer. »Hey, Notfall! Kannst du uns mit zwei von euren großen Kaffeemaschinen aushelfen?«

Eine halbe Stunde später liefern Julia und ich die Monstren aus dem Ursulinen-Bestand bei Melitta ab. Es ist halb zwölf. Der Kaffee läuft – und die Popcornmaschine ebenfalls auf Hochtouren. Und wie prophezeit, treibt der explodierte Mais meine Beliebtheit in der Schulgemeinde explosionsartig in die Höhe. »Eine tolle Idee«, lobt mich selbst die Rektorin, während ich mir nach der Hetzerei endlich einen großen Kaffee gönne. Das ist Musik in meinen Ohren!

Aus den Lautsprechern kommt allerdings immer noch keine Frühschoppen-Musik. Dafür kommt Marc auf mich zugestürmt. »Ach Desi, gut, dass du wieder da bist. Offensichtlich wurde die Mikrophonanlage gestern beim Transport in die Aula beschädigt. Kennst du dich damit aus?«

»Ich?« Ich schaue Marc irritiert an. »Nein!« Wir folgen ihm trotzdem Richtung Bühne. Orchesterleiter Loschert ist bereits am Verzweifeln. »Dann muss es eben ohne gehen«, beruhige ich ihn. »Nicht jammern! Blast einfach fester!« Auch so kann ein Notfallplan aussehen, beziehungsweise klingen.

»Klingt, als ob du alles im Griff hast!« Julia klopft mir anerkennend auf die Schulter. Habe ich! Vor allem bin ich fest entschlossen, mich heute nicht mehr aus der Ruhe bringen zu lassen. Irgendwie ist das ja mein Abschiedsfest. Daran hat sogar die Schulleiterin gedacht. Um Punkt 13 Uhr, Carina löst Max gerade am Spieleparcours ab, betritt sie mit einem Glas die Bühne und schlägt dreimal mit einem Löffel dagegen. »Psssst«, ruft Carina den Kindern zu. »Frau Hildebrandt möchte etwas sagen.«

Plötzlich ist es still auf der Wiese. »Ich sehe es als meine Pflicht, mich heute stellvertretend für die gesamte Schulgemeinde von Frau Steinbeck zu verabschieden, die Frau Maggi seit April vergangenen Jahres im Sekretariat unterstützt hat. Ab dem kommenden Schuljahr wird Ulrike Meckel dort wieder zu finden zu sein. Vielen Dank für Ihr Engagement, Frau Steinbeck – und Ihnen allen noch ein schönes Schulfest!«

»Das war's?«, frage ich Max. »Naja, immerhin! Aber das war's wohl!« Er nimmt mich tröstend in den Arm. »Aber ich bin sicher, dass du hier ein großartiges Comeback feiern wirst – zumindest als Evita.« Ich will weinen. Ich denke an den Anstellungsvertrag auf dem Küchentisch. Unterschrieben ist er noch nicht.

Suchend schaue ich mich nach den Kindern um. Lucas ist

immer noch beim Torwandschießen. Louisa hat sich an einen Basteltisch gesetzt. Ich will mich gerade wieder zu Max drehen, als ich Ulrike bemerke. »Ulli«, rufe ich und winke. Doch sie winkt ab und eilt Richtung Bühne, steigt nach oben und stellt sich neben die Rektorin.

»Liebe Schüler, liebe Eltern, liebe Lehrer und Kollegen, liebe Frau Hildebrandt. Ihr alle wisst, dass ich meinen Job liebe. Deshalb bin ich sehr glücklich, nach über einem Jahr Abwesenheit heute an jeder Ecke so herzlich empfangen zu werden.« Sie räuspert sich. »Diese Schule ist ein wichtiger Teil meines Lebens geworden. Dennoch werde ich nicht zurückkommen.« Ein Raunen geht durch die Menge. Hildebrandt schaut Ulli irritiert an. Die beginnt zu strahlen wie nur Mütter strahlen können. »Ich werde bald mein zweites Kind bekommen und habe beschlossen, vorerst ganz zu Hause bei meiner Familie zu bleiben«, schreit sie gegen die defekte Technik an.

Der Aufprall des Wasserglases, das der völlig überrumpelten Rektorin vor Schreck aus der Hand fällt, wird von donnerndem Applaus übertönt. Ich schaue Julia an. »Das heißt jetzt?« Sie hat keine Zeit, zu antworten. »Liebe Desi, komm doch bitte zu mir auf die Bühne. Ich würde mich freuen, wenn du dich beim Schulamt als meine Nachfolgerin bewerben würdest. Soweit Melitta erzählt hat, hast du hier einen Bombenjob gemacht!«

Mir läuft es eiskalt den Rücken runter. Das ist meine Chance! Jetzt bloß keinen Fehler machen! Wie in Trance laufe ich Richtung Bühne. Vorbei an einer jubelnden Carina, an einer ignoranten Brigitte Schmitz und Konrektor Hornschuch, der mir väterlich auf die Schulter klopft. »Das ist deine Chance, allen zu zeigen, dass du wirklich bleiben willst!« Aber wo ist Max? Wo ist Max, verdammt nochmal? Ich kann ihn nicht sehen. Der Spieleparcours ist inzwischen komplett leer, Lucas und Louisa sitzen rechts vor der Bühne und sonnen sich. Unter donnerndem Applaus erklimme ich den Podest und zwinkere den beiden möglichst cool zu. Dabei bin ich richtig nervös. Das Orchester spielt einen Tusch. »Ich weiß gar nicht, was ich sagen soll«, stammele ich.

»Ich aber!«

Plötzlich steht Max mit dem Strauß roter Rosen neben mir und ergreift das Wort. »Liebe Désirée. Manchmal lernt man an einer Schule nicht nur lesen, schreiben, rechnen und Toilettenputzen, sondern auch wunderbare Menschen kennen. Vor der gesamten Geschwister-Scholl-Schule möchte ich dich fragen ...«

Max Rede wird von einem lauten Knall unterbrochen, der Erwachsene wie Kinder zusammenschrecken lässt. Wie in Zeitlupe sehe ich Augustes nostalgische Popcornmaschine auf dem Tisch an der Spielwiese explodieren und höre ängstliche Schreie. Zum Glück haben sich alle Kinder längst vor der Bühne versammelt! Meine Schockstarre wird vom hysterischen Schreien der rasenden Rektorin unterbrochen: »FRAU STEINBECK!«

DANKSAGUNG

Zuallererst möchte ich meinen vielen Interviewpartnerinnen danken für ihre Zeit und Offenheit, mir ihre Geschichten anzuvertrauen. Ohne Euch wäre dieses Buch nicht entstanden.

Danken möchte ich auch meiner Familie und meinen Freunden, besonders Dominik, Marc, Maike, Debby, Jonathan, Markus, Karin, Fluppy, Christian, André, Katrin, Benjamin, Thorsten, Marcel Hildebrandt und Sebastian Fricke, die hervorragende Vorlagen für die restliche Schulgemeinde abgaben.

Ebenfalls danke an meine Lektorinnen Cleo und Martina, die mir bei dem Projekt mit Rat und Tat zur Seite standen.

INHALT